现代 人际关系

心理学 （第2版）

陆卫明 李 红 著

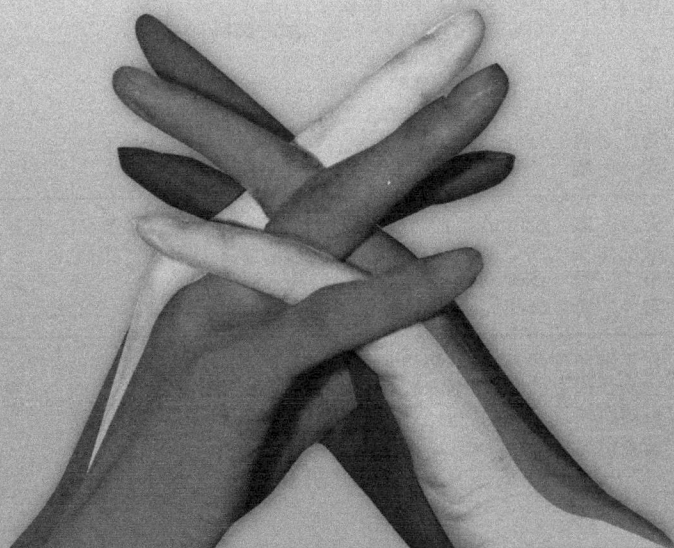

西安交通大学出版社

XI'AN JIAOTONG UNIVERSITY PRESS

内容简介

"谁谓河广,一苇杭之"。人际关系是一个复杂的系统,具体包括人际知觉、人际情感、人际行为三个支系统,这三个支系统互相制约,互相作用,就构成了人际关系的整体系统。本书根据人际关系的内在结构,从心理学的视角,以具体、细腻、灵动、隽永的笔触,详尽地阐析了人际认知、人际印象、人际魅力、人际冲突、人际沟通、人际交往等原理与技能,融学理性、应用性、文化性和文学性于一体,不乏哲理与文采,耐人寻味。本书可作为高校教材,供各高校选用,亦适合社会各界同仁,尤其是青年学子、管理人员、社会活动人士及教育工作者阅读、鉴赏,为人生快乐、事业成功、组织发展、社会和谐扬起一面风帆!

图书在版编目(CIP)数据

现代人际关系心理学/陆卫明,李红著.—2版.—西安:西安交通大学出版社,2013.7(2023.8 重印)
 ISBN 978-7-5605-5448-8

Ⅰ.①现… Ⅱ.①陆… ②李… Ⅲ.①人际关系学-社会心理学 Ⅳ.①C912.1

中国版本图书馆 CIP 数据核字(2013)第 161962 号

书　　名	现代人际关系心理学	
著　　者	陆卫明　李　红	
责任编辑	魏照民　史菲菲	
出版发行	西安交通大学出版社	
	(西安市兴庆南路 1 号　邮政编码 710048)	
网　　址	http://www.xjtupress.com	
电　　话	(029)82668357　82667874(市场营销中心)	
	(029)82668315(总编办)	
传　　真	(029)82668280	
印　　刷	西安日报社印务中心	
开　　本	880mm×1230mm　1/32　**印张** 10.25　**字数** 241 千字	
版次印次	2013 年 7 月第 2 版　　2023 年 8 月第 6 次印刷	
书　　号	ISBN 978-7-5605-5448-8	
定　　价	35.80 元	

如发现印装质量问题,请与本社市场营销中心联系。
订购热线:(029)82665248　(029)8266784
投稿热线:(029)82668133
读者信箱:xj_rwjg@126.com

目　录

绪　论

一、为关系正名

孔子曰："名不正，则言不顺；言不顺，则事不成；事不成，则礼乐不兴；礼乐不兴，则刑罚不中；刑罚不中，则民无所措手足。"（《论语·子路第十三》）为政，须从"正名"开始，治学也是如此。要研究人际关系的学问，就必须从"关系"说起，为"关系"正名。

"关系"就像围绕在人们身边的空气一样，虽然看不见，摸不着，但却无处不在，无时不存，时刻影响着我们的工作、生活，很大程度上左右着我们的事业、前途甚至命运。因此，它自然会成为人们街谈巷议的热门话题，并登堂入室，进入学者们的研究视野，成为社会学、社会心理学、行为科学等多门学科的综合研究对象。

中国是一个十分讲究人情"关系"的国度，中国传统文化也在很大程度上被称作是关于人际关系的学问。"关系"虽然无人不晓，无人不谈，但却总是见仁见智，褒贬不一。在现实生活中，人们对"关系"存在着两种看似矛盾的广泛而普遍的看法，即"关系庸俗论"和"关系万能论"。

持"关系庸俗论"者几乎把"关系"看做是"不正之风"的代名词。一提起"关系"，人们自然会联想起"拉关系，走后门"，诸如吃吃喝喝，吹吹拍拍；任人唯亲，裙带关系；权钱交易，权色交易；拉帮结派，结党营私；一人得道，鸡犬升天……光怪陆离，五光十色。早在民国年间，李宗吾先生曾写过一本奇书《厚黑学》，据他说是在"遍检诸子百家，读破二十四史"以后，才发现了一个道理，即"古之为英雄豪杰者，不过面厚心黑而已"①。不可否认，这本著作对揭露中国古代官场的黑暗，认识旧中国官僚政治具有重要的学术价值和借鉴意义。可是，令李宗吾先生始料不及的是，这本著作后来竟然成了当代中国厚黑学系列作品的滥觞，他本人似乎成了厚黑学的"鼻祖"和教父。现在林林总总、洋洋大观的厚黑学系列丛书层出不穷，花样翻新，诸如《商场厚黑学》、《求人厚黑学》、《领导厚黑学》、《管人厚黑学》、《用人厚黑学》、《恋爱厚黑学》、《厚黑学大全》……数不胜数，蔚为奇观。这些书虽然名目繁多，内容却都万变不离其宗，都是讲"厚脸皮、黑心肠"的。例如《商场厚黑学》封皮上赫然写着两句话：

厚黑经营财源广进

钻营投机无所不为

还有一本《求人厚黑学》的封皮上书有两行大字：

利诱威逼，无所不用极端手法

为达目的，何如为五斗米折腰

作者说："大凡功成名就、财色双收的人都是求人厚黑学的特级博士。"厚黑学在求人过程中不仅要厚着脸皮，黑了心肠，还要"壮起熊胆"。被求的一方完全成了敌人，求人的人用的是很多"阴险招数"，包括"投其所好"、"引蛇出洞"、"瞒天过海"、"歪打正着"、"攀龙附凤"、"肉

———————————

① 李宗吾，等．谋略书[M]．北京：当代中国出版社，2003：3．

包子打狗"、"送一顶高帽子"等等。不仅如此，求人的人还要善于运用"银弹"、"肉弹"战术，把对方拉下水，即使让对方吃了官司、住了监狱也得答应你的要求①。《厚黑学》被如此滥用，大行其道，浊浪四溅，严重败坏世俗，毒化氛围，腐蚀人心，社会危害不可低估。这一方面反映了出版业管理上的混乱，另一方面也折射出人们对"关系"问题内心的某些真实写照。

持"关系万能论"者则把"关系"看做是万能的，认为"关系"就是一切，没有"关系"，一切事情均办不成；有了"关系"，则就没有办不成的事情。特别是在中国这个古老国度，由于宗法血缘制度根深蒂固的存在，人们十分讲求关系，没有关系就几乎寸步难行。有人戏称"没有关系，这就有关系了，有了关系，这就没有关系了。"人们也经常听到一些言论，到一个部门去办事，如果没有"关系"，则就"门难进，脸难看，话难听，事难办"。所以，必须千方百计地经营各种关系，建构四通八达的关系网络。曾经有这么一则报道：有一名叫迈克的美国人，此人号称"中国通"，在中国留过学，回到美国后开办了一个"中国投资培训班"。有一次课是讲"关系"的。他说他在中国几年的学习生涯中，发现中国人最讲关系，关系无处不在，你干任何事情没有关系都办不成。有了关系则可像一只结好网的蜘蛛，坐在网中无须辛劳，虫子便纷纷落入你网，让你获利丰厚，所以中国人叫关系网。要结网最关键是开始，所以中国人又说"万事开头难"。但你不应畏难，要明知山有虎，偏向虎山行。你朋友的朋友、熟人的熟人都可成为你结网的人。你首先要弄清楚谁是真正说话算数的人，哪些人与你的企业有交道，拟一个名单，然后在熟人的带领下登门拜访。中国人不相信陌生人，所以你必须有人引荐。

---

① 吴昊.《厚黑学》的泛滥[N].中国青年报,1994 – 06 – 13.

去的时候定要备办一些东西:手榴弹、子弹和炸药包。这时洋弟子们开始喧哗:"要去恐吓他吗?""No!"迈克笑了,从桌子下面摸出系列道具:一只酒瓶,一包香烟,一个礼包。他倒举起酒瓶做扔手榴弹状,又把烟一支支排在手掌上,嘴里发出"嘀嘀嗒嗒"的声音,像机关枪发射一般。最后托起礼包做炸碉堡的造型,"轰"的一声,整个课堂都笑了起来。"这是第一步,第二步是请他吃饭,所以到中国投资必须要有好胃口,还要有好酒量,一日几餐要经受高脂肪、高蛋白的考验,只有这样,中国人才觉得你是好样的,民以食为天嘛!"这时有学生问:"送礼需要找什么借口?""这太容易了",迈克说:"他们的节很多,春节、中秋、端午、国庆……如还没有到春节,你说拜个早年,如果不巧又过去了,你也不用着急,说拜个晚年。还有他岳母的生日、小孩满月、考上大学、升职、搬家……太多借口了。"最后迈克又用中国成语总结了他的课程:"只要功夫深,铁杵磨成针。"①看了这篇报道,的确令人赧颜,发人深思。

上述对"关系"的两种看法,表面上看截然相反,实则并不对立,甚至还有暗合之处,即两者都认为讲"关系"可以不讲原则、规范,它只是手段、工具,为达目的可以不择手段。这两种观点实则反映了国人对"关系"问题的较为普遍的看法与心态。那么,应如何看待、评价这两种"关系论"?

首先,"关系"本身并不都是庸俗的。应该承认,有庸俗关系的存在,尤其是在我国这样一个具有深厚宗法血缘基础和人情传统的国度中,人们比较讲求"私德",不尚公德(梁启超在《新民说》一书中曾经讲过)。这就使庸俗关系有了深厚的土壤,根深蒂固地存在着,"人情大于王法,老乡胜于公章",徇私枉法,蔚然成风。因此,各种庸俗关系堂而

---

① 洋教头眼里的"关系学"[N].公共关系报,1994-08-04.

皇之,畅通无阻。它几乎成了人们的一种思维定势及行事处世的潜规则,并因其行之有效,大行其道。这也是人们既痛心疾首又津津乐道"厚黑学"的真正缘由。它是我国社会运行机制中存在的一种顽症,严重干扰、冲击着民主、法制社会建设。这毕竟是一种不正常的社会关系。可叹的是,一些人不但不对此进行口诛笔伐,反而大事宣扬,并躬行其道,乐此不疲;有的出版社也推波助澜,助纣为虐。尽管如此,"关系"并不都是庸俗的,如真正的友谊、爱情关系,是容不得这种尔虞我诈、纯属利用的庸俗成分的。再如作为舶来品的"公共关系",更是一种健康、正当、互利的社会关系,是一种积极向上的进步事业,它远比我国土生土长的庸俗关系要科学、文明,因而也要大方、高明得多。事实证明,公共关系的盛行,对我国目前物质文明、制度文明、精神文明以及和谐社会的建设具有不可低估的重大意义,对庸俗关系也起着一种积极的消解、抵制乃至纠偏作用。"它山之石,可以攻玉。"我们可以通过传播、弘扬一种正常的社会关系,反对、阻止庸俗关系的流行,把人际关系导入健康发展的正常轨道,这也是我国社会主义精神文明建设的题中应有之义。

其次,"关系"是有效能的。它是一种潜力巨大的社会资源,这种资源一旦得到开发利用,就能转化为巨大的社会财富,因而"关系"也是一种生产力。同时,良好的人际关系不仅是一个人综合素质的体现,而且也是他(她)取得成功的必不可少的条件。如果"关系"没有效用,它就不会成为人们谈论的焦点话题,我们研究"人际关系学"也就没有了价值。但是,必须清醒地认识到,关系不是万能的。一个组织和个人要取得成功,也并非只靠"关系"就能奏效的,况且不讲原则、利尽则散的关系也是靠不住的。如果套用电视剧《一地鸡毛》中的一句话:"钱不是万能的,没有钱也是万万不能的。"那么,"关系"也是这样,"关系不是万能的,没有关系也是万万不能的"。这也许是对"关系万能论"的最好应答。

二、关系的本质

"关系"一词,从哲学意义上讲是指事物之间相互联系、相互影响的一种状态。但关系必须依赖于人而存在,离开了人,事物之间的各种关系就变成抽象的东西而毫无意义了。按照梁漱溟先生的说法,人类面对的大致不外乎三类关系:一是人与自然的关系;二是人与人的关系;三是人与自身的关系。这三类关系依次递进,在人与自然的关系基本得到解决以后,人与人的关系,人与自身的关系(即人生)问题的重要性必将依次暴露出来。因此,可以将关系定义为以人为主体和基础而建立起来的事物之间的相互联系与影响。

人生活在一定的社会中,总要与他人发生各种各样的关联,结成一定的关系,没有这些关系就没有人类社会。著名作家刘心武曾经讲过这样一段富有哲理的话:"每一个人都不可能是单独地存在着。他必与许许多多的人共存于一个空间之中,这便构成了社会。而在同一个社会中,人们的阶级意识不同,政治方向不同,经济利益不同,人生态度不同,道德品质不同,文化教养不同,性格旨趣不同,生理机制不同,竞争能力不同,机遇遭际不同……于是乎相争相斗,相激相荡,相斥相离,相轻相嫉……同时也必定伴随着相依相靠,相汇相融,相亲相慕,相尊相许……而这种人类社会的流动变化,从整体角度来说,便构成了历史;从个体角度来说,便构成了命运。"①马克思也有句名言:"人的本质并

---

① 刘心武. 钟鼓楼[M]. 北京:人民出版社,1985:375.

不是单个人所固有的抽象物。在其现实性上,它是一切社会关系的总和。"①而社会则是由各种人际关系按一定模式组建的一个总体网络,人在其中无处可逃,"仁者,人也",从人从二。任何人都在关系中出生,在关系中成长,在关系中前行。

当然,由于每个国家社会的历史文化背景不同,它们具有各自独特的人际关系的格局。由于中国传统社会以家庭为本位,近代以来西方社会则以个人为本位,因此中西社会呈现出的人际关系的结构也各不相同。据费孝通先生研究,中国乡土社会的人际关系结构呈现出一种"差序格局",以"己"为中心,和别人所联系成的社会关系"像水的波纹一般,一圈圈推出去,愈推愈远,也愈推愈薄"。西方人际关系结构则呈现为"团体格局","在团体格局里个人间的联系靠着一个共同的架子,先有了这架子,每个人结上这架子,而互相发生关联"。这共同的架子,一方面是平等观念,即在同一团体中各分子的地位相等,个人不能侵犯大家的权利;另一方面是宪法观念,指团体不能抹杀个人,只能在个人所需交出的一份权利上控制个人②。这就使中西社会的人际关系格局以及行事处世方式有了很大的差别,如中国人遇事总会先想到"找关系",西方人总会想"找律师"。

因此,人际关系是一门十分古老而又历久弥新的学问,从古到今,从东方到西方,几乎无人不谈,无书不载。那么,人际关系的本质特性是什么?了解这个问题,对于我们正确认识和把握人际关系的实质至关重要。我们认为,它至少具有以下三个特性:即客观性、广泛性和效能性。

一是关系的客观性。这指关系是不以人的意志为转移的客观存

①　马克思恩格斯选集(第1卷)[M].北京:人民出版社,1972:18.
②　费孝通.乡土中国·生育制度[M].北京:北京大学出版社,1998:27,31.

在。"凡一切实存的事物都存在于关系中,而这种关系乃是每一实存的真实性质"①。关系的客观属性表现为这样的双重性:一方面,它以人的存在为先决条件,有了人,才有了社会,才会产生关系;另一方面,关系一旦因人的存在而存在,便又超越了人的意志,成为人的外在对象物,深刻地影响和制约着人的思想与行为,人们要想摆脱它是不可能的。人际关系的存在,是一种客观实在,从深层原因分析,主要是由于关系是人类生存发展的前提和需要。"个人的脆弱性和种种限制,使得他无法单独地达到自己的目标。假使只有他孤零零地活着,并且想只凭自己的力量来应付自己的问题,他必然会灭亡掉","他必须和他人发生联系,此种联系是因为他的脆弱、无能和限制所造成的。"②在很多方面,人类确是自然界所有动物中最弱小的种类。有许多动物比人类更适合于单独地应付生存的自然挑战,虽然它们也会用团结来补偿它们的软弱而成群结队地群居生活。而人之所以能成为"万物之王",一方面是由于人类具有发达的大脑,能发明制造工具,从而弥补其各种功能之不足;另一方面是由于人类能够而且善于合作,正如荀子所言:人"力不若牛,走不若马,而牛马为用,何也? 曰:人能群,彼不能群也"。(《荀子·王制篇第九》)"群"即形成社会群体,即合作。因此,人类为求得自身的生存和进一步的发展,需要更多更深刻的合作。

当然,我们承认关系的客观性,并不意味着抹杀人在各种关系中的主观能动作用。相反,正如马克思所说的那样:"正是个人相互间的这种私人的个人的关系,他们作为个人的相互关系,创立了——并且每天都在重新创立着——现存的关系。"③奥地利著名心理学家 A·阿德勒

---

① ［德］黑格尔. 小逻辑［M］. 2 版. 北京:商务印书馆,1980:281.

② ［奥］A·阿德勒. 自卑与超越［M］. 黄光国,译. 北京:作家出版社,1986:9 - 10.

③ 马克思恩格斯全集(第 3 卷)［M］. 北京:人民出版社,1960:515.

也指出:"每一个人都受着几种固定系带的束缚,他在一个固定的架构之中发展,他必须依照这个架构做出种种决定。"①了解关系的客观属性,是为了充分发挥人的主观能动性和创造性,更好地正视、运用、协调各种关系。

二是关系的广泛性。这是指关系所具有的普遍的多种多样的联系。关系不仅是一种客观存在,而且还是一种广泛而多样的客观实存。社会关系网络纵横交错,千头万绪,但从总体上看,在社会交往中,人与人的关系一般分为三个层次:一是以个体为主体与支点而结成的各种社会关系,即人际关系;二是以组织为主体与支点构成的各种社会关系,即公共关系;三是以国家为主体和支点而形成的各种关系,即国际关系。

三是关系的效能性。这是指关系所具有的各种社会功能和作用。关系具有它的效能,如果不承认这一点就难以理解关系存在的合理性及其价值。从管理学的角度看,一切有使用价值的东西均可称作是资源。关系是有使用价值的,因此它也是一种资源,而且它还是一种无形的潜能巨大的社会资源。这种资源一旦得到开挖利用,便可转化为巨大的社会财富。这种财富不仅是一种物质财富,而且还是一种精神财富。就物质财富而言,各种四通八达的关系可使人尽其才,地尽其利,货畅其流,物尽其用,能转化为巨大的生产力。从精神财富来说,各种社会关系的协调,也是社会精神文明及和谐社会建设的题中应有之义,正如歌中所唱的那样,"只有人人都献出一点爱,世界将会变成美好的人间"。

---

① [奥]A·阿德勒.自卑与超越[M].黄光国,译.北京:作家出版社,1986:224.

三、关系的效能

　　明白了"关系"的本质,我们就能体悟它在我们社会生活中的地位与作用。这大致体现在对个体、组织和社会所具有的作用与价值意义。

　　对个体而言,人际关系对每个人的生活与事业成功关联极大。A·阿德勒指出:"生活中的每一个问题几乎都可以归纳于:职业、社会和性这三个主要问题之下。每个人对这三个问题作反应时,都明白地表现出他对生活意义的最深层的感受。"[①]假使一个人,他的朋友很少,他又发现和他的同事接触是件痛苦的事,他的爱情生活又很不完美,他就一定会感觉到他太缺少机会,有着太多的挫折,甚至会感觉生活本身是件痛苦的事,了无生趣。反之,假使一个人,他的朋友很多,与同事关系融洽,爱情生活十分甜蜜,这样的人必然会感到生活是种富于创造性的历程,它提供了许多机会,没有不可克服的困难。美国著名的人际关系专家卡耐基很赞成这样的一种观点:"一个人事业上的成功,只有百分之十五是由于他的专业技术,另外百分之八十五要靠人际关系、处世技巧。"[②]因此,他的基本哲学思想,就着眼于人的自信心的培养和人与人之间的沟通、交往、宽容,并汲取了行为科学和心理学的新成果,使人们个个成为事业成功、家庭幸福、个人快乐的人。实践表明,卡耐基的成人教育是富有成效的。当然,应当指出,那种认为一个人要取得成功,百分之八十五要靠人际关系的观点的确过于夸大了。但它的确反映出良好的人际关系对一个人取得成功的重要性。成功=才能+良好

---

　　① ［奥］A·阿德勒. 自卑与超越［M］. 黄光国,译. 北京:作家出版社,1986:10.

　　② ［美］戴尔·卡耐基. 美好的人生·快乐的人生［M］. 肖云闲,冯明. 编译. 北京:中国文联出版公司,1987:5.

的人际关系＋机遇。搞好人际关系,关键并不在于处理好与自己喜欢的人的关系,而在于处理好与自己不喜欢的人的关系,这才是真正的挑战。总之,一个人人际关系的好坏,不仅是他个体综合素质的体现,而且也是他能否获取事业成功、创造快乐人生的前提条件。

对组织来说,各种关系的协调是一个社会组织生存和发展的重要条件。如果一个社会组织内部人际矛盾重重,尔虞我诈,钩心斗角,就会使员工离心离德,严重损伤组织自身的凝聚力、向心力和综合能力。现代管理,就本质来说,可归结为一条:各种关系的协调,以达内求团结,外求发展的目的。在这方面,日本企业管理中有过成功的丰富实践。它以"以人为本"、"以和为贵"、"义利合一"为基本理念,采取年功序列、终身雇佣、员工大家庭等机制,极大地激发了广大员工的积极性和创造力,取得了骄人的业绩。素有企业"经营之神"之称的松下幸之助讲过一件往事,令人印象深刻。他曾谈到 1929 年其企业应对大萧条时所采取的因应措施:

那个时期正好我有病了,11 月、12 月间,景气低迷的状况益发严重,就连松下电器的产品,也和其他商品一样销路锐减。再这样下去,很显然难以生存。

于是,代我守在公司的井植、武九两君开始多方考虑善后对策。结果认为最好是首先裁减一半员工,以打开当前困境。带着这样的结论,两人来到病榻前和我商量,我一听见他们的建议,奇怪的! 精神就来了,心里突然灵光一闪,未经思索就断然说道:"不! 立刻把生产量减半,但不能解雇任何一名员工。做法是:上半天班使产量减半,而员工薪水全数照发,唯业务员要取消假日,尽全力推销库存品。这样打持久战,并静观社会的演变,如此维持周转的灵活,工厂才能撑持下去。半天工资的损耗,如果以长远的眼光来看,只是一时性的,不会是长久的问题,如果在计划缩减松下电器之际,贸然资遣已经雇佣的人员,即使只是一时性的,也会动摇大家的信念。"

　　他们两位对我临时所作的决定深表庆幸,并且发誓说:"您有这样的心愿,我们一定替您完成,请安心养病!"据说当天两人就集合全体员工宣布了这个方针。大家听了,都高呼赞成,而且所有的人都齐心发誓要倾注全力去帮助销售。结果呢? 正如我所预期的,十分理想。次年2月满仓库的存品统统卖光,不但赶紧废除半天工作制,甚至还要拼命赶工,深恐供不应求呢①!

　　对社会来说,协调各种社会关系也是建设社会主义精神文明与和谐社会的重要内容与途径。我国传统文化在这方面具有丰富的思想资源和有用智慧。中国传统人际关系的格局,集中体现在孟子提出的"五伦":"父子有亲,君臣有义,夫妇有别,长幼有序,朋友有信"。(《孟子·滕文公章句上》)它是维系中华民族群体的纲纪,对维护社会秩序和稳定,有现实价值。孔子讲"仁者爱人","和为贵";孟子强调"天时不如地利,地利不如人和","老吾老以及人之老,幼吾幼以及人之幼";墨子提出"兼相爱","爱无差"等;《中庸》倡导"中也者,天下之大本也;和也者,天下之达道也。致中和,天地位焉,万物育焉";《礼记·礼运》中更描绘了"大道之行也,天下为公,选贤与能,讲信修睦。故人不独亲其亲,不独子其子,使老有所终,壮有所用,幼有所长,矜寡孤独废疾者,皆有所养"这样一种理想社会,这仍然是建设和谐社会的积极营养。中国传统文化,在很大程度上可以说是有关人际关系的学问,在这方面有大量的思想资源可资开掘利用,诸如"和为贵"的人际关系的理想;"仁者爱人"的人道准则;"己欲立而立人,己欲达而达人"、"己所不欲,勿施于人"的

---

　　①　[日]松下幸之助. 松下经营成功之道[M]. 北京:军事谊文出版社,1987:9-10.

忠恕之道；"诚者，天之道也，思诚者，人之道也"、"人而无语，不知其可
也"的诚信原则；"不知礼，无以立"的礼仪之风，如此等等，不一而足。
中国古代先哲们的这些关于人与人的和谐、人与社会的和谐的思想，对
构建社会主义和谐社会不无借鉴意义。

第一章 人际关系

人具有自然性与社会性双重属性,其中社会性是其主要的属性,这就决定了人主要是社会性动物,在社会生活中,人们为了满足生存发展的多种需要,几乎每天都要与他人交往,建立各种关联。因此,人际关系就成了多门学科备受关注的重要研究领域。要研究人际关系心理学,必须先就人际关系的本质内涵、心理结构、运行机理、具体类型及主要功能作一系统考察。

一、人际关系的界限

人际关系的概念十分宽泛,人们对此意见并不统一。其实,人际关系的含义有广义与狭义之分。从广义上看,它泛指人们在社会交往过程中所形成的各种关系,即社会关系,具体包括经济关系、政治关系、法律关系、伦理关系、心理关系等。从狭义上说,所谓人际关系(interpersonal relation)主要是指个人与个人之间通过相互交往和作用而形成的一种心理关系,或称心理距离。本书所说的人际关系主要是指狭义的人际关系,并非社会学领域中的"社会关系"。

有人把人际关系等同于社会关系。从逻辑上说,狭义的人际关系属于社会关系的范畴,但人际关系并不能与社会关系画等号,同时也不能简单地把这种人际关系看成是社会关系的一个组成部分或某一个层次,事实上,人际关系渗透在所有的社会关系之中。

社会上也有不少人往往把"公共关系"与"人际关系"相混淆,这也是一种认知误区。"公共关系"(public relations)与人际关系虽然同属于社会关系的范畴,但两者无论在主体、对象、运作手段、作用职能等方面均存在着很大的区别。简言之,公共关系是以组织为主体和支点而形成的各种社会关系,旨在树立组织的良好形象,协调各种公众关系,从而为组织的生存和发展创造有利的环境和条件,一般把它归属于宏观管理学范畴。人际关系则是以个体为主体和支点而形成的各种社会关系,旨在为个体"交朋友,结良缘",为个体的人生幸福、事业成功创造良好的发展空间,它属于社会心理学范畴。当然,公共关系与人际关系也不是泾渭分明、截然分别的,两者往往互相交融、相互渗透。公共关系最终必然要落实到各种具体的人际关系中去,或者说,公共关系要以人际关系为桥梁,借用人际关系的渠道与手段,利用人际关系的网络,以发挥它的巨大作用,它包括了诸多人际关系在内,没有人际关系,公共关系也就成为了空中楼阁。

要准确地理解人际关系的内涵,还必须把握人际关系具体的特性。人际关系的特性主要有:

第一,人际关系主要是指个体与个体之间的关系。其主体与对象都是个人,具有显著的个体性。这就与社会关系、公共关系具有社会性、组织性的特点有了明显的区别,人际关系的本质体现在具体的个人与个人之间的互动过程之中。

第二,人际关系的实质是人与人之间的心理距离。这与其他社会关系层面上的经济关系、政治关系、法律关系、伦理关系等就具有了本质的区别。当然,人际心理关系必然要受到社会生产关系以及建立在这种生产关系基础之上的上层建筑的各种社会关系的深刻制约和影响,以至于离开这些因素,人际心理关系也无从建立。但是,人际心理关系的形成发展也有其独特的运行和发展规律。如果把人际心理外在的影响因素等同或替代其内在的心理因素,就无法真正揭示人际关系的真谛与奥秘。

　　第三,人际关系的亲疏主要取决于人际心理距离的远近。这种心理距离主要以情感活动为基础,因而体现出强烈的情感色彩。一般而言,人与人之间的心理距离越近,人际关系就越亲密;人与人之间的心理距离越远,人际关系就越疏远。不过,从审美的角度看,人际心理距离既不能太远,也不宜过近。"远之则怨,近之则不逊",这对任何人际心理关系来说均是普遍法则。"隔帘看月,隔水看花",反映出"隔"字在美感上的重要。有隔斯有美。宗白华指出:"美感的养成在于能空,对物象造成距离,使自己不沾不滞,物象得以孤立绝缘,自成境界。"[①]对物的审美如此,对人的审美也是如此,这就是"距离产生美感"学说的来由。叔本华有一段寓言:一群豪猪在一个寒冷的冬天挤在一起取暖,但是它们的刺毛开始互相击刺,于是不得不分散开。可是寒冷又把它们驱在一起,于是同样的事故又发生了。最后经过几番的聚散,它们发现最好是彼此保持相当的距离。同样的,群居的需要使得人形的豪猪聚在一起,只是它们本性中的带刺的令人不快的刺毛使得彼此厌恶。他们最后发现的使彼此可以相安的那个距离,便是那一套礼貌,以礼相待,相敬如宾。因此,即使是最亲近的人际关系,也应该保持适当的距离,使各自拥有一定的私密空间,包括时间、空间和心理距离,否则摩

---

　　① 宗白华. 美学散步[M]. 上海:上海人民出版社,1981:26.

擦、矛盾、冲突、争斗、痛苦也就在所难免，产生不必要的人际紧张关系。文艺作品中，为了加强观赏性，往往会故意加入剧中人物的人际隔阂、矛盾与冲突，即"加料"。其主要手法就在于不停地拉开又拉近人际心理距离，在不断的心理距离的拉锯战中，使观众产生强烈的心灵震撼，赚足了人们的眼泪与金钱。但这是在虚拟世界中的事情，在现实社会中，人际这种心理距离的拉锯战则是十分危险的事情，随时都可以拉断人际关系这根脆弱的纽带。

第四，人际关系是在人与人之间相互交往的过程中逐渐建立和发展起来的。从动态结构上说，人际关系主要包括主体、对象与媒介三大要素。媒介即是交往，它是连接主体与客体的渠道与桥梁。没有交往，就谈不上建立人际关系。疏于交往，原本亲密的人际关系也会变淡甚至名存实亡。人际关系是在人们直接的乃至是面对面的交往过程中逐渐形成发展起来的，因此人们可以切实地感受到它的存在，具有可感性，即为人们所直接体验到。要建立良好的人际关系，就必须注意人际交往的的频度，加强人际交往的质量，讲究人际交往的技巧，使双方的心理需求得到尽可能的相互满足，这样才能创造和谐的人际氛围，使人际关系这棵幼树不断地得到阳光雨露的滋润而渐渐长成参天大树。

二、人际关系的结构

一般来说，人的个性心理可分为知、情、意三层结构。所谓"知"为认知系统，"情"为动力系统，"意"为控制系统。这三个子系统相互作用、相互影响，就构成了心理结构的整体系统与功能。人际关系的心理结构也包括人际认知、人际情感和人际行为这样三个具有内在密切联系的具体层面与支系统。

人际认知,是指人与人在交往过程中的相互认知,即通过彼此相互感知、识别、理解而建立的一种心理联系。就其具体内容来说,包括自我认知、对他人的认知、对人际关系的认知三个方面。人际认知是人际关系的基础。人际关系的建立总是从人与人之间的相互认知开始的,如果一个人住在东半球,另一个人住在西半球,或者"鸡犬之声相闻,而老死不相往来",彼此一生不相认识,就根本谈不上关系。只有在人际相互认知、理解基础上才能建立和发展良好的人际关系。人际认知是双向的互动过程,一方面要使自己了解他人,另一方面也要使他人了解自己。为使他人更好地理解自己,一定程度上的适度的"自我暴露"是必要甚至必须的,每个人都需要向他人开放一定的自我领域。假如一个人总是像一只蜗牛一样,身上背着一个厚厚的硬壳,把自身紧紧地包裹在里头,使他人难识其庐山真面目,他人也就根本无从认知及与其深入交往,并进而与之建立和发展人际关系。当然,这种"自我暴露"要因人而异,把握适度。诚然,真正的人际认知是一件十分困难的事情,人们几乎谁都无法完全理解他人内在的精神世界,即俗话所说的"画虎画皮难画骨,知人知面不知心"。很多友谊、爱情甚至还往往建立于相互误解之上,因此,很多人与人之间往往因误解而结合,因了解而分离。但是,这并不等于说人际相互认知是不可能的事情,只不过这是一个没有终点的过程。良好的人际关系不仅需要深入的相互认知、理解,而且需要相互认同、欣赏。俗话说"知之深,爱之切",此话未必全面,人际彼此认知是一个方面,相互认同又是另外一个方面,但不管如何,人际认知是建立人际关系的前提。

人际情感,是指人际交往中各自的需要是否得到满足而产生的情绪、情感体验。一般把人际情感划分为积极情感(或称正情感)和消极情感(或称负情感)两种类型。所谓积极情感是指导致人际相互亲近、融合的情感,诸如喜欢、喜爱等等。消极情感是指导致人际相互疏远、分离的情感,例如厌恶、仇视等等。古语中说的"爱之欲其生,恶之欲其死",即指上述的两种情感。其实,这种"二分法"并不十分科学。事实上,事物往往是"一分为三"的,正如一个小孩看电视剧,说这是好人,这是坏人。那么还有不好不坏的人呢?毛泽东也往往会把一个人群分为三部分:左派、中派、右派,应对的策略方针是:依靠左派,争取中派,孤立右派。因此,"三分法"要比"二分法"精确、科学得多。人际情感也可一分为三。除了上述两种类型外,还有一种若即若离、不即不离的中性情感,而且在人际关系中这种中性情感大量地存在着,这是不应忽视的现象。由于人际关系在心理上总是以彼此满意不满意、喜爱不喜爱等情感状态为特征的,因此,人际情感就成为了人际关系的核心,它是人际关系中最本质的、具有决定性影响的因素,是衡量人际关系好坏的晴雨表。情之为物,很多时候并非理性所能主控。"问世间情为何物,直叫人生死相许。"人际情感形成的因素十分复杂,其中主要取决于相互需要的满足程度。多情总被无情恼。"人到情多情转薄,而今真个不多情"(纳兰容若),"多情却似总无情"(杜牧),一个人太具感情时,也会自伤与伤人的。人际情感相当细腻、微妙、敏感、易碎、善变,因此需要小心呵护,悉心培育,精心经营。

人际行为,是指双方在相互交往过程中的外在行为的综合体现,它包括人们各自的仪容仪表、服饰打扮、言谈举止、礼仪礼节以及各种人际交往、人际沟通,等等。在人际关系中,不论是认知因素还是情感因素,都要通过人际行为表现出来,人际行为是人际关系的调节杠杆,人们可以通过各种行为建立、调节、修补、完善各种人际关系。

总之,人际认知、人际情感、人际行为构成了人际关系的三个层面、三个支系统。三者相互联系、相互作用、相互渗透、相互影响,就构成了人际关系的整体系统与功能。

三、人际关系的基础

人际关系的基础,是指影响人际关系亲疏远近的决定性因素。无疑,影响人际关系的因素繁多,但决定因素是什么? 人们的看法各不相同,有的认为是情感,有的认为是认知,有的认为是交往,有的认为是需要,甚至还有的认为是外貌美,有的认为是心灵美……几乎有多少个人就有多少个答案。认识这个问题,对我们破译人际关系的奥秘至关重要,这不仅是个重要理论问题,更是一个具有实际操作意义的实践问题。

无疑,人际认知、情感、交往等均会以不同内容、各种方式影响人际关系的建立和发展,但是,我们不要忘了,所有这一切均是建立在需要的基础之上。正如马克思所说,对于现实存在的人来说,"在任何情况下,个人总是'从自己出发',但由于从他们彼此不需要发生任何联系这个意义上来说他们不是唯一的,由于他们的需要即他们的本性,以及他们求得满足的方式,把他们联系起来(两性关系、交换、分工),所以他们必然要发生相互关系"①。因此,需要是我们考察人类社会包括人际关系的逻辑起点,因为满足自我需要是人际进行交往的始初动因和最终归宿。如果离开需要来谈人际关系,那么这种人际关系就是空洞的、抽象的,就成了虚无飘渺的空中楼阁。

从需要出发来考察人际关系的产生、维系和发展,这只是一个根本的方法论原则。但有人据此认为需要是人际关系的基础,这个观点也

---

① 马克思恩格斯全集(第 3 卷)[M]. 北京:人民出版社,1960:514.

是有失偏颇的。由于人际关系是双向互动的,并非是一厢情愿的。良好的人际关系不可能建立在一方需要满足而另一方需要得不到满足的基础之上,而必然建立在双方需要都得到相对的满足的基础之上。交往双方需要的相互满足程度越高,人际关系就越密切,反之,就越疏远。举一个例子,《红楼梦》中贾宝玉与林黛玉、薛宝钗的三角关系就很能说明问题。从现代人的角度来看,薛宝钗在很多方面确实要比林黛玉可爱得多,诸如健康、性格与处事等等,但是,贾宝玉偏偏爱上了林黛玉,这是没有办法的事情,因为他们之间需要(尤其是精神需要)的相互满足程度更高,纯洁的爱情就是这样生根发芽开花结果了。而贾宝玉与薛宝钗由于在价值理念上存在着很大差异,精神上的沟通需要就得不到相应的满足。如有一次薛宝钗劝贾宝玉读些圣贤书,讲求些仕途经济的学问,这就使一向鄙薄功名利禄的贾宝玉极为恼火,"他也不管人脸上过得去过不去,他就咳了一声,拿起脚来走了",并在事后说:"林姑娘从来说过这些混账话不曾? 若她也说过这些混账话,我早就和她生分了。"①友谊与爱情,最主要的是要建立在交往双方精神层面的高度契合与互相欣赏与满足之上。

根据霍曼斯·莱维特(George Homans,1961)的社会交往理论,人际交往具有社会性,实际是一种直接的、随即发生的交换活动。换句话说,人际交往实际上类似于一种商品交换,只不过这种交换,不仅是物质商品的交换,而且是诸如赞扬、声望、爱慕、服务、信息等精神商品的交换。在社会交换过程中,存在着报酬和代价。给予他人的东西对自己来说是损失,从他人得到的东西对自己来说是受益。人们总希望其得到的利益与其付出的代价成比例,存在着一种"分配上的公平"原则。

---

① 曹雪芹,高鹗. 红楼梦[M]. 北京:人民文学出版社,1982:433.

人际关系就是个体或集体彼此寻求满足的需要公平状态。因此，人际关系能否得到维持和持续发展，主要取决于双方需要的相互满足程度。若双方都感到收益(包括认同、赞赏、尊重、信任、物质等)大于或等于支出，关系则得以维持；若一方认为得不到补偿，则吸引减少，关系逐渐淡化乃至中止。虽然这种社会交换理论在我国遭到广泛的诟病，认为它把人与人之间的关系庸俗化、功利化了，"把人与人之间的关系看成是赤裸裸的交换关系，忽视了人们间的相互帮助、支援、无私贡献，甚至献身的行为，贬低了人类社会中的人与人的关系"①。这种批评在一定程度上说，是有道理的。任何有功利目的的交往并不是高境界的活动，缺乏美学中的"无目的的目的性"这种纯粹的美。但是，社会交换理论告诉我们，人际互动注重"平等"、"交换"原则，交换的东西包括金钱、物质等有形财物，也包括感情、面子、感觉、尊重等社会报酬。人际相处，得不到互相的报赏，关系就难以持续。它还告诉我们，若要建立、维系并发展长期、稳定和良好的人际关系，双方就都应考虑对方的需要，在寻求自我需要满足的同时，也应尽力满足对方的需要。"你可以得到一切你想要的事物，只要你帮助足够的人得到他们所想要的。"②这对我们认识人际关系的基础，掌握开启人际关系大门的智慧钥匙不无启迪意义。

　　当然，人的需求是多方面的，诸如马斯洛讲的生理需要、安全需要、尊重的需要、归属与爱的需要、自我实现的需要，即需要五层次理论。事实上，除此以外，马斯洛晚年还补充了审美的需要、认知的需要等等。任何一种需要的满足都会产生快乐，尤其是认知、审美、自我实现等非

---

　　① 郑全全,俞国良. 人际关系心理学[M]. 北京:人民教育出版社,1999:49-50.

　　② [美]金克拉(Zig Wiglar). 与你在巅峰相会[M]. 赞歌,译. 北京:新华出版社,2005:88.

本能性的需要,以发挥自我潜能为动力,这类需要的满足会使人产生最大程度的精神快乐。人的需求的最终目的是追求快乐,当然,这里所说的快乐,并不是浅薄的无可药救的快乐主义,而主要是指精神层面的对美的追求。在现代社会,人们生活在一个物质相对充裕的条件下,却时时感觉到生活的空虚、乏味,归根到底在于人们过分忽视了上述这种更深层次上的心理内在需求的满足。周作人在《北京的茶食》一文中曾经写道:"我们于日用必需的东西以外,必须还有一点无用的游戏与享乐,生活才觉得有意思。我们看夕阳,看秋河,看花,听雨,闻香,喝不求解渴的酒,吃不求饱的点心,都是生活上必要的。"[①]要是人们在人际交往中能尽可能多地满足他人的需要,尤其是内在心理的深层次的需要,就能使我们都产生极大的快乐,产生良性互动。

四、人际关系的机理

人际关系的机理,主要是指人际心理关系形式与发展的内在逻辑过程,即人际心理形成过程。

人的心理过程一般可分为认知过程、情感过程、意志过程三个阶段。人际心理关系的建立和发展也是一个过程,一个长期积累的过程。美国学者杰尔·厄卡夫、维利·伍德提出了一个"关系金字塔"图式(图1-1)。

当然,攀登关系金字塔的旅程不一定非要据此循序渐进。不过,如果你处于金字塔的底层,而且想抵达塔顶,你必须经历所有的步骤。"攀登关系金字塔极顶是一项长期的任务,是一个长途旅行,攀登过程

---

① 周作人作品精编[M].桂林:漓江出版社,2004:79.

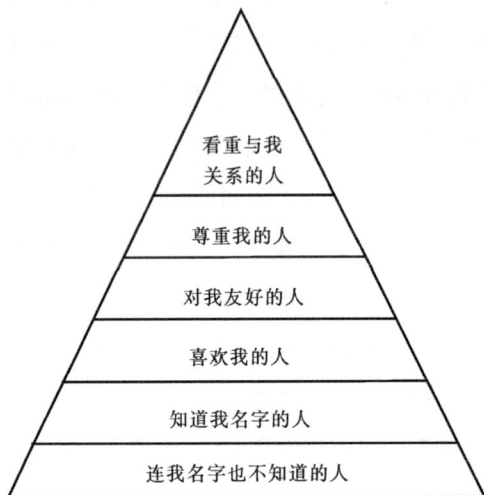

图 1-1　关系金字塔

不可能一蹴而就。"①

　　那么,人际心理关系的形成发展过程究竟是什么样的?"悲莫悲兮生别离,乐莫乐兮新相知"(屈原·九歌·少司命)。这得从以下两个方面来阐述。

(一)正向人际关系的心理过程

　　美国心理学家奥尔特曼和泰勒(I. Altman & D. A. Taylor,1973)经过对人际关系长期研究,认为良好的人际关系的形成和发展,一般需要经过认知定向、情感探索、感情交流和稳定交往四个阶段。莱文格和斯诺克(G. Levinger & Snoek,1972)以图解的方式,对人际关系相互

---

　　① ［美］杰尔·厄卡夫,维利·伍德. 关系决定成败[M]. 鲁刚伟,译. 北京:中国社会科学出版社,2005:16.

作用水平随时间的递增关系作了形象说明，具体包括零接触阶段、觉察阶段、表面接触阶段、情感探索阶段、情感交换阶段、稳定情感交换阶段。总之，良好的人际关系的形成需要一个长期积累和演化过程。

　　一般来说，人与人之间从相识、相知到相敬、相拥，的确是一个长期而复杂的探险历程，牢固的关系的建立需要时间去获取信息，获得信任，展示真诚，积极经营。笔者认为人际关系发展过程可分以下四个阶段，具体过程如图1-2所示：

图1-2　人际关系发展过程图

　　人际关系的建立发展过程，就像两个同心圆，开始时各不相识，只是在一个偶然的机会、偶然的场合，由于一个偶然的因素，甚至是一个不经意的细节，引起了一方对另一方的注意或双方的互相注意，从而产生了交往的兴趣。于是，一方或双方开始关注对方的有关言行举动，甚至通过各个渠道获取对方的信息资料，并设法与对方取得联系。等到彼此均确认有相互交往的需要和必要时，两方就进入实质性的交流，两个同心圆的距离就开始缩短。随着双方交流频度的增强，相互的信息和情感交流也在加深，相互的依存性甚至依恋性也在与日俱增，感情日笃，两个同心圆就交叉在一起了。如果这时期双方均认为交往的相互满意度很高，依存性也越来越强，就会进入更高阶段的关系，两个同心圆就更加深入地交合在一起，终至难分难舍。

　　第一阶段：注意时期。这个阶段是人际关系形成的必经的始初阶段，双方处于相望时期，处于零接触状态。在大千世界茫茫人海中，开始时人们彼此无关。在通常情况下，只有那些具有特殊个性特征的人，或具有某种能激起人们兴趣特征的人,才能引起人们的注意。有时这个阶段可能非常短暂,而且引起注意的原因也可能十分偶然。"邂逅相遇,适我愿兮"(《诗经·郑风·野有蔓草》)。注意一般分有意注意和无意注意两种。所谓有意注意是出于内在的有目的性的注意;无意注意是指主要由外界刺激物的刺激而引发的被动的注意。通常人际相互注意是在无意注意的状况下产生的。但不管如何,要与他人建立人际关系,首先必须引起他人的注意和双方的相互注意。一般而言,能引起人们注意的因素主要包括外表、言谈、举止、修养等方面的独特性和审美性。

第二阶段:确认时期。这一时期,交往对象处于由注意转向选择阶段。人生的实质就是一系列选择的过程。每个人无时无刻不在选择之中,哪怕是不选择,实际上也是一种选择,因为他(她)选择了不选择。总之,人们不得不选择。人们究竟选择谁作为自己的交往对象并与其保持良好的人际关系,往往从自身的需要和兴趣出发。只有那些在人们的价值观念上具有重要性的人,才会被选择列入交往和建立人际关系的对象范围,成为编织"关系网"的目标对象。在这个时期,双方一般具有初步的接触沟通,其中始初印象的作用非常重要。人们在选择、确立了交往对象后,就开始做各种建立关系的尝试,但相互都在探索、摸底,一般都比较谨慎,具有礼节性交往的特征,彼此都注重自己行为表现的规范性,显得彬彬有礼,优礼有加,相敬如宾,一般表现为关系并不亲密的状态。

第三阶段:融合时期。这个时期,交往双方就进入到实质性的角色交换阶段。随着交往频度和深度的日益增强,双方沟通的内容和范畴越来越广泛,"自我暴露"的广度和深度也逐渐增强。深入接触阶段主要体现在价值观的认同之上,进行着本色与本色的接触与交流。由于

接触而导致的联系不断加强,并且感情色彩越来越浓厚,心理因素卷入
和相互渗透的程度也越来越大,人际关系的性质就会发生实质性的变
化,双方已经开始确立相互的信任感和安全感,人际心理距离已经大大
缩短,人际关系较为密切。这个阶段的人际交往已经超出了前一时期
一般交往的范围,表现出很大的非正式交往的特征,不拘小节,随意性
很大,还有肢体接触,都是人际亲密关系的体现。此时,双方都会提供
真实的评价性的反馈信息,提供建议,提出忠告,彼此欣赏,建立友谊。
如果在这个时期关系破裂,将会出现某种焦虑、牵挂、烦躁、痛苦的情
绪,甚至会导致心理伤害,"黯然消魂,唯别而已"(江淹)。

第四阶段:稳固时期。这个时期,人际心理进入了高度相融阶段,
人际关系发展到一个极高的水平。人际相容度进一步加强,"自我暴
露"也更加广泛深刻,彼此间可允许进入对方高度私密性的个人领域,
分享各自的思想、情感,快乐着对方的快乐,悲伤着对方的悲伤,缓急可
恃,休戚相关。人们预期着他(她)们在一起,如果只看见其中之一,就
会问到另一个人。心心相印、唇齿相依的知交,以及"一日不见,如三秋
兮"、"生死契阔,与之成说"的恋情即属此列。"从别后,忆相逢,几回魂
梦与君同。"(晏小山)这个阶段的人际关系属于非常特殊的阶段,在现
实生活中,大多数人际关系一般停留在第二、第三阶段,要进入第四阶
段实属罕见,"因为理解,所以慈悲",因而也显得更加珍贵。"人生得一
知己足矣,斯世当以同怀视之","为有情人做快乐事,管它是劫还是缘"
等等,就是其真实写照。

以上是良好人际关系建立和发展依次递进的四个阶段,相互关系
是否从一个阶段发展到另一个阶段,取决于很多因素,但主要取决于双
方的意愿和客观条件。

(二)负向人际关系的心理过程

人际关系的发展过程,既包括正向发展,同样包含着负向发展,即人际关系的恶化。尽管建立良好关系过程是令人满意的,但由于各种原因,人际相互关系也会出现恶化,最终导致破裂。朱迪·C·皮尔逊在《如何交往》(1987年,中文版)一书中描述了人际关系恶化过程,即漠视、冷淡、疏远、分离四个阶段,与建立良好关系的过程正好相反,对我们理解人际关系的负向发展有所启示。具体地说,其大致可分为隔阂、疏远、回避、终止四个阶段。

第一阶段为隔阂阶段。这个阶段,人际相互关系出现了裂痕,主要由于双方因利益冲突或认知差异、价值观相背等发生了差别与分歧。"落花有意随流水,流水无情恋落花"。如果差别与分歧不是太大,问题可以得到解决。如果差别和分歧得不到解决,就会导致冲突,但也可以在没有冲突的情况下产生漠视。

第二阶段为疏远阶段。人际关系的恶化始于冷漠,对对方产生漠不关心的消极态度,甚至产生反感厌恶情绪,以决绝疏远的形式具体体现出来,在内心深处,起码有一方已不愿意继续交往下去了。这个时期关系处于一个不活跃时期,处于心理冷战局面。大多数相互关系在这个阶段双方都会有痛苦的情绪体验。

第三阶段为回避阶段。回避阶段涉及空间上的分离,双方为脱离痛苦的体验,避免面对面的接触,常常具有不友好、敌意和对抗的特征。这个时期相互关系没有发展机会,处于停滞状态。当然,这个阶段双方或单方也可能仍然抱有改善关系的希望。因此,这个阶段会持续多久时间取决于双方的意愿以及其他因素。

第四个阶段为终止阶段。也就是相互关系的破裂时期,当事者找到了一种了结关系的办法。在这个阶段,交往者不仅把相互间的接触视为一种额外负担,并且终止了人际交往,以此作为解脱痛苦的方式。"可怜人意,薄于云水。"当然,有时人们为了适应没有原本关系亲密的对方的生活,需要一定的时间,时间终将抚平一切创痕。就像一片乌云,掠过明澈的湖面,最终不留一丝痕迹。

(三)建立、维系和发展人际关系的基本条件

"东西南北万里程,悲欢离合一杯酒。"人与人之间的恩恩怨怨,离离合合,构成了人世间的独特风景。看惯了人世间太多的风景,人们不禁要反思:如何才能维系和巩固良好的人际关系?

如果把人际关系比作是一棵生命之树,那么它的扎根土壤就是相互的需要,基本条件就构成了它生长必须具备的阳光、雨露和各种养分,每个人就是辛勤的园丁。

建立、维系和发展人际关系的基本条件主要有以下几个方面:

(1)爱的能力即受人尊重和爱戴的能力。"桃李不言,下自成蹊。"一个人要拥有广泛而深厚的人际关系,自身必须具备受人尊重和重视的各种品质,即对人魅力。它是人们对一个人的品质、能力和地位等价值和美德的正面感觉和评价,是人际魅力的汹涌的源泉。他人对你的学识、品德、行为的评价很高,他就会尊重你;他人对你的实力、地位及所拥有的社会资源很看重,就会重视你。在很多情况下,人本身并不重要,重要的只是他所处的地位及其拥有的人脉资源。唯有如此,你才能成为人际交往中的宠儿。

(2)一定的时空条件。人际交往必然是在特定的时空条件下进行的,因此,人际关系的建立和发展也需要一定的时空条件。我们在日常生活中经常可以发现这种现象:在特定的时空环境下,原本关系陌生的

人们,由于朝夕相处,日久生情,友谊与爱情之花就遍地绽放;相反,原本关系亲密的人们,由于天各一方,疏于联络,关系渐渐淡薄,终致疏远。

(3)交往的频度和深度。没有交往,自然谈不上关系。要建立和发展良好的人际关系,就需注意交往的频度和深度。所谓交往频度,是指交往次数。一般来说,交往频度越高,人际关系越容易深化并得到巩固和发展。"善与人交,久而敬之。"当然,事情往往不是绝对的,有的人与人之间虽然交往频度很高,但只维持着一般的人际关系水平,有的人与人之间虽然交往频度不高,但却维持着高水平的人际关系。这就又涉及人际交往的深度,即人际交往的质量。人际深层次的沟通与交流则是建立高水平的人际关系的关键。

(4)人际交往的技能与方法。建立良好的人际关系,不仅需要能力,也需要方法。人际关系也需要经营。它是一门艺术,也是一种技能。这在人际交往的有关章节中有详细的阐述。这些方法和技能,是每个人都可以实践的。你不需要有社交的禀赋,不需要外向型的性格,不需要天生的丽质,不需要出众的才华,不需要很高的地位,实践这些方法,你依然可以成功建立和拥有广泛而良好的各种人际关系。简而言之,只要彼此以诚相待,互相信任,相互帮助,共同获得应有的满足,就能建立起良好的、牢固的人际关系。

五、人际关系的类型

人际关系遍布于社会活动的一切领域。关于人际关系的分类很多,这里只谈心理学意义上的分类。由于人们社会活动的复杂性与人际交往行为的多样性,使人际关系呈现出千姿百态。因而心理学家对人际关系类型的学说也呈现出五彩缤纷的局面。美国心理学家雷维奇(P. Lewicki)通过对一千多对夫妇进行研究,把人际关系归纳为八种类型:①主从型。②合作型。③竞争型。④主从—竞争型。⑤主从—合作型。⑥竞争—合作型。⑦主从—合作型。⑧无规则型。舒兹(W. C. Schuts)则从人际反应倾向的角度研究了人类关系的类型。他把人际关系的需求分为三类:①包容的需求;②控制的需求;③感情的需求。在人们的交往中,每个人对别人的需求方式不同,因而也就使每个人对他人的基本反应倾向有所不同,这种基本反应倾向叫做人际反应特质。根据以上三类人际反应特质,舒兹把他们分为主动的表现者和被动的期待他人的行为者,从而得出六种基本的人际关系倾向,如表 1 - 1 所示。

表 1 - 1　人际关系倾向

需求种类	主动型	被动型
包容需求	主动与别人交往	期待别人接纳自己
控制需求	支配他人	期待别人支配自己
感情需求	对别人表示亲热	期待别人对自己表示亲热

　　瑞士心理学巨匠皮亚杰则把人际关系分为约束型关系和协作型关系。

　　由于依据不同,可将人际关系区分为多种类型。区别不同的人际关系类型,有助于充分描述和准确把握各种人际关系的性质,对处理复杂的人际关系具有一定的指导价值。

(一)按人际关系的心理联结纽带来分,可分为血缘关系、地缘关系、业缘关系和趣缘关系

　　血缘关系是指以血缘为纽带而结成的人与人之间的关系。如父子

（女）关系，母子（女）关系，兄弟姐妹关系。血缘关系，无论在人类自身的生产和发展中，还是在社会生活的各个方面，都占有极其重要的位置。尤其是在我国这个以家庭为本位的国度里，血缘关系在人际关系中占了极大的分量。"血浓于水"的伦理关系，一方面孕育出"父慈子孝兄爱弟悌"般的浓浓亲情，另一方面也成了"亲情大于王法"等徇私枉法的渊薮。

所谓地缘关系，是指以地缘为纽带而结成的人与人之间的关系，如老乡关系、邻里关系等。一定的共同地域赋予人际共同的经验范围背景：语言、风俗、习惯、观念……自然会产生彼此的相互认同，"老乡见老乡，两眼泪汪汪"的乡情情结就会油然而生。一般而言，现代化程度越低、居住处所搬迁越少的地方，地缘关系就越重要，反之，地缘关系就淡漠；地理范围越小，地缘关系的密切程度就越高，反之，亲密程度就越弱。

所谓业缘关系是指以职业为纽带而结成的人与人之间的关系，如同事关系，上下级关系，师生关系，战友关系等。从总的发展趋势来看，随着现代化的发展，血缘关系、地缘关系在人际关系中的地位和作用呈逐步降低趋势，业缘关系在人际关系中的地位和作用则会逐渐增加。业缘关系与血缘关系、地缘关系的情感色彩占主导地位相比，它的利益色彩更为突出，合作与竞争是永恒的主题。此外，"隔行如隔山"，不同行业之间的人们或多或少存在着沟通上的障碍，容易产生隔阂。

所谓趣缘关系是指以一定的兴趣、爱好为纽带而结成的人与人之间的关系，如友谊关系、情爱关系均属于此类。"道不同，不相为谋。"趣缘关系一般以志同道合为基础，以情感上的依恋为主要特征。这种分类，对分析人际心理关系的影响元素，有重要价值。

(二)按人际关系的心理倾向性来分,大致可分为主从型、合作型、竞争型人际关系

主从型人际关系是人际关系中最基本的一种。几乎所有的人际关系都有主从型的因素或痕迹,只不过是多少不同而已,尤其是亲密的人际关系中这种因素或痕迹最为明显。世界上,有相当一部分人喜欢支配别人,而另一些人则愿意顺从别人。如果他们互相结合在一起,就形成了主从型人际关系。林黛玉讲过一句漫不经心的话:"但凡家庭之事,不是东风压了西风,就是西风压了东风"(《红楼梦》第八十二回),庶几也反映了这种家庭主从型人际关系。主从型人际关系内在结构一般较为稳定。

合作型人际关系是指双方为了达到共同的目标而达成的互相配合、互相忍让的人际关系。合作型的人际关系,是人们推崇的理想的人际关系。但是,经过大量的调查研究表明,合作型关系适宜于同事、朋友关系,在夫妇关系中,合作型的关系并非是一种很理想的关系。

竞争型的人际关系是指双方为了各自目标而互相竞赛、互相排斥的人际关系,这是一种既令人兴奋,又使人精疲力竭的不安宁的关系。

当然,现实生活中,合作、竞争、主从因素并不是那么泾渭分明的,各种因素往往难分难解地糅合在一起,存在着相互转化和渗透的趋势,区别只不过在于以何种因素和痕迹为主而已。这种分类则具有明显的社会心理学色彩。

(三)按人际关系的心理目的性来分,可分为情感性关系、工具性关系、混合性关系

为了满足相互之间情感交流、形成良好的心理气氛而建立起来的

人际关系,即情感性关系,如友谊、爱情。基于某一功利目的而建立的人际关系,即工具性关系,如客户关系。但是,在社会交往中,纯粹意义上的情感性关系与工具性关系也是十分罕见的,大量的表现为兼具情感与工具双重目的的混合性关系。不管如何,在人际关系中,不可能没有一点功利的成分,因为人与人之间需要相互支撑、相互合作,在现实社会中建立在互利基础上的关系也是正当的,无可厚非;在人际关系中,也不可能没有情感的色彩,毕竟"人非草木,孰能无情",既有利益需求又有情感渗透的人际关系,是一种最为稳固持久的关系。当然,要警惕过于功利的势利之交,把人与人之间的关系建于赤裸裸的相互利用基础之上,必然利尽则散,难以持久。正如诸葛亮所言:"势利之交,难以经远。士之相知,温不增华,寒不改叶,能四时而不衰,历险夷而益固。"①纪晓岚也指出:"夫所谓朋友,岂势利相攀援,酒食相征逐哉?为缓急可恃,而休戚相关也。"②

六、人际关系的功能

这里讲的人际关系的功能只是针对个体而言的,它对个体各方面的作用与影响十分巨大,主要体现在以下几个方面:

(一)身心保健功能

人人都有一种克服孤独、追求与他人融合的亲和动机和需要。如果这种需要得到了满足,就会产生积极的情感体验,否则就会产生消极的情感体验,对身心健康产生严重影响。为了证实这一假说,美国心理

① 太平御览. 卷 406.
② 纪晓岚. 阅微草堂笔记[M]. 上海:上海古籍出版社,1980:428-429.

学家沙赫特做了这样一个实验：他以每小时十五美元的酬金雇人到一
个小房间去。这小房间与外界完全隔绝，里面没有报纸、电话和信件，
也不让其他人进去，甚至连被试身上的钱包也不让带。最后由五个人
应征参加实验。其中一人在小房间里只待了两个小时就出来了，三个
人待了两天，另一个人待了八天。这个待了八天的人出来后说："如果
让我再在里面待一分钟，我就要发疯了。"实验证明，没有一个人愿意同
其他人隔绝。良好的人际关系也是人们心理需要的重要组成部分。人
有合群需要，不愿意孤独。医学心理学研究的结果表明：长期孤独、独
处的人慢慢会变得精神忧郁、变态，其寿命比乐观、开朗、爱交往者要
短。前苏联《消息报》1981 年 4 月 28 日曾发表《鲁滨逊·克鲁索的真
人是谁?》的文章指出，英国作家笛福写的《鲁滨逊飘流记》中的主人公
原型，是一个名叫塞尔柯克的海员，他脾气不好，在一次航海中因为同
船长发生争吵，从此滞留荒岛，孤独地生活了四年。当 1712 年这个漂
泊儿回家后，脾气更怪了，四年孤独生活的习惯，他看到别人时怕得要
命，老是想方设法去找个僻静的地方躲起来，过隐士生活，结果在九年
后(1721 年)死于他自己挖的地洞里。

　　从心理卫生学的角度看，良好的人际关系可以满足人们的安全感、
归属感，提高自尊心，增强力量感，获取友谊和帮助，有利于人的身心健
康。反之，人际关系失调，会严重影响身心健康，产生不良的情绪反应，
诸如焦虑、不安、恐惧、孤独、愤怒、敌对等，会导致神经衰弱、抑郁症、恐
惧症、偏头痛、溃疡病等众多疾病。世界卫生组织提出了身心健康的八
大标准：①食得快。②便得快。③睡得快。④说得快。⑤走得快。
⑥良好的个性。⑦良好的处世能力。⑧良好的人际关系。良好的人际
关系是人身心健康的重要标准之一。

　　我国高校中不时地会发生一些学生的自杀现象，考察原因，主要有

二:一是学业压力;二是情感受挫。心理学研究表明,一个有自杀倾向的人,其心理上最迷茫的时期大约会持续两个小时左右的时间,如果在这个紧要时期能给予及时的心理干预,使其放下一念,执于一会,将受困于一念,一念放下,会自在于心间。或者有亲密的友人陪伴他(她)度过这最艰难的两个小时,帮助他从极度心理困惑期摆脱出来,就会风吹云散,雨过天晴,什么事情也没有。因此,人生中不能没有朋友,包括同性朋友与异性朋友,他们都具有其自身不可替代的地位与作用,对个体具有十分重要的心理慰藉作用。

(二)知识信息功能

人们通过人际交往,获取了大量的信息、知识、思想,对每个人的生活、学习、工作和自我发展都是至关重要的。"独学而无友,则孤陋而寡闻。"据有的心理学家估算,一个人除了八小时睡眠之外,其余70%的时间大约要在人际各种直接和间接的交往、沟通上。人际交往既是信息交流过程,也是思想交换过程。通过交流,沟通信息,增长知识,开阔视野,启迪智慧。荀子说:"学莫便乎近其人。"(《荀子·劝学篇》)意思是说,为学之道,没有比接近良师益友更便捷的了。英国戏剧家萧伯纳也说:"如果你有一个苹果,我有一个苹果,彼此交换,每个人还是一个苹果;如果你有一个思想,我有一个思想,彼此交换,每个人就有两个,甚至更多于两个的思想。"

随着人类交通与传播技术的飞速发展,社会信息传递、交流、共享的手段和途径日新月异,似乎已把人际关系的信息交流功能抹杀了,其实不然。既然每个人既是信息的传播者,也是信息的接受者,传播技术只是媒介,那么人际关系具有的知识信息交流功能是无法抹杀的。人际沟通作为信息传播的方式和手段仍是不可或缺的、重要的,它甚至借助现代传媒为信息交流插上翅膀。人际信息交流较之于大众传播、组织传播的一个十分显著的特色是，它不纯粹是信息的单向传递，而是双向传播，在人际交往中，信息不仅是被传递，而且还不断地在形成、发展、创造性交流着。

在人际交往中，我们都应该努力提升自己的各种素养，从而给他人带去更多的正能量。从哲学意义上说，自身素质低下的人，与他人交往，对他人来说也是一种伤害。

（三）自我认知功能

自我认知，也称自我意识，乃是对自己存在的觉察，即对自己的生理状况、心理特征以及自己与周围事物关系的认识。俗语说："人贵有自知之明。"几乎人人都以为对自己的了解最清楚。其实，这只是一种一厢情愿的说法。知人难，知己更不易。歌德曾指出："看别人，仿佛在看戏，就是没有看透过自己。"我国古语中说的"旁观者清，当局者迷"，"不识庐山真面目，只缘身在此山中"，讲的也就是这个意思。

自我认知，无疑是基于自我体察和分析基础上的自我评价，无不受自我认识水平的制约和影响。但是，人的自我认识水平是在交往中形成发展起来的。那么，自我认知是按照什么心理规律形成的？苏联心理学家科恩在《自我论》中提出了四个途径："第一，内化，亦即接受他人的评价，是他人意见评价的内化；第二，社会比较；第三，自我定性；第四，生活体验意义整合。"①实际上，自我定性是建立在前两个途径的基础上的。因此，可以认为，自我认知的途径主要是以下两个方面：

第一，以人为镜。柯里指出："人与人之间相互交往可以作为镜子，

---

① 　[苏]伊·谢·科恩．自我论[M]．佟景韩，等，译．北京：三联书店，1986：354．

都能照出他面前的人的形象。"一个人对自我的认知,特别是对自己人格方面的评价是受社会制约的,对此自我观察往往无能为力。人关于自己的观念在很大程度上取决于他周围的人对他所作的评价,尤其是来自群体、集体及自己所重视的人的评价。在有利意见的影响下,自我评价会提高,在不利意见影响下自我评价会降低。对此艾里斯和霍姆斯于 1982 年作过一个实验:让大学生参加一次 10 分钟的工作会谈。接谈者是实验者的同伙。交谈的前两分钟,接谈者对大学生的态度反应为中性。两分钟后,通过微笑次数和声调等非语言言行对一部分大学生表现得更热情、更积极;对另一部分学生表现得更冷淡、更消极。会谈后,让被试评价他们的表现。那些受到热情接谈的大学生对自己的评价要大大高于后者。它说明人的自我评价的确要受到他人认知态度的重大影响。不过,应当指出,在人际交往中,他人的评价固然可作为自我认知的重要参照系,但是,他人的意见也并非完全正确,而且情况复杂,人们在作自我评价过程中,须持一种分析的态度,不能充耳不闻,也不可偏听偏信。

第二,社会比较。人们对自己认知的另一种重要途径在通过与他人的相互比较中形成。在人际交往中,社会比较心理是相当普遍的,如"人比人气死人","比上不足,比下有余","不比不知道,一比吓一跳"……自我概念的形成是社会比较的产物,这个观点较早是由克利和米德等社会学者提出的,对心理学产生了很大影响。费斯廷格(1945 年)提出了社会比较过程理论。按照他的观点:人具有想要清楚地评价自己的意义和能力的动机。如果有评价自己意见和能力的物理的、客观的手段,就首先使用这种手段,如果找不到这种手段,就会通过和很多的他人进行比较来判断自己的意义和能力。此时,因为和自己类似的他人对评价自己的意见和能力有用,所以容易被选作比较对象。他说:

"我们力图将自己和我们认为相似的人进行比较。"当然,对费斯廷格假定"社会比较主要是和自己类似的他人比较"这一点,有人提出了不同的看法。事实上和不同的人也容易出现比较,这类比较虽然常常会产生格格不入的感觉,但这类比较也具有很大意义。人们在与他人进行各种比较的过程中,可以改变自我概念和评价。对此,美国的心理学家作过一次很有意思的实验。他们请希望在一家商行任职的一些人独立地对自己的几项个人品质作出评价。然后,接待室里又出现了假装谋求同一职业的人。第一次是一个衣着讲究、自信、温文尔雅、手提皮包的人("干净先生"),第二次是一个落魄、身穿肮脏衬衫、赤脚穿皮鞋的人("肮脏先生")。在这以后,找借口让求职者重新填写同样的自我评价表。结果,遇到"干净先生"后他们的自我评价降低了,而遇到"肮脏先生"后他们的自我评价提高了。

　　总之,在人际关系中,他人是认识自己的一面镜子,每个人都能在与他人交往中认知自己,这里有着心理与性格的辉映、比较。只有努力拓展交往视野和范围,才可能深入而全面地认识自我,从中看到自己真正的价值,避免夜郎自大和妄自菲薄两种极端。

(四)社会化功能

　　"社会化"是社会学和社会心理学经常使用的一个概念,人一生下来就开始投入社会生活,但人的一生有一个逐渐适应社会的过程,也就是通过学习和实践发展自己的社会性过程,这就是社会化。社会化程度的高低,是衡量一个人成熟程度的重要尺度。人是社会性动物,不能离开他人而孤立地生活,个体社会化在很大程度上是在人际交往中实现的。个体在与他人交往中,通过与他人建立各种各样的关系,逐渐发展和形成个性,通过不断的社会化过程来实现自身的价值。马克思指出："一个人的发展取决于和他直接或间接进行交往的其他一切人的发展。"①

正是因为人际关系是个体社会化的重要环节,它在人的社会化过程中发生着极大的作用与影响,因此,在人际交往中,要十分注意交往对象的选择。孔子说"毋友不如己者",俗语说,"近朱者赤,近墨者黑",讲的就是这个道理。尤其是在人的青年期,它是"社会化"的关键时期。人际交往与青年人的社会化关联尤其密切。这是因为,青年人处于"心理断乳期"。青年的社会化过程,是人们解除由心理上的断乳而形成的危机的一个很好的途径。由于青年人涉世不深,认识、判断社会能力有一定局限性,一旦遇人不淑,交友不慎,很可能误入歧途、自毁前程,必须慎之又慎。

总之,一个人的成长发展,离不开人际关系;一个人的身心健康,离不开人际关系;一个人的幸福生活,离不开人际关系;一个人的事业成功,离不开人际关系。人际关系是一种网络,一种资源,一种渠道,一种风景。一个人人际关系的好坏,不仅是其综合素质的体现,而且人际关系也是生产力。

---

① 马克思恩格斯全集(第 3 卷)[M]. 北京:人民出版社,1960:515.

第二章　人际认知

人际认知是人际关系的前提条件。人际关系是从人际认知开始的,人际关系的调节也是与人际认知分不开的。但是,人际认知是十分复杂的社会、心理问题之一,由于双方都是动态发展中的人,士别三日,便得刮目相待。因此,了解人际认知的理论,把握人际认知的途径与方法,克服人际认知中的障碍,正确地了解他人,对于人们建立起正常的和谐的人际关系就显得非常重要。

一、人际认知的效用

(一)人际认知的界定

在社会心理学中,人际认知也被称作"社会认知、社会知觉、人际知觉、对人知觉"等等,十分庞杂混乱,对这一概念的解释也不尽一致。有的把它定义为个人对他人的心理状态、行为动机与意向及人与人之间关系进行推测和判断。有的指个人对他人、对自己、对群体的知觉。这类见解在国外社会心理学文献中较为常见。国内通常的定义是"个人对他人的心理状态、行为动机和意向作出推测与判断的过程。"①

从严格意义上说,人际认知与"社会知觉"与"对人认知"的概念是有区别的。社会知觉起初是被用来规定知觉过程的社会决定性,后来又被用来解释对"社会客体"的知觉过程,而社会客体则包含了个体、社会团体和大型的社会共同体。人际认知的知觉对象指的是个体以及个体与个体之间的关系,即作为个体的人及人际关系才构成人际认知的对象,其他社会客体如社会团体就不属于人际认知的范畴。可见,人际认知属于社会认知的一个重要内容和层面,但两者不能混为一谈。至于把人际认知等同于对人认知的观点也是不准确的。对人认知是人际认知的主要内容,但不是人际认知的全部。

人际认知是指个体对自我、他人及人与人之间关系的认知,但主要指的是对他人的认知。具体地说,所谓人际认知的内涵包括:

1. 自我认知

它是对自己存在的认知,包括对自己的需要、兴趣、能力等个性特征、社会角色的认知。对自我的认知与对他人的认知是密切联系的。对他人的认知离不开对自我的认知,从一定意义上讲自我认知是人际认知的基准。人们往往在品味自己的同时,也在品味别人。知人不易,知己更难,这是因为自我认知要受到多方面因素的制约与影响。首先,自我认知要受到社会评价因素的影响和制约,而社会对自己的评价是复杂的;其次,自我认知要受到主观因素的影响和制约,"不识庐山真面目,只缘身在此山中"。此外,自我认知还受到一个人生理发展过程的影响。自我认知需要社会阅历的累积。

---

① 时蓉华. 社会心理学[M]. 2 版. 上海:上海人民出版社,2002:163.

2. 对他人的认知

对他人的认知，即个人从他人的外在特征、行为表现推知其动机、态度、思想、性格等心理特征的过程。《诗经·节南山之什·巧言》中说："他人有心，予忖度之。"对他人的认知是一个由表及里、由浅入深的长期积累过程。对他人的认知是一切人际交往的根本前提。但是，对他人的认知也是复杂的，主要原因是：从认知过程看，它常常是间接的，而非直接的；其次，对他人的知觉还要依赖于认知者的认知结构、知识经验、态度和价值观等。即使贤如诸葛亮也难免有看错人的时候。据史书记载，三国时，马谡表现出"才器过人，好论军计，丞相诸葛亮深加器异。先主（指刘备）临薨谓亮曰：'马谡言过其实，不可大用，君其察之！'亮犹谓不然，以谡为参军，每引见谈论，自昼达夜。建兴六年，亮出军向祁山，时有宿将魏延、吴壹等，论者皆言以为宜令为先锋，而亮违众拔谡，统大众在前，与魏将张郃战于街亭，为郃所破，士卒离散。亮进无所据，退军还汉中。谡下狱物故，亮为之流涕。"[1]可见知人之难。

3. 对人与人之间关系的认知

这包括对自己与他人的关系以及他人与他人之间的关系的认知。对人与人之间关系的认知是个相互感知的过程。每个人都生活在各种关系之中，都很关心自己与周围人的关系环境。但是人们对人际关系的相互认知往往会处于不对称的状态。纪伯伦写道：一个哲学家对一个清道夫说："我可怜你，你的工作又苦又脏。"清道夫说："谢谢你，先生。请告诉我，你做什么工作？"哲学家回答说："我研究人的心思、行为和愿望。"清道夫一面扫街一面微笑说："我也可怜你。"[2]1953 年塔基乌

---

① ［晋］陈寿. 三国志［M］. 上海：上海古籍出版社，2002：907.

② ［黎巴嫩］纪伯伦. 纪伯伦散文诗全集［M］. 冰心，伊宏，译. 北京：燕山出版社，2000：90.

里(Tagiuri)曾作过这样一个实验：由十个互不相识的人组成一个小组,在他们相互了解了之后进行问卷:①你最喜欢谁？②你认为谁最喜欢你？③要选小组长,你要选谁？④你估计谁会选你？问卷结果若①与②一致,③与④一致,那说明他对人际关系的认知是正确的,不一致则说明认知不正确。实验后发现有相当多的人认知是不正确的。对人际关系的认知往往会发生偏差,其主要原因在于人们在相互交往中,人际相互的认知、情感和行为并非对等的,因而容易导致双方的信息不对称。

(二)人际认知的作用

由于人际认知主要包括自我认知、对他人的认知与对人际关系的认知等方面的内容,因此,对人际认知的作用也可从以下三个方面来阐述。

1. 自知者智

自我认知,即是个体对自己存在的觉察。"人贵有自知之明。"自我认知主要包括对生理自我、社会自我、心理自我等的认知。生理自我指的是个体对自身生理特征的认识,包括身体高矮、相貌美丑等等,从而表现出自豪和自卑的情绪。社会自我,主要指对自己的地位、名誉、作用的认知,从而会表露出自尊和自卑的自我体验。心理自我,即指对自己知识、才能、道德水平等的认知,从而表现出自我优越感和自我排斥感的自我体验。由于自我意识主要依据他人的评价、人际比较及自我判断等途径获得,因此,自我认知有较大的主观性,存在着很多认知盲区。但不管如何,人们总是能够不断地重新发现自我,认识自我。正确的自我意识一方面对人们准确的自我定位、发挥自我价值和潜能有积极意义,无人能够无所不知无所不能,个人对社会的贡献就是在他选择的领域尽自己最大的努力；另一方面，正确的自我认知对人际交往、协调人际关系有重大作用。只有对自己在社会上的角色地位有准确的定位，才能恰到好处地做好角色扮演。自我意识明确，在人际交往中才不至于表现出过度的自傲或自卑，保持不亢不卑的态度，从容自若地处理与他人的各种关系，这也不失为一种自我保护的手段和方式。如果一个人看不到自己的价值，只看到自己的不足，觉得什么都不如人，处处低人一等，就会丧失信心，没有朝气，产生厌恶自己并否定自己的自卑感，就会羞于与他人相处，缺乏进行人际交往的勇气；如果一个人只看到自己的长处，觉得谁都比不上自己，就会产生盲目乐观情绪，自我欣赏，自以为是，自我中心，导致人际交往中自高自大，盛气凌人，或不屑与他人交往。这样均会导致人际交往的障碍，使自己与周围的人之间关系失去平衡。

2. 知人者明

对他人的认知，是人际认知的最重要的内容。自古至今，人们一方面感叹知人之不易，另一方面又强调知人的重要性。知人的意义不外乎以下三个方面：

第一，知人善交。孟子说："人之相交，贵在相知。人之相知，贵在知心。"如我国春秋战国时期的鲍叔牙与管仲之交即为典型。少年时管仲常与鲍叔牙交游，鲍叔牙深知其贤。管仲贫困，常常欺侮鲍叔牙，鲍叔牙则始终善待之，并不以为意。最终在鲍叔牙的推荐之下，管仲任政于齐，辅佐齐桓公"九合诸侯，一匡天下"。管仲后来深情地说道："吾始困时，尝与鲍叔贾，分财利多自与，鲍叔不以我为贪，知我贫也。吾尝与鲍叔谋事而更穷困，鲍叔不以我为愚，知时有利不利也。吾尝三仕三见逐于君，鲍叔不以我为不肖，知我不遭时也。吾尝三战三走，鲍叔不以我为怯，知我有老母也。公子纠败，召忽死之，吾幽囚受辱，鲍叔不以我为无耻,知我不羞小节而耻功名不显于天下也。生我者父母,知我者鲍子也。"(《史记·管晏列传第二》)人与人之间相知相交如此,夫复何求!士为知之者用。正如《水浒传》中阮氏兄弟所说的"这一腔热血,只贾与知之者!"人际相知的最高境界乃是默契,这是人际关系中神奇而美丽的空间。任何友谊都是始于相知。当然,人上一百,形形色色,与不同人交往,必须采取不同的策略,这一切也均须以知人为前提。

第二,知人善任。作为组织领导者,最主要的职责就在于决策和用人。正确用人是领导组织管理艺术的重要体现。知人善任中的知人,就是要了解人,充分做好对人的考察、识别和选择;善任就是用好人,将其置于最合适的位置。"尊贤使能,俊杰在位,则天下之士皆悦而愿立于其朝矣。"(《孟子·公孙丑章句上》)汉高祖刘邦曾言:"夫运筹策帷帐之中,决胜于千里之外,吾不如子房;镇国家,扶百姓,给馈饷,不绝粮道,吾不如萧何;连百万之军,战必胜,攻必取,吾不如韩信。此三者,皆人杰也,吾能用之,此吾所以取天下也。"(《史记·高祖本纪第八》)刘邦身上虽有很多缺点,甚至有市井无赖习气,但他高明的地方在于知人善任,从善纳谏,具有政治家气魄。在其麾下,谋有良臣张良,战有良将韩信,守有贤相萧何,终成大业。另外据史书记载,三国时"费祎使吴,吴主权曰,杨仪、魏延,牧竖小人,后必为乱。祎曰,功以才成,业以才广,若防其后患舍而不用,是犹避风涛而废舟楫,非长久也"。以诸葛亮之贤,岂能不识其奸,实因人才难得,明知其奸,又须利用其才。利用其才,又须预防其变乱。这才是诸葛亮的识才用才之道和良苦用心。

第三,知人善教。对教育者和组织的领导者来说,要善于教育,善于激励,必须要摸准对象的心理特点,抓住他们最关心的问题,要经常了解和发现对象的积极因素,有的放矢地开展工作,一定要在针对性上下工夫,"因材施教","一把钥匙开一把锁"就是这个道理。

据说,在一家公司玩具部,一位被宠坏了的孩子赖在木马上不肯走,他父母毫无办法。玩具部主任只好请公司的儿童心理专家来处理。那专家在孩子耳边轻轻说了句,那小孩立即爬下木马,乖乖地跟着父母走了。后来,那主任问专家使了什么法宝? 那专家说,那还不容易,我只说:"你再不下来的话,我就打烂你的屁股。"答案出人意料,倒也在情理之中。

在《论语·先进》中,有一段孔子与其弟子子路、冉有、公西华之间的对话。子路问:"闻斯行诸?"子曰:"有父兄在,如之何其闻斯行之?"冉有问:"闻斯行诸?"子曰:"闻斯行之。"公西华曰:"由也问'闻斯行诸',子曰'有父兄在';求也问'闻斯行诸',子曰'闻斯行之'。赤也惑,敢问。"子曰:"求也退,故进之;由也兼人,故退之。"针对勇猛的子路则"退之",针对怯懦的冉有则"进之",一进一退,体现了孔子因人施教的教育方法。毛泽东在 1944 年 3 月 22 日关于陕甘宁边区文化教育问题的讲话中讲道:"在教学方法上,教员要根据学生的情况来讲课。教员不根据学生要求学什么东西,全凭自己教,这个方法是不行的。教员也要跟学生学,不能光教学生。现在我看要有一个制度,叫做三七开。就是教员先向学生学七分,了解学生的历史、个性和需要,然后再拿三分去教学生。这个方法听起来好像很新,其实早就有了,孔夫子就是这样教学的。同一个问题,他答复子路的跟答复冉有的就不一样。子路是急性子,对他的答复就要使他慢一些。冉有是慢性子,对他的答复就要使他快一些。"[1]

3. 人际关系认知的重要性

对人际关系的认知是否正确,关涉个体对自己所处人际环境的了

---

[1] 党的文献[J]. 1994(5):11.

解。如果一个人对自己所处的人际环境缺乏了解,势必会产生不安全甚至恐惧心理,在人际交往中将会处处触雷,使自己陷于极为被动尴尬的境地,无所适从。在一个团体中,人际关系是否融洽,直接关系到人们的心理健康、团体的士气、效率的发挥。关系亲密,就会产生协调和谐的气氛,否则就会产生紧张的心理气氛。这一切直接关系到集体的凝聚力、向心力及对外发展的张力。所以,作为一个单位和团队的领导者和管理者,应十分关注组织内人际关系的状态,采取多种措施,改善和协调各种人际关系。一个人要得心应手地处理好团体内的各种复杂的人际关系,就要对这种复杂的人际关系有一个准确的认识和了解,这是协调人际关系的依据。

二、人际认知的过程

根据心理学的理论,知觉活动的能动过程一般由五个环节组成,构成知觉链。第一个环节是外界刺激物,第二个环节是中介物,第三个环节是刺激物与感觉器官之间相互作用的过程,第四个环节是神经冲动通过传入神经系统向大脑传递各种外界信息的过程,第五个环节是大脑对传入到皮层相应投射区的信息进行整合处理的过程。人的知觉过程不仅把神经冲动传入到大脑的有关区域,而且还必须对早先存在于大脑中的其他一些观念进行加工整合,然后再由传出神经系统传递至效应器。

在人际认知过程中,主体接受来自他人的感性刺激,同时根据过去的经验及有关线索对这些信息进行能动的加工整合。社会心理学家采用认知心理学的术语和模型描述了人际认知的过程,如图 2 - 1 所示①。

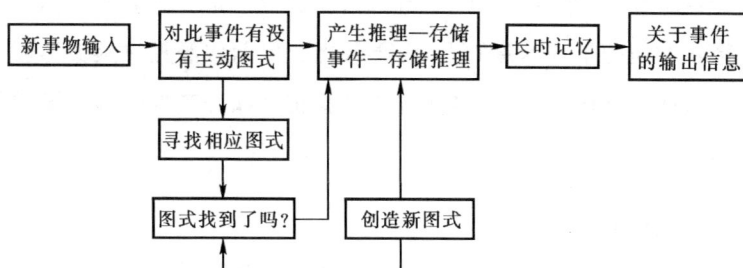

图 2-1　人际认知的过程

图 2-1中表明人际认知的几个主要环节:

(一)外界刺激物

新事物作为社会客观存在刺激作用于人的感官,经过传导神经被输入大脑。对人的认知首先是从对他人的感性特征的知觉开始的,他人通常是作为以某种打扮,以具有某种特征的容貌和声音,以一定的姿态进行某种行为的存在而出现的。人们最初通过感官接受动作、姿势、声音、气味等他人的外部感性特征,还依靠语言姿势、面部表情、目光接触等手段,获得关于他人的信息,这一切都构成了对他人认知的客观基础,对人认知就是首先从这类知觉开始的。

(二)认知图式

它是对客观事物原始知觉的简化、有组织重建的记忆结构,是组织信息的方式。当新事物的信息被输入大脑后,大脑就会按照已有的适

①　高玉祥. 人际交往心理学[M]. 北京:中国社会科学出版社,1990:35.

当的图式即心理结构进行推理。如果没有适当的认知图式,就要去创造形成一个新的认知图式,去解释这个信息。这个认知图式一般都与过去的经验有关,并伴随着联想、移情、评价等因素。例如当人们看见一个形容古怪的带着墨镜的人,就会联想起以前曾经见过类似容貌和打扮的人的各种体验,并延伸到与此经验相关联的其他经验所形成的各种体验。

(三)编码

这是把外部刺激输入并创造一个内部表象的过程,实际是对信息的组织加工。在人际认知过程中,主体总是要通过自身的主观加工,来形成对他人的内部表象。这表现在主体获得的关于他人的信息总是零散的、有限的,但却有着形成统一完整印象的强烈倾向。因此,形成的内部表象可省去一些细节,也可能增加原刺激中没有的因素。"它表示:有意义的特性不是本来就归属于对象的,而是把认知者的先行经验的观念向对象方面转移的结果才形成的。"①

(四)存储

经过编码后的信息一旦被存入长时记忆,便形成了对某人或某信息的认知和判断。当再次与其交往时,有关该人的记忆信息就会被提取、输出出来,以致影响与其交往的态度、情感与行为。

由此可见,人际认知是交往主体与客体之间在特定情境条件下交互作用中形成的相当复杂的过程。影响人际认知的因素,主要来自于认知者、认知对象和认知情境三大因素。认知者的世界观、价值观、知

---

① [日]古畑和孝. 人际关系社会心理学[M]. 王康乐,译. 天津:南开大学出版社, 1986:17.

识经验、人格特征等都会影响对他人的认知。认知对象的许多突出的特点、线索及其表情、声调、行为举止等都会影响人们对他的认知和评价。由于任何人际活动,都是在一定情境下进行的,这些认知情境,可以提供相关信息和线索,帮助认知者了解被认知者。

三、人际认知的特性

如上所述,人际认知要受到认知者、认知对象和认知情境等多个因素的影响,人际认知过程是认知个体主观能动的反应过程,决定了人际认知是一项复杂的系统工程。为了更好地把握人际认知的本质,还有必要深入认识它的特性。根据认知心理学的理论,人际认知的特性主要有以下几个方面:

(一)人际认知的选择性

知觉选择性是指人根据当前的需要和兴趣对客观刺激物有选择地作出反应,"由于人的知觉选择特性,对同时作用于感觉器官的所有刺激物并不都进行反映,而只对其中某些刺激加以反映","人从纷繁的刺激物中主观地选择某些刺激物并对其作进一步加工,被选择的刺激物就是知觉的对象,而同时作用于感觉器官的其他刺激物就成了知觉对象的背景。"[①]人们只对自己感兴趣的刺激物作出反应,有选择地认知,有选择性地接受,有选择性地记忆,而不可能照单全收。鲁迅讲过,对同一部《红楼梦》,"单是命意,就因读者的眼光而有种种:经学家看见《易》,道学家看见淫,才子看见缠绵,革命家看见排满,流言家看见宫闱

---

① 　叶奕乾,等.普通心理学[M].上海:华东师范大学出版社,2004:118.

秘事"①。这就是认知的选择性。

在人际认知过程中同样存在这种认知选择。大千世界,茫茫人海,人们彼此往往视而不见,擦肩而过,不可能对所有人作出反应,一般都根据个人的需要与兴趣进行选择,只有少数人落入视野,成为认知的对象,多数人则成了背景,成了擦肩而过的过客;成为认知对象的人,人们也不是对他具有的所有特性都作出反应,而只对某些符合自己需要和兴趣的所谓"有意义的特性"进行选择性反应。这就是人际认知的选择性。

影响人际认知选择性的因素有哪些?归纳起来有主体和客体两方面的因素:

1. 从客体因素来说,认知对象的新异性和刺激强度影响着人际认知的选择性

所谓"新异性"是指认知对象与众不同的特性。心理学研究表明,认知对象与众人的差异愈大,就越清晰地呈现出来。如"鹤立鸡群","万绿丛中一点红",反衬强烈,格外引人注目。在人际交往中,那些相貌堂堂、衣着光鲜、出语不凡、特立独行的人,就能吸引众多的眼球,优先被纳入认知对象。因此,我们在社会交往中,可以通过得体适宜而又富有特色的装饰、举止、言谈、姿势,唤起人们的关注。新异性还体现在认知对象职业特征以外的特长,更能引发人们的关注,分内之事,不足为怪,如果是分外之事,还很擅长,就能令人刮目相待。所谓刺激强度,并不是指物理强度,而是指其本身的社会意义的性质和价值的大小。对于那些社会意义大、利用价值大的人,人们趋向认知;反之,就回避认知。认知对象的刺激强度还往往与其社会地位、身份角色、名誉、头衔

---

① 鲁迅杂文全集[M]. 郑州:河南人民出版社,1994:1020.

联系在一起,在不少场合,个人本身往往不重要,而是其所处的地位重要。

2. 从主体因素而言,认知者的主观状态,如需要和兴趣、知识经验、情绪状态,也影响着人际认知的选择性

人们往往根据自己的需求和兴趣去观察他人,并选择那些符合个人需要和兴趣的人作为认知的对象,而且对认知对象认知内容的兴奋点也不同,往往是"说者无心,听者有意",否则就"听而不闻,视而不见"。另外,由于认知者的经验水平不同,对同一认知对象的认知侧重点各不相同。例如对某一个人的认知,艺术家则注重于其外貌、身材、姿势、气质等,伦理学家侧重于观察该人的行为举止、道德品质,学者则考察其智慧、能力及专业知识。此外,认知者的情绪状态对认知的选择也有直接影响。如心情舒畅时,就能提高认知的选择性;心情抑郁时,会降低认知的选择性。

(二)人际认知的理解性

知觉的理解性是指人以知识经验为基础对感知的事物加工处理,并用语词概括赋予说明的加工过程。人们对认知对象的理解,是以自己的知识经验为前提的。具有不同知识经验的人在认知同一个对象时,对它的理解不同,知觉的结果也不同。例如,一张新产品设计图纸,专业人员既能知觉到图纸上的每个细节,又能理解整张图纸的内容和意义;而没有这方面专业知识的人员只能看出图纸的构成成分,却不会理解图纸的内容和意义。很显然,不同的知识经验影响了对同一知觉对象的理解。

人际认知的理解性,是指人们在人际认知过程中,往往根据自己以往的经验,来理解认知对象的人品、特性和作用。社会心理学家凯利认为,每个人的头脑中都固有一种认知的心理结构,如同一个"有色镜头",人们所看到的一切事物都要经过这个"有色镜头"的过滤。组成这个"有色镜头"的因素有:个人的经验、生活方式、文化背景等,其功能是用来对认知对象加以考察、辨别。由于个人的知识经验各不相同,因此对认知对象理解的内容和水平也不尽一致,甚至大相径庭。"我们在接触他人时,头脑里并非白纸一张。即便是初次见面,也都是根据以往积累的经验和知识去理解对方。经验和知识是我们在日常生活中认识他人的前提。"[①]因此,孔子说"五十而读易,可以无过矣"。

由于人际认知在很大程度上依赖于感知者的知识经验,因此,就会产生一种思维定势,人们也往往难以摆脱对人认知过程中思维定势的影响和束缚,对认知对象附加上自身诸多主观想象。前苏联心理学家A·博达列夫做过一个实验。他给了被试者一张中年男人的照片,对一组人说此人是罪犯,而对另一组人说此人是英雄,然后请他们写下自己的印象。结果,只有19%的参试者不受定势的影响。很多把照片上的人当做罪犯的参试者基本上都是这样写的:"标准的匪徒下巴,下眼泡肿大;……一个堕落的人,满脸凶相。衣服肮脏,头发蓬乱。"而以为相片上的是英雄的参试者,对此人的印象描述却完全是另一个样子:"面部表情非常有意志力,很骄傲。目光无畏,双唇紧闭,感到有巨大的精神力量和不屈不挠的毅力。"[②]

(三)人际认知的投射性

所谓人际认知的投射性(或称投射效应),是指把自己的感情、意

---

① [日]齐藤勇. 人际关系心理学[M]. 弓海旺,等,译. 北京:中国和平出版社,1987:61.

② [苏]扬·阿夫谢耶维奇·卢皮扬. 人际交往的艺术[M]. 赵敏善,段永龙,译. 上海:上海人民出版社,1989:116.

志、特征等投射到他人身上并强加于人的认知倾向,即以为他人也具备与自己相似的特征的心理现象。"一滴露珠反射出阳光,因为朝露和阳光是同一事物。你们反射出生活,是因为你们和生活是同一事物。"①

人际认知中的投射效应表现形式是多种多样的。其中之一是情感投射,即认为别人的好恶与自己相同,如一些人往往以为自己喜欢的东西别人也会喜欢;另外还有一种典型形式是特性投射,即把自己具有的某些心理特性投射到他人身上,如心地善良的人总以为他人也同样善良,工于心计的人总是觉得他人也同样时刻在算计自己。

人际认知的投射性,总的来说即是推己及人的情形。它一方面有其正面性,一定程度上反映了人类所具有的共性。人性在很多方面是可以相通的,将心比心,推己及人,仁者爱人,可点亮他人的人性之光,达到感化他人的目的;但另一方面,这种投射现象也可能成为人际认知的一种心理障碍,它会阻碍一个人对他人的正确认知。要克服这种认知障碍,关键在于认清别人与自己的差异,以避免以己之心度他人之腹。同时,要客观地认识自己,丰富对自己的认识。

(四)人际认知的整体性

认知的整体性,是指认知者根据自己的知识经验把直接作用于感官的客观事物的多种属性整合为统一整体的过程。在人际认知过程中,人们也会自觉不自觉地贯彻完形原则(或格式原则)。在人际认知中,人们总是难以容忍自相矛盾的判断。比如,我们不可能判断一个人既是善良的,又是邪恶的;既是诚实的,又是虚伪的。为了消除这种矛盾的认知,人们一方面会去寻求更多的信息作进一步认知,另一方面可

① 〔黎巴嫩〕纪伯伦. 纪伯伦散文诗全集[M]. 冰心,伊宏,译. 北京:燕山出版社,2000:52.

能通过联想推测,去除一些细节,添补一些细节,附加主观臆测,形成一个整体的形象,并将他列入自己已知的一定类型中去。

人际认知的整体性程度依赖于认知者的知识程度。认知者的知识程度越高,概括化程度就越高;认知者的知识程度越低,概括化程度就越低。

(五)人际认知的平衡性

当认知者发现自己对某人的认知与别人不同时,可能会产生一种不稳定的心理压力,迫使其在交往中相互调整,从而使自己对客体的认知与别人保持平衡,这就是认知的平衡性。

在人际认知过程中,认知者为了消除因认知不平衡而导致的内心紧张,一般采取以下方式:

一是努力影响和说服他人改变态度和看法,使其与自己的认知相一致。

二是改变自己的态度和看法,使自己与他人的认知平衡,或努力缩短与他人的认知距离。

三是回避两者不同的态度和看法,避免深究,在一定程度上也是为了减少心理紧张。

认知平衡性告诉我们,认知主体对客体的认识在很大程度上要受到作为第三者的他人评价的影响。当然,这种影响程度的大小则取决于主体认知的独立性及他人态度的权威性和客观性等因素。

(六)人际认知的恒常性

认知的恒常性是指人的知觉影响在一定范围内不随知觉条件的改变而保持相对稳定特性的过程。在人际认知中,对人认知虽然是在长期的人际交往中逐渐形成的,然而,当一个人对他人的认知形成一个较为稳固的印象后,就不容轻易改变,具有连续性和惯性,这就是人际认知的恒常性。

人际认知的恒常性一方面有其合理性,它有助于简化对人认知的过程,因为任何客观环境中的事物都有一定的稳定性特质,因此,人的认知就需要有相对的稳定。但是,认知的恒常性容易忽视人的发展变化这一特点,会导致对人认知的偏差,因为人和其他事物一样是会变化的,世界上唯一不变的东西是变化,因此,要有变化的眼光看待变化中的人们。

(七)人际认知的偏差性

正如人们永远不可能对客观对象达到百分之百的认知一样,在人际认知的过程中,认知主体与客体相互之间要达到真正的完全的认识和理解,几乎匪夷所思。事实上,人们对他人各种信息的解读,对其本质的认识总会存在各种隔阂、曲解、误判,即存在着偏差。原因主要有以下两个方面:

首先,认知对象的复杂性,是导致认知偏差的客观原由。人际认知一般表现为从对方的外在特征、外在行为推断其内在心理、个性特征的过程。由于在人际交往中,人们都普遍存在一种自我防御心理,有的表现为一定的伪装性,"逢人只说三分话,未可全抛一片心","害人之心不可有,防人之心不可无",因而,内在心理与外在行为往往并不相符,甚至截然相反。正如石评梅的小诗所描述的:

心头的酸泪逆流着,

喉头的荆棘横梗着;

在人前——

都化作了轻浅的微笑①！

有的则具有故意的欺骗性，如枭雄刘备，胸有大志而口不言，喜怒哀乐不形于色。人们从外在表象推测他人的内在本质，不免会受到并非真实的自我呈现的影响，这就会导致认知偏差。

其次，认知者的动机、注意、情感等心理状态及思维定势也会严重影响人际认知，导致人际认知偏差。例如认知者处于极度惊恐状态之中就极易曲解信息。《三国演义》第四回描写曹操行刺董卓未遂，与陈宫一起暂避在其好友吕伯奢家。吕为招待朋友外出买酒，"操与宫坐久，忽闻庄后有磨刀之声。操曰：'吕伯奢非吾至亲，此去可疑，当窃听之。'二人潜步入草堂后，但闻人语曰：'缚而杀之，何如?'操曰：'是矣，今若不先下手，必遭擒获。'遂与宫拔剑直入，不问男女，皆杀之，一连杀死八口。搜至厨下，却见缚一猪欲杀。宫曰：'孟德心多，误杀好人矣!'"②其实，这并非仅仅是曹操多疑这个原因，在当时极度惊骇的心理状态下，发生误解的可能性很大。

此外，人际认知的心理结构对认知对象作出反应具有强烈的主观色彩，限于阅历、知识、经验等因素的影响，人际认知具有很多特性，上述各种特性均可能导致认知偏差。

四、人际认知的途径

(一)中国传统观人术

知人不仅是交友的基础，更重要的是，它还是选人、用人的前提，关

① 李蓉. 石评梅作品精选[M]. 武汉:长江文艺出版社,2004:341.
② 罗贯中. 三国演义(上)[M].3版. 北京:人民文学出版社,1973:36-37.

乎治国安邦之大业。因此,观人术就成了一门十分古老的学问,历来为人关注。自古以来就有"知人知面不知心"、"人心叵测"的说法,说明知人之不易。但是,说知人难,并非人不可知,古语中又有"路遥知马力,日久见人心"、"疾风知劲草,板荡识诚臣"等说法。中国古代历史名家曾提出很多知人的方法(观人术),值得总结,对现实不无启迪价值。

　　孔子强调知人的重要性,说"不患人之不己知,患不知人也"(《论语·学而第一》)。那么如何知人呢? 孔子主要阐述了两个方面的途径:一是听其言,观其行。他说:"始吾于人也,听其言而信其行;今吾于人也,听其言而观其行。"(《论语·公冶长第五》)二是长期的综合考察。他说:"视其所以,观其所由,察其所安,人焉廋哉?"(《论语·为政第二》)意思是说,通过观察一个人的所作所为,考察其所走过的道路,体察他的志向所在,那么,这个人还能隐藏得住吗?

　　孟子在观人术方面则提出"听其言,观其眸子"。在知言方面,他说:"诐辞知其所蔽,淫辞知其所陷,邪辞知其所离,遁词知其所穷。"(《孟子·公孙丑上》)在观其眸子方面,孟子说:"存乎人者,莫良于眸子。眸子不能掩其恶:胸中正,则眸子瞭焉;胸中不正,则眸子眊焉。"(《孟子·离娄上》)其中不乏卓见。《三国志·钟会传》中也有"观其眸子,足以知人"的说法。

　　诸葛亮在《心书》"知人性"中提出了选拔人才尤其是将才的七个基准。他说:"知人之道有七焉:一曰问之以是非而观其志;二曰穷之以辞辩而观其变;三曰咨之以计谋而观其识;四曰告之以祸难而观其勇;五曰醉之以酒而观其性;六曰临之以利而观其廉;七曰期之以事而观其信。"这可谓是"听其言而观其行"的具体化了,具有相当的实用性和可操作性。

　　宋代《孔子集语》上也记载有观人之法:"远使之而观其忠;近使之

而观其敬;烦使之而观其能;卒然问焉而观其知;委之以财而观其仁;告
之以危而观其节;醉之以酒而观其侧;杂之以处而观其色。"

刘邵在《人物志·九征》中提出了一套更为细致的观人术:"平陂之
质在于神,明暗之实在于精,勇怯之势在于筋,强弱之植在于骨,躁静之
决在于气,惨怿之情在于色,衰正之形在于仪,态度之动在于容,缓急之
状在于言。"

清代中兴名臣曾国藩著有《冰鉴》一书,专门讲到了观人之术,诸如
"功名看器宇","事业看精神","穷通看指甲","寿夭看脚踵","如要看
条理,只在言语中"等等。

以上"观人术"当然不全是金科玉律,只是经验之谈,有的缺乏心理
学依据,有的甚至有些荒诞不经,但其中不乏有价值的思想材料,对识
人、用人不无参考意义。

(二)人际认知的具体途径

人际认知主要是指在人际交往中人们通过对他人的外部特征的知
觉,进而推测、判断他人内在的需要、动机、兴趣、情感和个性等的心理
活动过程,是一个由表及里、由此及彼、由浅入深的渐进的知觉过程,同
时又是一个微妙而复杂的推理过程。由于人们内心深处都拥有一个隐
秘的自我世界,这个自我世界是一个模糊的、欲望的世界,它并不显山
露水,一直以被抑制的形式,封闭在人们的内心深处,不但外人无法进
入这个世界,甚至连人们自身也无法清晰地意识到它的真实状态。但
是,这并不意味着人际是不可相知的。人的内在心理状态总会自觉不
自觉地形诸于外、溢于言表。例如,当一个人心中充满快意时,就会表
现出温和的态度与开朗的心胸;在悲伤时视线自然会向下;垂头丧气时
走路便没精神;发怒时因全身紧张,手掌也自然紧握,不知不觉就采取

了攻击性的姿态。我们往往可以从人们的脸部表情、身体动作、音调、说话的态度以及其他外在行为探知人们的内在世界,尽管这也许是一个永无止境的心理历程,很大程度上,取决于认知者的阅历与认知水平。

那么,人际认知的具体途径究竟有哪些?洞察心理学对此作了很多探索。总体来说,人们相互认知的具体途径主要有以下几个方面:

1. 外表

即通过一个人的形容相貌、服饰打扮、仪表风度等外显事物认知他人的内在心理特性。

无论是东方或西方,都流传着一句箴言:人不可貌相,海水不可斗量。"never judge by his appearances"(千万不可以貌取人)。在人际认知中,这是一个有价值的忠告。但是,从逻辑上讲,这个忠告本身包含着一个大前提:社会上的确大量存在着以貌取人这种现象。事实上,在现实的人际交往、人际认知过程中,以貌取人是存在的,而且也有一定的依据。毕竟外表是心理的外化,是心理活动的外在表现,因而它必然成为人际认知的一个渠道,尤其是在人际交往初期,人际认知的信息主要来自于外表。两个陌生人相遇,会很自然地相互打量对方的外表,并通过外貌推测他人的内心特征与个性。外貌与内心的确存在着某种联系,小说家们也往往通过对人物外表的细腻描写去刻画其内心世界。因此,外表是人际认知的一个首要的途径,不应忽视,也并非一无可取。

外貌与人格有一定的联系。古语中说:相从心生。这不无道理。例如一个人内心善良,表现在面容上则是慈眉善目;一个人内心邪恶,则表现为面目上的"凶神恶煞";一个人内心经常处于一种忧心状态,则表现为一幅愁眉苦脸的"苦命相"。这是由于内在心理活动形诸面容,久而久之面部肌肉定型化了的缘故。这与中国古代所谓的"相面术"谈的不是一回事。至于《三国演义》中描写刘备"生得身长七尺五寸,两耳垂肩,双手过膝,目能自顾其耳,面如冠玉,唇若涂脂",一望而为"帝王之相",这种说法则是唯心的迷信邪说了。20 世纪 20 年代德国精神病学家克雷奇墨提出了体型说。他把人的体型分为三大类,因而人的性格也因受体型影响分为三种。他认为细长体型的人属于内闭性格,基本特点是:寡言多思,孤独。肥胖体型的人属于同调性格,其基本特征是:善于社交,善良,亲切,温厚,但性格不定。具有斗士体型的人属于粘着性格,其基本特点是:坚定不移,专心致志,自律严格,有条不紊。这种学说没有得到证实,也显得过于牵强,很大程上倒因为果了。

　　仪表仪态也往往与对人印象紧密相连。读过松下幸之助日记的人会记得这样一件事:一次,他在理发时,有位理发师毫不客气地批评他太不重视自己的容貌:"你是公司的代表,却这样不重衣冠,别人会怎么想? 连人都这样邋遢,他公司的产品还会好么?"这位理发师认为,为了公司,松下幸之助今后应该不惜每周上一次东京,专门理一次发。松下幸之助觉得这番话言之有理,从此就重视起自己的仪表了。

　　尽管,通过一个人的仪表去探知其内在心理,是一种普遍的社会现象,也是人际认知的一种渠道,但是,我们要尽量避免以貌取人所可能导致的认知误区以及偏差、偏见的发生。孔子"以貌取人,失之子羽"的教训值得记取。孔子第一次见到子羽,见其貌不扬,对他很冷淡,未收他为弟子。子羽只好退而自学,并通过自身努力学有所成。孔子得知后深为懊悔,发出了上述叹息。《三国演义》第五十七回也有一段描述:周瑜死后,鲁肃把号称"凤雏先生"的与诸葛亮齐名的贤士庞统推荐给孙权。孙权见其人"浓眉掀鼻,黑面短髯,形容古怪,心中不喜",乃问曰:"公平生所学,以何为主?"庞统对曰:"不必拘执,随机应变。"孙权又问:"公之才学,比公瑾如何?"庞统笑曰:"某之所学,与公瑾大不相同。"

孙权最喜周瑜,见庞统出言不逊,轻视周瑜,心中更加不乐,乃说:"公且退。待有用公之时,却来相请。"未加任用。庞统长叹一声而出。诸葛亮把庞统推荐给刘备。庞统往见刘备,"玄德见统貌陋,心中亦不悦",只委以耒阳县县宰的小官职,后方知大错,遂拜庞统为副军师中郎将。以貌取人,几误天下贤士!

2. 表情

表情是人际认知的极其重要的渠道,因为"人是一种富有表情的社会人,人的表情乃是反映其身心状态的一种客观指标"[①]。因此,在现实生活中,人们常常根据人的表情,来解读他人的内心世界与个性特征。

表情,是一个人内心世界最直观的外在表现形式和量标。它具有跨文化性和后天习得性两种特性。人的表情一般可分为面部表情、身姿表情、言语表情三个方面。表情虽然不是正式意义上的语言,但是却比任何口头和文字语言要丰富得多,更富生命力和表达力。两者的区别,就在于前者常常会在不知不觉中反映出人们最真实的感受和最内在的需求。只要人们对此留心观察,细心体会,就能破解他人内心的真正奥秘。

(1)面部表情。它是一个人以面部的肌肉变化为特征的内心世界的外在表现形式,最直观,最生动,也最为丰富多彩。

据美国社会心理学家埃克曼研究表明,来自不同国度的人们能够比较准确地从面部辨别出六种表情:快活、悲哀、惊奇、恐惧、愤怒和懊恼。但是,一个人的面部表情所能显示的情绪远不止这六种,个人的情绪体验也往往不是其中单独的某一种,而是多种不同情绪的混合。此

---

① 时蓉华.社会心理学[M].2版.上海:上海人民出版社,2002:170.

外,上述六种情绪还各有着高低强弱的差异。不仅如此,研究还表明,面部表情所经常反映的情绪在世界各地各民族中是共有的、一致的,具有跨文化的共同特性。

面部是极其可能流露真实感情的部位。如会脸红的人一般是年轻、怯生而且不擅长社交的人,显示出他(她)在复杂世故的环境中缺乏经验与应变能力,因此可以说,脸红基本上是人类显示童真的颜色信号。

梁实秋《脸谱》:"误入仕途的人往往养成这一套本领。对下司道貌岸然,或是面部无表情,像一张白纸似的,使你无从观色,莫测高深,或是面皮绷得像一张皮鼓,脸拉得驴般长,使你在他面前觉得矮好几尺!但是他一旦见到上司,驴脸得立即缩短,再往瘪里一缩,马上变成柿饼脸,堆下笑容,直线条全变成曲线条,如果见到更高的上司,连笑容都凝结得堆不下来,未开言嘴唇要抖上好大一阵,脸上做出十足的诚惶诚恐之状。"[①]

眼睛是"心灵的窗户"。鲁迅指出:"要极省俭地画出一个人的特点,最好画他的眼睛。"它是人的面部中最无法掩饰情感的部位,即使是一瞬即逝的眼神,也能泄露其心底的秘密。科学研究表明,瞳孔变化可以反映内心世界的某些心理活动。凡在出现强烈兴趣或追求动机时,瞳孔会迅速扩大。但若看到不喜欢的东西,则会缩小到只有针尖那么细。据说,古代波斯的珠宝商人出售首饰时,是根据顾客瞳孔的大小来要价的。如果一只钻戒的熠熠光泽能使顾客的瞳孔扩张,商人就把价钱要得高一些。注视也是情感表现的一种方式,眼对眼的长久凝视,只发生在强烈的爱或恨之时。因为大多数人在一般场合中都不习惯被人

---

① 梁实秋.雅舍小品[M].北京:解放军文艺出版社,2000:64.

直视,时间一长就会很不自在地移开目光。如果是异性之间的凝视,就可能会引起浪漫的感应,使人兴奋。对情侣来说,由于彼此间充分信赖,以致能迎向对方目光而毫不畏怯。如果是怀恨的人之间瞪大眼睛相互凝视,则是充满敌意,对方也许会生气,或害怕。

苏联作家费定在其小说《早年的欢乐》中有这样一段描述:"人的眼睛会表示这么多的意义:在蛇一般有伸缩性的表情上,它胜过了舌头。眼睛会放光,会发火花,会变得像雾一样黯淡,会变成模糊的乳状,会展开无底的深渊,会像火花跟枪弹一样向人投射,会像冰水一样向人浇灌,会把人举到从来没有人到过的高处,会质问和拒绝,会取得和给予,会表示恋恋之意,会允诺,会充满祈求和难忍的表情,会毫不怜惜地折磨别人,会准备履行一切和拒绝一切。唔,眼睛的表情,远比人类可怜的语言来得丰富。"[①]

眉毛也是传达内心信号的重要渠道。每当人们的心情改变,眉毛的形状也会跟着改变,而产生许多不同的重要信号。

眉毛传达的信息一般有以下几种:

低眉:有两种含义,一种是表示顺从;一种是表示不同意或鄙视。

扬眉:也有两种含义,一种是快乐、希望;一种是惊奇、愤怒和恐惧。

耸眉:其所表示的感情是悲伤、厌恶。

锁眉:这种表情通常表示严重的烦恼和忧郁。

闪眉:这是人们常见的重要欢迎信号。

面部表情主要集中在眼(眉)、鼻、嘴这三角部位,被称为面部的百慕大三角,最能表达人的内心世界的情感。

(2)身姿表情。身姿表情又称身体语言,是指个体的情绪状态可以

---

①　[苏]费定.早年的欢乐[M].左海,译.北京:人民文学出版社,1983:359.

在身体姿态的变化中不自觉地流露出来,一个人的身体姿态能够传递丰富的信息。

　　在身姿表情中,双手最富于表情。从双手动作上认知他人情绪,其准确率并不亚于对于面部表情的认知。由于场合不同,各种动作传达着不同的信息。常见的支架胳臂,表示拒绝的意思,也表示准备反击。据说,这种行为对于人来说,会有保护人最重要的器官——心脏的意思,意在表示如何保护自己,同时,也含有拒绝或否决的情绪在内。此外,还有一种解释,因为对方看不见自己的手掌,所以难免会怀疑自己的掌心里是否带有武器,表示出敌对情绪,并伺机反击。利用握手,也可了解对方的情感。一般握手的强弱和其性格之间有密切的关系。使劲握手的人,表示主动性很强,而且充满信心,有气无力地握一下,可能是性格脆弱的表示,也可能是居高临下的傲慢的意思。

　　坐姿,也被用来作为洞悉心理的一个途径。采取浅坐的姿态,反映他处于紧张状态,惴惴不安。学生在面临教师面试时,由于情绪紧张,一般会采取浅坐,下级见上级时也常会发生这种现象。采取正坐,正襟危坐,表示谦逊,尊敬别人。采取深坐姿态的人,在心理上占了优势,至少他希望居高临下。据心理学解释,对于人类来说,坐姿是适应活动的一种状态,因为坐的时候,也常常以会立刻站起为前提。浅坐的人常常处于采取行动的紧急状态,"心理学上把这种情形叫做觉醒水准很高的现象。但是,一旦松懈下来,觉醒水准就立即降低,而慢慢地坐稳下来,同时也会伸出足,这表示不会立刻站起的姿势"①。

　　脚,是全身最诚实的部位,脚的动作和姿势的改变,也会泄露这个人真正的心情。交叉着双足,高高提起,充满着优势感,表示出轻松愉

---

　　① [日]多夫辉. 洞察者——突破与沟通[M]. 刘秋岳,译. 成都:成都科技大学出版社,1987:26.

快,满怀信心;怀着不安心理则往往交叉双足的幅度很小,且很拘谨,下级面对上级时,很少跷起二郎腿,一般双足平行或略略交叉。

观察他人的身姿表情,一般与轻松度有密切关联。我们面对地位低于自己的人,最觉自在;在与不太平等的人说话便不大自在;与地位高的人会晤时,最不自在。身体放松与否,可以相当精确地度量出人际关系状态。最不放松的情形,可自肌肉的紧张与姿态的僵硬看出。

(3)言语表情。它又被称作辅助语言,它不是指言语本身,而是说话时音量、声调、节奏特征。在日常生活中,我们常常通过别人说话的方式判断其内心状态。俗话中所谓"锣鼓听音"、"听话听声"就是这种现象。例如,说话小声的人,不是对谈话内容缺乏自信,就是性格趋向怯弱。当某人扯谎时平均音调总要比说真话高一些。说话抑扬顿挫显著的人,具有强烈的自我显示欲。说话速度很快的人,一般比较直率,性子较急……研究表明,言语表情所传达的信息比言语更为可靠,测谎仪的原理主要依据就是言语表情。

真的深刻的内心情感,只有声音、颜色、姿势或可表现出来,到了言语便有点儿可疑,到了文字则更是又隔了一层。

3. 行为

它包括一个人待人接物的各种言行举止,人们可以通过他人外在的行为表现来推测其内在状态。这种方法称为行为观察法。虽然外表和各种表情(非言语线索)是人际认知的重要信息来源,但最直接有用的信息还是他人的行为,因为许多行为与某些人格特质有着密切的联系。

通过言行来观察、认知他人,这是人们熟知和最常见的知人方法。一般应该把言行结合起来考察,即不仅要听其言,还要观其行。同时还有必要深入考察特定环境下他人言行背后深藏的动机(这在人际认知的归因理论中还会详细论述）。中国古代观人术，大多也是建立在对他人言行的考察之上的。

　　一些用人单位招聘人员怪招迭出，平时鲜为人们注意的行为细节，经常被用来作为招聘的重要依据。如日本京都日电董事长永守重信选用员工的一种方法很特别：吃饭的速度。永守重信在与父亲聊天中得知，在军队里，吃饭、洗澡或上厕所最快的人，往往都是成绩很不错的人。他从中得到启发：吃饭快的人，通常胃的功能都很好，他们体力充沛，身体好，做起事来一定效果奇佳！于是，他便决定以"吃饭速度考试"来甄选职员。考试时间定在中午，他对应聘者宣布："现在，请各位慢慢用餐，吃完的请到隔壁房间来。"结果，最快的人只用了三分钟，最慢的花了四十分钟。永守重信用的全是吃饭速度相当快的人。实践证明，他录用的职员办事效率确实和资料中的学历、成绩分数无关，倒真的和本人的吃饭速度的快慢相吻合[①]。

　　有时甚至可以透过他人错误的言行表现洞察其内在的真实心理。这是由于人们在日常生活中，压抑着各种各样的欲望，并在此基础上维持着社会关系的平衡。但被压抑的愿望和欲求，有时会突破压抑的"厚壁"不时显露出来，成为说错话、做错事的机缘。据说有一位议长把"现在宣布开会"误说成"现在宣布休会"，就是由于当时的国会朝野两党互为伯仲，双方势均力敌，使议会上下困难重重，所以议长的潜意识就表现为"快点结束"，这才是他当时的真实心理。

4. 作品

　　这里所谓作品是指人的心智活动的结晶，如书信、日记、论著、书法、艺术品及其他作品。通过作品分析，可深入理解他人的才情、学识、

---

①　纪曙椿，阎瑞桃. 成功之谋[M]. 北京：中国广播电视出版社，1992：174.

思维、志趣等心理投射。这种方法可称为作品分析法。

郁达夫谈鲁迅的作品时说:"鲁迅的文体简练得像一把匕首,能以寸铁杀人,一刀见血。""在鲁迅的刻薄的表皮上,人只见到他的一张冷冰冰的青脸,可是皮下一层,在那里潮涌发酵,却正是一腔沸血,一股热情;这种弦外之音,可以在他的小说,尤其是《两地书》里面,看得出来。"作品能够反映作者内在的根本性的东西。

又如有人曾研究书法与个性的关系,指出:写字毕恭毕敬者,做事必定谨小慎微;潦草涂鸦者,则缺乏责任心;遒劲有力者,则性格倔强;花里胡哨者,则虚荣心较严重;有的人写得苍老浑厚,可以看出老成持重的性格;有的人以简取胜,涉笔成趣,则反映出不拘小节,善用心计;有的人笔墨酣畅,想必是个果断干练的人;有的人写得虎头蛇尾,无疑会使人想起做事缺乏耐心;有的人喜欢自成一体,可以推断他是锐意进取者;线条写得柔和的人,性格温柔;流畅潇洒者,性格豪放;变化多端者,情绪活动比较强烈,感情生活可能很丰富。上述说法诚然未可全信,但是通过笔迹分析人的心理则是一门值得注意的学问。"笔迹作为人们传达思想感情、进行思维沟通的一种手段,像其他人体语言一样,是人体信息的一种载体,是大脑潜意识的自然流露。"[1]

5. 背景

即通过考察一个人的生活环境、受教育经历、工作经历及社会角色等来认知他人。一个人的生活环境对其性格形成作用重大。比如从小生活在逆境中的人,易形成孤僻倔强或软弱顺从的性格;生活在温暖安定的家庭环境里的人,其性格多半是乐观友好的;生活在备受宠爱的环境中的人,可能会形成自我中心、自私自利、目中无人、好逸恶劳的性格

---

[1] 郑日昌. 笔迹心理学[M]. 沈阳:辽海出版社,2000:19.

特点。受教育的经历、工作经历基本上决定了一个人的知识结构、学识才能、行事经验甚至思维方式。通过了解其受教育及工作背景，就能深入地了解他人个性品格中深层次的成分。此外，每个人在社会上特定的环境下总扮演着某种角色，而每一个角色都有一定的行为标准，被角色要求期待着，构成角色本身的努力目标和行为方式。角色对每个人的心理都会产生影响，通过对他人角色的认知，有助于了解其内在心理活动和行为表现。

6. 长期观察

俞平伯先生曾说过：人生好似爬山，年轻时一直往上爬，一心以为爬到了山顶，一定会有怎么一个境地，到了四十岁，爬到了山顶了，回看山这边的来路，再看看山那边的去路，原来是这么回事。无论恋爱、事业、学问、属于人生的种种，这时候了然于心了。孔子也说："四十而不惑"。人际认知也如爬山，随着阅历的增长及知识的积累，人际相互认知也会渐入佳境，终至"不惑"境地。

徐志摩在《想飞》一文中写道："飞上天空去浮着，看地球这弹丸在太空里滚着，从陆地看到海，从海再看回陆地。凌空去看一个明白——这才是做人的趣味，做人的权威，做人的交代。"其实，谁又何曾不想对自己、对他人、对人际关系"凌空去看一个明白"！但是，人际认知却总如水中望月，雾里看花，难看一个究竟，人际相互认知始终是一个没有终点的过程。要真正接近准确地认知他人，需要长期的观察，克服各种认知偏差，不断地根据各种信息及其变化修正、完善对他人的认知，"路遥知马力，日久见人心"，应结合多种方法所获取的信息，互相印证，综合考察，这样才能保证所得结论具有一定的可靠性。

五、人际认知的归因

在人际交往中,人们几乎天天都要对别人或自己的行为结果进行分析和推理,以此对别人和自己的行为进行解释和预测。所谓人际认知中的归因,就是根据他人的外部行为,来解释其行为原因的认知过程,也就是解释人的行为的因果关系的过程。

(一)归因的作用

归因问题是人际关系心理学的一个重要论题,引起了人们的高度关注,从海德(F. Heider,1958)开始把归因理论化以来,在西方社会心理学界形成了众多的归因学说,诸如维纳(B. Weiner)等提出的成就归因模型,凯利(H. Kelly)提出归因的三维理论,希尔顿(D. L. Hilton)提出反常条件关注模型,吉尔伯特(D. T. Gilbert)等人提出的归因加工的顺序阶段模型,等等。归因问题之所以会引起学界的高度关注,主要原因有:一是在人际认知中这是一种十分广泛与普遍的现象,不容忽视;二是在人际认知中,归因起着重要作用,不仅影响到对他人的认知,而且直接关系到相应的人际行为。具体地说,归因的作用表现如下:

第一,归因影响到人际认知。由于影响归因的因素十分复杂,我们在交往中能否准确地推断和判定他人行为和行为原因,直接关系到对他人认知的准确性,并有效地预测他人的行为。

第二,归因影响到人际情感。在人际交往中,常常由于人们对行为者行为归因不同而产生相应的情绪和态度。例如,当一个人受到了恶语中伤,如果他认为是有人故意所为,就会很气愤,如果他认为只是酒后失语,一时孟浪,他就会原谅他,"君当恕醉人,随意东篱下"。

第三,归因影响到人际行为。归因不仅为人们认识和解释各种人际行为提供了依据,而且影响着人们对他人的评价和反应方式,为以后的人际交往奠定基调。在人际交往中,人们对人际行为和行为结果进行归因,是为了更好地控制环境,预测人际行为的结果,从而决定是否交往及采取何种交往方式。

(二)归因分类

引起人际行为的原因是多种多样的,人们所处的地位和看问题的角度也各不相同,因此对人际行为的归因也各不相同。根据人际行为原因的不同内容和性质,可分为各种类型。

1. 按原因的对象性来分,可分为内在归因和外在归因

在对人际行为的因果关系的大部分认识中,核心问题在于确定某一特定的行为是行为者内在因素还是外在因素,即是内在原因还是外部原因,并做出相应的内在归因和外在归因。内在归因是把原因归结于行为者的内在因素,包括性格、品质、动机、情绪、心境、态度、能力和努力程度等,它是由主观意志引起和支配的。外在归因是把原因归结于行动者的外在因素,如周围环境、与他相互作用的人、提供的奖励和惩罚、运气、任务难度等外部力量。当然,导致一个人的行为的外在因素和内在因素并不是泾渭分明的,两者往往是交互作用结合在一起的。对此,海德认为,行动者由于个人的因素强于环境的因素,会做出内在归因,如果环境因素强于个人的因素,会做出外在归因。

内在归因和外在归因是我们认识他人行为动机、原因的一个重要维度,也影响到对他人的态度与行为方式。如对一个人的不友好行为,如果把它归因于受环境所迫、他人控制,就会对他持宽容的态度,并产生同情心理;如果归因于他人自身的动机、品质,则会对他产生憎恶感。

2. 按原因的稳定性来分,可分为稳定性归因和不稳定性归因

如果原因是长期持续性的,即是稳定性归因,如果原因是变动不居的,即是不稳定性归因。无论是外在原因或者是内在原因,都存在着稳定性因素和不稳定性因素,有的外在原因相当稳定,如制度、契约、职业角色、工作的难易程度,有的外在原因则相当不稳定,如互动的其他人、情境、机遇等。同样的,有的内在原因很稳定,如性格能力等,有的内在原因并不稳定,如情绪、努力等。

区分稳定性和不稳定性归因的意义在于,它关系到主体能否准确地预测他人的行为。如果把一种行为归因于稳定性因素,那么其行为的持续性就长,可作为预测他人行为的重要依据;如果把一种行为归因于不稳定性因素,那么就不能把它作为预测他人行为的可靠依据。

3. 按原因的可控性来分,可分为可控制性归因和不可控制性归因

无论是内在原因或者外在原因,也无论是稳定性原因或是不稳定性原因,都有可控的和不可控的因素。如果把行为原因归因在一个人可控制的范围之内,如努力,即是可控制性归因,如果把行为原因归结于一个人控制范围以外的因素,如环境特点、能力等,就是不可控制性归因。

区分可控归因与不可控归因的意义在于,它关系到对他人行为的评价。如果是"知其不可而为之",人们也许会钦佩其勇气和执著,也可能会认为其行为迂腐。如果是"非不能也,实不为也",人们就会认为其人缺乏动机或助人之心。孟子在谈到"不为者"与"不能者"的区别时说:"挟泰山以超北海,语人曰:'我不能。'是诚不能也。为长者折枝,语人曰:'我不能。'是不为也,非不能也。"(《孟子·梁惠王章句上》)"不能"可理解为不可控因素,"不为"可理解为可控性因素。

(三)归因偏差

归因是建立在他人行为基础上的一种推论过程。由于人们的行为并非总是理性的,符合逻辑的,也由于人们在归因过程中总是夹杂着满足自己动机和需要的心理因素,因此,在人际认知的归因过程中往往会发生偏差,导致对他人认知的失误。分析导致这些归因失误的根源,在归因中警惕和避免这些习惯性偏差,也是我们正确认知他人的重要前提条件。导致人际认知归因偏差的现象主要有以下两种:

1. 行为者和观察者的归因分歧

这表现在对他人行为的归因过于强调其内在原因,对自己行为归因则强调外在原因。行为者很容易高估外在因素对于行为的作用,观察者则易于把行为者本身看作其行为的起因,而忽视外在因素可能产生的影响。之所以会导致两者这种分歧,主要有以下两种原因:一是两者的着眼点不同。观察者通常会把注意力放在行为者身上,而行为者则更注意外在因素对于自己行为造成的影响。二是两者掌握的信息不同。观察者很少掌握行为者历史方面的信息,只注意他此时此地的行为表现;而行为者对自己的过去行为非常了解,而不仅仅是看当时的情况。

2. 自我防御性归因偏差

在人际交往中,人们总有一种加强自我、保护自尊心的倾向,这种倾向容易导致对自我行为作出歪曲的解释。最常见的现象是:人们总是愿意把获得胜利的原因归因于内在因素,如自己的能力、努力、品格,把失败的原因归结为外在的不可控性因素,诸如运气、天气、任务艰巨、别人不合作。之所以会导致这种现象,是由于人人都有一种获得成功的动机和维护自我的倾向,在人际交往中,行为者为了维护自己的这种心理需求,出于防卫性的目的,就会自觉不自觉地出现这种归因偏差。

　　了解这些人际认知中的归因偏差,的确有助于我们纠正认知偏差。在人际交往中,对他人的行为进行归因,必须要做多因素、多方位的考察,必须注意特定环境下的行动者的行为意义,必须尽可能多地听取各方面的反映和评价,避免犯主观主义的错误。

(四)归因原则

　　如何进行准确的归因,有效地认知他人,换句话说,正确归因应遵循什么样的原则? 这也是社会心理学家十分关注的问题,提出了众多的学说与方法。

　　海德提出,对人际行为的因果关系作出判断,通常使用"不变性原则"。这个方法的内容是,任何一种行为通常被假定是由许多原因结合造成的,为要寻找出行为的真实的原因,应剔除其他情况,找出行为和原因的固定不变的关系。如果发现一个特定的原因和一个特定的结果在许多不同的情境下都相互联系在一起,当这个原因不存在时,结果就不出现,那么我们就会把这个结果归因于这个原因。用这种方法,我们可以找到关键原因。这个方法从理论上说是成立的,与逻辑方法中的共变法相通。但是,这种方法在实践中存在着两个明显的问题:一是特定原因与特定结果之间关系的确证十分困难;二是导致一个行为结果的原因是多方面的,当多个原因共同作用时,区分什么是关键原因,什么是次要原因也不是件容易的事。

　　1967 年,心理学家凯利又提出了三维理论,对归因依据与方法的研究推进了一步。凯利提出了特异性、一致性和一贯性三个维度(标准)对行为进行归因。

　　特异性是指行为者在对待不同刺激时,其行为表现是否有差别,若是,特异性就高。

　　一致性是指认知对象的行为是否与其他人在类似情境下可能采取的行为相一致。即这个人在此种情况下采取这种行为,那么其他人在同样情况下是否也采取他同样的归因。若是,一致性就高。

　　一贯性指行为者是否在其他时间或其他情境下都一贯有这种反应。即指时间和情境的一致性,若是,一致性就高。

　　凯利强调了上述三个方面信息的重要性,并把三者之间组合抽象为归因过程的模式,因此,他的理论也被称作三维归因理论。

　　凯利的三维归因理论涉及行为者、行为者的知觉对象及行为产生的环境等综合方面,对人的行为归因有重要指导价值,引起了人们的广泛注意。但"三维归因理论受到了很多批评,如①模型过于理想化,人们通常得不到一致性、一贯性与特异性三种信息;②模型逻辑含糊不清,而且不必那么复杂;③忽略了归因者对特定行为的知识所起的作用"[①]。

　　对他人的行为进行精确归因,确非易事,但在很多场合下,我们还是能够进行成功的归因。对人际认知中的归因,应该遵循以下三个原则:

1. 综合性原则

　　人的行为是在特定时空背景条件下进行的,它不仅关乎行为者的个人倾向,而且受制于他人及情境等其他条件。因此,有必要对行为者、其他人和其他条件进行综合考察,而不能离开特殊的时空背景孤立地去考察,否则就不可能真正认知他人的行为原因。如人的理想状态,应该是工作、家庭、娱乐三者兼顾而平衡的状态。倘若某一或两方面失

---

　　① 沙莲香. 社会心理学[M]. 北京:中国人民大学出版社,2002:114.

衡,就会以别种行为消除烦恼和不安的行为,心理学称之为"补偿行为"。如果家庭不幸,纠纷迭起,从而使人生变得索然寡味,他(她)就有可能会埋头工作,或移情别恋;如工作和家庭都不协调的人,往往热衷于各种爱好。在这种情况下,如果我们单就行为者本身的行为加以归因,自然难以作出准确归因。

2."大数定律"

这是统计学上的一个术语,应用到人际认知中的归因上,可用一句话来概括:即大多数人的意见,往往是客观的。当然,我们在认知他人,对他人行为进行归因时,不能人云亦云,盲目从众,应该深入观察,独立思考。但是,众多人对行为者的评价,一般是有依据的,还是比较客观的,有相当可信度,可作为对他人行为归因的重要参照系。孟子在谈到国君如何识别贤才与不才者时曾说:"左右皆曰贤,未可也;诸大夫皆曰贤,未可也;国人皆曰贤,然后察之,见贤焉,然后用之。左右皆曰不可,勿听;诸大夫皆曰不可,勿听;国人皆曰不可,然后察之,见不可焉,然后去之。左右皆曰可杀,勿听;诸大夫皆曰可杀,勿听;国人皆曰可杀,然后察之,见可杀焉,然后杀之。"(《孟子·梁惠王章句下》)这就是说,在评价他人行为时,应尽可能多地听听他人的意见,兼听则明,不可偏听偏信。现代大学中流行着一种学生对任课教师的评分机制。一些教师很不理解,说这能客观吗? 比如有学生迟到、早退,睡觉,受到批评,有学生考试不及格,怀恨在心,在所有评价指标上都打上差的评价,能客观吗? 对此应该怎么看? 首先,对这种现象,所有教师碰到的概率是一致的。其次,大多数学生的评价还是客观的。如果这个班的大多数学生认为这个教师不行,那他就是不行,即使行也不行。这就是"大数定律"。

3. 利益关系原则

利益是考察人的行为及人际关系的最根本的基础,趋利避害是人的本性与本能的反应。春秋时期的管仲就说过:"盖凡人之情,见利莫能勿就,见害莫能勿避。"(《禁藏》)趋利避害,是人之共性,它不仅决定了人的行为趋向,而且反映了人际关系的基本特质。正如马克思所说:"把人和社会连接起来的唯一纽带是天然必然性,是需要和私人利益。"①当然这里讲的利益并不仅仅是指经济利益(或物质报偿),也包括精神利益(如知识报酬、心理慰藉)、社会利益(如社会地位、声誉、前途等)。利益关系也会影响到观察者对行为者的归因判断。在人际交往中,人们对他人行为作出评判,常常也因为涉及自己的利益关系而缺乏客观的态度。从利益角度出发对行为者的行为进行归因,不仅把握了问题的实质与关键,这也是我们认知各种人际关系的一把金钥匙。

---

① 马克思恩格斯全集(第1卷)[M].北京:人民出版社,1972:439.

第三章　人际印象

在人际认知和人际交往中,必然会形成对他人的种种印象。有的印象好,有的印象差;有的印象深刻,有的印象平淡;有的印象历久弥新,有的印象转瞬即逝。这种人际印象对人际魅力、人际行为产生了殊为深远的影响。研究人际印象形成的过程与特点、人际印象形成过程中的心理效应,以及如何在人际交往中给他人留下良好的印象,从而为建立良好的人际关系创造一个有利的心理环境和氛围就显得十分重要。

一、人际印象的影响

(一)人际印象与人际认知的区别

据史书记载:孔子适周,问礼于老子。事后孔子与弟子谈对老子的看法:"鸟,吾知其能飞;鱼,吾知其能游;兽,吾知其能走。走者可以为罔,游者可以为纶,飞者可以为矰。至于龙,吾不能知,其乘风云而上天? 吾今日见老子,其犹龙邪!"①这就是孔子对老子的印象。

---

① 司马迁.史记・老子韩非列传.

　　所谓印象是指在人们记忆中所保留的关于事物的形象,实际上就是普通心理学上所说的表象。所谓人际印象就是通过人际交往留在人们记忆中的人际认知客体的形象。人际印象依赖于记忆而存在,并随着记忆的淡化而逐渐消逝。正如徐志摩在《偶然》一诗中所描述的:

　　　　　我是天空里的一片云,

　　　　　偶尔投影在你的波心——

　　　　　　你不必讶异,

　　　　　　更无须欢喜——

　　　　　在转瞬间消失了踪影[①]。

　　从理论上来说,人际印象与人际认知既有联系,又有区别。不少社会心理学著作中往往把两者混为一谈,统称为对他人的知觉,这是一种认识误区。诚然,两者都属于认知过程和范畴,但它们是有区别的,主要有:

　　1. 人际认知以知觉为基础,人际印象则依赖于记忆而存在

　　"以我心,换你心,始知相忆深。"人际印象并不直接建立在感知之上,而是留在人们记忆里的观念组合。

　　2. 人际认知带有直观性,人际印象具有概括性

　　由于两者赖以存在的基础不同,因而它们的形成方式、特点也有所区别。人际认知建于感官之上,对人的认知反应较直观、感性。人际印象比人际认知具有更大的概括性,它往往是以多次知觉为基础经信息加工而产生的概括形象。

－－－－－－－－－－

　　① 徐志摩诗集[M]. 成都:四川人民出版社,1981:94。

3. 人际认知具有表层性,人际印象具有内在性

由于两者的依存基础、形成方式不同,因此它的特性也有差别。人际认知主要停留在外在形象,人际印象则不仅仅停留在外在形象,更主要的是深入到对人的人格等心理因素的评价,因而它具有更多的心理过程参与其中,是一种更接近于人的内在的一种认知活动,含有更深刻的价值判断。

(二)人际印象对人际行为的影响

如上所述,人际印象主要是指留在人们脑海中的人际客体的形象,这种印象如何对人际行为产生直接的影响? 这主要表现在以下三个方面:

1. 对主体而言,人际印象会促成自我角色形象的形成

由于每个人在人际交往中总想以一定的形象出现在他人面前,总想保持在他人心目中的良好形象,因而会展开一系列的自我形象设计与展示行为,以实现自我期待的角色形象。"形象具有人为的性质,它是人类的本质活动的对象化,是人对自我的认识与肯定。"[①]在现实生活中,人们一般通过在人际交往中良好的自我感觉和他人的积极评价来展示自我角色形象。主体自我形象一旦定型后,一般并不轻易改变,哪怕是意识到自我形象有所缺陷,为了保持形象的连贯性,也不愿立即加以改变,否则会产生不适应与不自然的别扭与尴尬。除非换了一个新的人际环境,可能会重新设计自我形象,以一个崭新的姿态展现自己。人们所形成的对自己的形象,对其行为方式影响很大。

---

① 秦启文,周永康. 形象学导论[M]. 北京:社会科学文献出版社,2004:12.

2.对客体而言,人际印象会产生来自他人的期望效应

人们能够使得其他人按照其对这些人的期望来行为,这就叫期望效应。心理学上讲的著名的"皮格马利翁效应"就是典型。"我们对他人的期待并非单纯的期待,还要通过自己的行为对他人施以影响。"①关于来自他人的期望会改变一个人的行为的现象有好几个实验证实。社会心理学家克特·W·巴克讲了一个真实的故事:在一个班里挑选了一名最不受喜欢的女学生,决定让其他同学以对待校园内的其他漂亮的女学生那样对待她。尤其是男同学,要主动地向她献殷勤,与她约会,送她上学,陪她看电影。坚持了一个学期,结果她真的改变了,开始穿上漂亮吸引人的衣服,性格也开朗了,成绩也上去了,出落得很好,待人接物也恰到好处。到了期末,周围的人对她的看法和交往都发生了戏剧性的变化,男同学们一个个都争先恐后地和她约会,使她忙得不可开交。罗森塔尔(R. Rosenthal)和雅各布森(L. Jacobson,1968)所做的实验也证明了这一现象。他们告诉小学教师们说,这一学年中,他们班中的某些学生在学习成绩上会突飞猛进,并说,这些是根据"哈佛反射探测测验"所提供的可靠信息判断出来的,实际上并没有这么一个测验,只是主试随机地选择三分之一学生指定为"跃进者"。学年结束后,测定了学生的智商。结果表明,一年级和二年级儿童中被指定为"跃进者"的儿童实际上在一年之后智商显著地增强。他人的期望改变一个人的行为,这在理论上和实践上都是一个有积极意义的问题。人们所形成的对其他人的印象,对于他人如何行为的方式有着重要的影响。

---

① [日]齐藤勇.人际关系心理学[M].弓海旺,等,译.北京:中国和平出版社,1987:62.

3. 从主客体关系来说,人际印象直接决定了主客体之间的互动

人际印象规定了角色的行为内容和行动方式,成了主客体互动的中介。人际印象是决定人们之间是否愿意交往以及交往的深浅程度的重要依据。人们在与他人的相互作用中的实际行为在很大程度上取决于对他人的印象。对于印象好的或不好的都会采取与之相应的不同行为。只有良好的人际印象才能保证人际互动的顺利进行,并在此基础上建立良好的人际关系。

二、人际印象的形成

(一)人际印象形成的模式

人际印象是怎么形成的? 人们在相互认知的基础上,如何把认知对象零散的信息统一为一个完整的形象? 这就涉及人际印象形成的过程或形成模式问题。这是一个重大问题,自然引起了社会心理学家的高度关注。但是,由于这个问题的复杂性,涉及的面又很广,在社会心理学中,这是一个尚未打开的"黑箱"。人们只是通过种种实验,提出了众多假说,莫衷一是。主要有以下三种模式假设:

1. 累加模式

菲什拜因(Fishbein)、亨特(Hunter)1964 年的实验证明了这种模式。它是指形成印象时使用各种品质的累加值。我们可以按照品质的积极和消极程度来评定打分,如真诚 5 分,机智 3 分,果断 3 分,虚伪 3 分。如果一个人被认为是真诚而又机智的,他(她)的印象评分即为 8 分;如果另一个人除上述两种品质外,还有一种果断的品质,那么其累加印象分为 11 分,人们会对这个人形成更好的印象。如果一个人被认为是机智、果断而又虚伪的,那么他的印象评分则为 3 分。不少研究者都认为,认知者对他人印象形成中的一个重要维度就是对那个人某些特质的总体的积极或消极的评估。这种假设的浅陋之处十分明显,一个人的整体印象不可能是人们对他所有特点的简单相加(算术和),更不用说各种特点的分值确定的实际操作上的困难,因此这种机械的累加模式不可能准确地反映一个人的整体印象。

2. 平均模式

安德森 1965 年通过一系列实验发现,用累加模式表示印象的形成不甚精确,并提出了平均模式。这种模式认为,人们是以特性的平均值来形成对别人的印象的。用公式表示:

$$X_n = \sum_{k=1}^{n} SK / N$$

其中,X_n 代表整体印象,SK 是对刺激物的评估尺度值,n 表示刺激项目,即知觉材料数目。比如,一个人被认为是"真诚"和"机智"的,这两个特性印象评分较高,如果再加上一个"严肃"这个评分不高的积极特质,平均值会下降。如果真诚为 5 分,机智为 3 分,严肃为 1 分,按累加模式计分应为 5+3+1=9 分;而按平均模式计分则为(5+3+1)÷3=3 分。得出的印象评价分就会不一样。

3. 加权平均模式

上述两种模式,都得到实验的支持,自从安德森提出平均模式后,一般都认为平均模式较为精确。但是,极端的品质(如极好的品质和极差的品质)对印象形成影响较大,平均模式在这方面的评分显然也有漏洞。安德森于 1968 年对自己的平均模式作了进一步修改与完善。按照这种模式,印象的形成一般根据平均模式,但对于极端品质(极好的和极坏的品质)应予以加权,不管一个人具有其他什么样的特性,一种极端的特性会使人产生一种极端的印象。用公式表示:

$$X_n = \frac{KWA(1-W)I_0}{KW + (1-W)}$$

其中,K 为刺激物总数信息量;W 为刺激物的价值(重要性);A 为对刺激物的评估值;I_0 为第一印象。霍奇斯 1974 年的实验研究证明,极端消极的品质更容易损坏一个人的印象。

上述三种模式,虽然对人际印象形成作了有意义的探讨,但是,这还仅仅是假设,存在着不少有待继续探讨的问题。首先是精确度问题。对各种特性的评价分值很难把握,由于各种文化因素的影响,同样一种特性在不同文化背景下的不同国度,其重要性是不同的,如谦虚,在我国可能被视为一种美德,在西方国家可能未必是分值很高的特性。其次,这些模式过于机械,容易忽视认知、记忆、联想等心理机制的复杂的能动性。对此,心理学家阿希(S. Asch)就提出过批评。他把上述三种流行的模式称作为"镶嵌式模型"。他对关于个性的印象形成进行了深入研究,作过 10 个实验,指出"对这种印象形成不应理解为归属于对象的特性的平均或简单相加等镶嵌式的概括过程,而应理解为一个特殊的系统化过程"[①]。

我们可以把人际印象的形成过程看做是一个复杂的系统化的心理过程,以图表表示如图 3-1 所示。

在这个图式中,我们需要特别注意,各人对他人有意义的特性的选取是不同的,而且有意义的特性在人际印象形成过程中的重要性也是不一样的。有几个因素对人际印象形成的特质信息赋予了更大的权重。第一是可信度高的信息源所传递的信息;第二是知觉者亲自所见所闻的知觉对象的信息;第三是认知对象具有特别重大的刺激性的积

---

① [日]古畑和孝.人际关系社会心理学[M].王康乐,译.天津:南开大学出版社,1986:25.

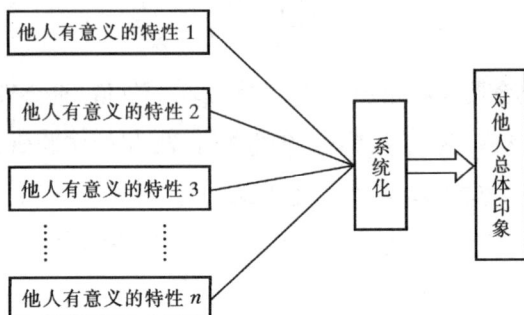

图 3-1　人际印象的形成过程

极的和消极的信息;第四,最先和最近获得的认知对象的信息;第五,与认知者先前的印象特别不一致的信息。

　　另外,还必须指出,人际整体印象的形成也往往并非必须是一个长时期的累积过程。我们对某人的总体印象绝不是在与该人反复多次的相互作用之后才形成的。在不少情况下,人们之间往往通过认知对象的一次接触,甚至是通过他人的只言片语、一张照片就会形成对其的总体印象,并留下深刻的记忆。梁实秋先生在《讲演》一文中记述:"给我印象最深的两次演讲,事隔数十年未能忘怀。其中一次是梁启超先生讲'中国文学里表现的情感'。我当时所得的印象是:中等身材,微露秃顶,风神潇散,声如洪钟。一口的广东官话,铿锵有致。他的讲演是有底稿的,用毛笔写在宣纸稿纸上,整整齐齐一大叠,后来发表在《饮冰室文集》。不过他讲时不大看底稿,有时略翻一下,更时常顺口添加资料。他长篇大段的凭记忆引诵诗词,有时候记不起来,愣在台上良久良久,然后用手指敲头三两击,猛然记起,便笑容可掬地朗诵下去。讲起《桃花扇》,诵到'高皇帝,在九天,也不管他孝子贤孙,变成了飘蓬断梗……',竟凄凄泪下,听者愀然危坐,那景况感人极了。他讲得认真吃力,渴了便喝一口开水,掏出大块毛巾揩脸上的汗,不时地呼唤他坐在前排的儿子,'思成,黑板擦擦!'梁思成便跳上台去把黑板擦干净。每次钟响,他讲不完,总要拖几分钟,然后他于掌声雷动中大摇大摆地徐徐步出教室。听众守在座位上,没有一个敢先离席。"①其场景之动人,令人神驰。梁氏精彩讲座的动人一幕,也使我们对他的印象就永远地定格在大家风范的追忆之上了。

(二)人际印象形成的特点

人际印象形成的心理机制十分复杂,难有一个统一的结论,但在人际交往中,人际印象形成的一些现象特点是可以观察到的。了解这些特点,对我们理解人际印象的形成,指导人际交往的实践具有积极意义。这些特点主要有:

1. 一体性

人际印象的一体性(或称整体性),是指人们根据自己的知识经验把直接作用于感官的认知客体的多种有意义的属性整合为统一整体的过程。如斯诺在《西行漫记》中对毛泽东的整体形象有一段相当精致的素描:"他(毛泽东)是一个精通旧学的有成就的学者,他博览群书,对哲学与历史有深入的研究,他有演讲和写作的才能,记忆力异乎常人,专心致志的能力不同寻常,个人习惯和外表落拓不羁,但对于工作却事无巨细都一丝不苟,他精力过人,不知疲倦,是一个颇有天才的军事和政治战略家。"②毛泽东作为一个杰出的政治家、军事家、理论家、哲人兼诗人的三位一体的旷世巨人形象跃然纸上。

人们对人与物体的印象形成特点不同,对物体的知觉印象可以是

---

① 梁实秋精选集[M]. 北京:燕山出版社,2006:198-199.

② 斯诺. 西行漫记[M]. 北京:东方出版社,2005:74.

分裂的,对人的印象形成却有一致性的特点,即人们对认知客体的印象形成过程中,总有一种力图把各种被认为是有意义的特性形成系统的印象的倾向,把各种特性协调一致起来,形成一种互不矛盾的形象。例如,我们不会认为一个人既是诚实的又是虚伪的,既是高尚的又是卑鄙的,等等。

但是,有时人们对认知客体的印象也可能是矛盾的,因为每一个人都可能是一个矛盾的统一体。恩格斯有段名言:"人来源于动物界这一事实已经决定人永远不能完全摆脱兽性,所以问题永远只能在于摆脱得多些或少些,在于兽性或人性的程度上的差异。"①事实上,人性本身就是一个复杂的矛盾综合体,它是人性与兽性、伟大与渺小、光明与黑暗、崇高与卑微、乐助与自私……复杂的矛盾的统一体,只不过各人身上所占的各种成分及表现形式有所不同而已。周作人曾说,有两个鬼(流氓鬼和绅士鬼)"在那里指挥我的一切的言行"。"有时候流氓占了优势,我便跟了他去彷徨,什么大街小巷的一切隐密无不知悉,酗酒,斗殴,辱骂,都不是做不来的,我简直可以成为一个精神上的'破脚骨'。但是在我将真正撒野,如流氓之'开天堂'等的时候,绅士大抵就出来高叫'带住,着即带住!'说也奇怪,流氓平时不怕绅士,到得他将要撒野,一听绅士的吆喝,不知怎的立刻一溜烟地走了。"②人到底是奇怪的东西,一面有神人似的光辉,一面有走兽似的嗜好。这真是对人性的绝妙写真。这时人们也会得出"他是一个矛盾的人"这么一个整体印象,并不否定一体性规则。

① 　马克思恩格斯全集(第20卷)[M]. 北京:人民出版社,1971:110.
② 　周作人作品精编[M]. 桂林:漓江出版社,2004:181.

2. 主导性

阿希研究发现,在人际印象形成中,并非认知对象的所有特性在人们的印象形成中具有同样的分量,这些特性中有的起中心作用,有的只起附带作用,前者称为中心特质,后者称为边缘特质。这与安德森提出的极端品质形成极端印象的观点也是相通的。对人的印象通常是被主导地位的特性所主宰的。当然,就各个认知主体而言,对认知客体的有意义的特性及中心特质的选择与评价标准并不相同,这就决定了人际印象形成过程中的个性差异。

阿希做过一个实验,证明了这种中心特质的作用。他用两张单子分别呈现给两组被试,单子上是对一位假想的他人的特质描述,一个单子上的形容词是"聪明的、熟练的、勤奋的、热情的、有决断的、实际的、谨慎的",另一个单子上的形容词是"聪明的、熟练的、勤奋的、冷淡的、有决断的、实际的、谨慎的"。虽然两个词单上只有一词之差,但是,阿希要求被试描述形容词单子上所表示那个人的印象却有很大差别,对前者的印象要比对后者的印象好得多。

事实上,在现实生活中,人们对一个人的印象往往倾向于一个主导形象,而主导形象的形成也往往根据一些主要的特性信息,甚至只是一两句代表性的诗句。如隐居杭州孤山二十年之久的林和靖因梅妻鹤子传名,一句"疏影横斜水清浅,暗香浮动月黄昏"的千古绝唱使其隐士形象活脱脱地展现在人们面前。又如苏小小的形象,如果读过她写的《同心歌》:"妾乘油壁车,郎跨青骢马。何处结同心,西陵松柏下。"就自然会对她形成一种印象:这是个很重感情的一代才女。

3. 联想性

所谓联想,是指人们记忆中的事物间的相互联系。它是人际印象形成过程中的重要心理机制。根据内隐人格理论,人的各项品质之间是有其内在联系的。例如我们认为某人是热情的，那么就会认为他也是活跃的、幽默的、乐于助人的、爱交朋友的、容易相处的；而一旦认为某人是冷淡的，那么也会认为他是孤独的、缺乏幽默感的、不爱交往的、怪癖的等等。又如当我们看到某人与另一个人关系紧密，也就会因此推论他也有与另一个人相同的特性，"近朱者赤，近墨者黑"。由于人们往往认为人的个性在一个人身上是相互联系、统一协调的，因而在形成对人印象时容易进行联想，由一个性特点推论出其他特点，即使人们没有有关这些个性特质的相关证据。因此，人们往往并不是等到获得了大量信息的基础上才对他人作出判断，而往往根据少量信息，经过联想与想象，随即就可以形成关于他人的整体印象。例如，李宗仁这样描述他在国民革命议会席上第一次见毛泽东的印象："毛氏时常穿一件蓝布大褂，长得身材高大，肥头大耳，在议会席上发言不多，但每逢发言，总是斩钉截铁，有条不紊，给我印象很深，觉得这位共产党很不平凡。"①

在人际印象的形成过程中，有联想和想象两种心理过程参与活动。有了联想和想象，才能在记忆中把知觉对象的特质信息形象地联系起来。这种联想性在很大程度上说有合理性，但也可能含有偏见和偏差，须加以警惕。

4. 比较性

在人际印象形成过程中，往往还存在着比较心理，特别是在两个可比性很强的人之间，人们往往会通过比较，以一方为参照系，与另一方相映照，形成对人的鲜明印象，并作出相关的评论。没有比较，就显示不出差距，无法突显个体形象，非常时期的比较，使人们的品质易于衡量。

尼克松在其政治学名著《领袖们》一书中，对蒋介石和毛泽东的印

---

① 李宗仁回忆录（上）[M]. 桂林：广西师范大学出版社，2005：243.

象作了十分有趣的对比："他们两人之间,既有表面上的差别,也有实质上的差别。毛泽东懒散地躺在椅上的样子,就像是不留心丢在那里的一口袋土豆;蒋介石笔直地坐着的姿态,则好像他的脊梁骨是钢制的一样。毛泽东很随和,无拘无束,说话很有幽默感,使谈话气氛很轻松;我与蒋介石会见时,却从未发现他有任何幽默的话语。毛泽东的书法是信笔成书,不拘俗套的;蒋介石的书法则笔直字方,一望成行。"讲到这里,还停留在人际知觉的感性层面,停留在外部表象的描述。在对一系列外表、言行、特征进行比较后,尼克松对两人的更内在的人格心理因素作了概括和评价:"由于他(指蒋介石)一丝不苟的照搬书本,使他成为一个平庸的战略家。在一个假定的战略设想的范围之内,他的判断是敏捷而又果断的。他只照他所知道的章程行事。如果这些设想的情况没有变化的话,几乎没有什么人战胜他。但他很难超越这些设想的框框一步,因而也不能提出向旧战略挑战的新战略。许多历史人物对他们所处的时代的各种框框都提出了挑战。虽然历史中充满了某些人物的革新在当时是不合时宜的记载,但历史毕竟还是由那些善于利用时代的机缘进行革新的人谱写的。毛泽东就属于后面这种人。"①在这里,尼克松在已认知的基础上对蒋介石和毛泽东的个性特征作出了概括与评价。蒋介石的守旧古板、循规蹈矩与毛泽东的灵活创新、不拘一格的个性形象差异跃然纸上,这则是人际印象更为实质性的东西。

三、人际印象的效应

人际印象的形成机制问题,是社会心理学中尚未打开的一个"黑

---

① ［美］尼克松. 领袖们［M］. 刘湖,等,译. 北京:知识出版社,1984:329,335.

箱",真正要接近了解人际印象形成的真相为时尚早。但是,在人际印象形成过程中存在几种心理效应,是我们完全可以在日常生活中充分观察到的,它对人际印象的形成影响较大,需要关注并加强管理,克服认知偏差。

(一)第一印象与首因效应

所谓第一印象是指素不相识的人在首次交往时形成的始初印象,可分为直接的第一印象和间接的第一印象两类。素不相识的人初次见面时形成的印象,称直接的第一印象,其认知信息大部分来自认知对象的外表特征,至于对象的人品、才华、个性等内在特征,虽然在言谈举止中能够或多或少地感知一些,但却是很有限的。所谓间接的第一印象是指认知主体首次通过大众传播、人际传播、个人档案等间接途径获得的有关认知对象的信息从而形成的第一印象。由于这是源于对对方的经历、人品、个性、才华等有了一定了解基础上的介绍,因此,对他人的印象较为接近内在的东西。现实生活中,人们一般指的第一印象是直接的第一印象。

心理学家曾做过一个实验,发现在人际交往中,与陌生人见面时,往往7秒钟就能对某个人作出最初的评价。如"一见钟情"现象,就是第一印象。普希金在《致凯恩》一诗中描述道:

记得那美妙的一瞬,

在我的面前,

出现了一个你,

如昙花一现的幻影,

又如圣洁美丽的精灵。

初次见面的动人情境美得令人窒息！

《红楼梦》第三回描述贾宝玉与林黛玉初次见面的印象，也极为细腻：黛玉一见，便吃一大惊，心下想道："好生奇怪，倒像在那里见过一般，何等眼熟到如此！"宝玉看罢，因笑道："这个妹妹我曾见过的。"贾母笑道："可又是胡说，你又何曾见过她？"宝玉笑道："虽然未曾见过她，然我看着面善，心里就算是旧相识，今日只作远别重逢，亦未为不可。"①这种"何等眼熟"、"远别重逢"的感觉就是"一见钟情"现象，也就是一种第一印象。至于一见钟情现象是如何形成的？心理学界很少对此作过解释。其实这个问题并不复杂。每个人内心中固有的心理认知结构中都有自己理想的偶像，尤其是少男少女们，各有其心目中的白雪公主和白马王子，可能是以前遇到过的，也可能是杂取种种对象抽象出来的。当外界出现一个对象与心中的偶像十分吻合或相似时，就会产生似曾相识、一拍即合、阔别重逢般的令人心悸的感觉，这就是一见钟情现象。

　　第一印象在对人际认知、人际印象形成过程中会产生"先入为主"的作用，它奠定了对人认知和印象的基础，这就是"首因效应"。首因效应，实际上"指的是在信息呈现顺序中，首先呈现的信息比后来呈现的信息在印象形成中有更大的权重"②。心理学上又把这种心理现象称作"前摄效应"，即人们对最初获得的信息，记忆深刻，并会影响到对人以后一系列信息的理解和记忆。心理学实验证明，最初接触的信息对印象形成有着极其重要的作用。1968年琼斯曾做过一个实验：评价两个学生对30道相等难度的数学题解答的智力情况。这两个学生是实验助手，让A学生多答对上半部分题，让B学生多答对下部分题，然后问被试A、B谁更聪明些。具体实验情况如表3-1所示。

---

① 曹雪芹,高鹗. 红楼梦(上)[M].北京:人民文学出版社,2002:48,49.
② 郑全全,俞国良. 人际关系心理学[M]. 北京:人民教育出版社,1999:162.

表 3-1　评价两个学生智力的实验情况

被试	答题情况		评价情况
	上半部	下半部	
A	对 10 题错 5 题	对 5 题错 10 题	20.6
B	错 10 题对 5 题	错 5 题对 10 题	12.5

　　A、B本来回答正确率完全相同,但观众印象却认为 A 比 B 更聪明些,并估计 A 答对了 20.6 个题,B 只答对了 12.5 个题。阿希(S. Asch)也做过一个经典实验:他让一半被试者看一张形容一个人的词表:聪明、勤奋、冲动、爱批评、顽固、嫉妒;让另一半被试者看另一张形容词表:嫉妒、顽固、爱批评、冲动、勤奋、聪明。要求被试者描述对这个假设人的印象。尽管两张形容词表的 6 个词汇完全相同,只是排列顺序不同,但实验结果表明,人们对前者这个假想的人评价更好,认为其更善交际,更幽默和心情更愉快。

　　那么对这种心理现象应作如何看待? 我们仍以"一见钟情"现象为例作一番分析。关于"一见钟情"是好事还是坏事的问题,台湾的《联合报》曾做过一个调查,就此请读者发表意见。下面是赞成者和反对者的不同看法:

赞成者:

- 世界如果没有一见钟情的事,则小说、戏剧立即可以叫停。
- 真好,省了不少婚姻介绍费。
- 省得"说破嘴皮","绞尽脑汁","掏空腰包"地去追她,看上我就一块吃"速食面",等着过"分期付款"的日子吧!

反对者:

- 宝藏总是埋在最不起眼的地方。

- "一见钟情",就是先让人"心醉",然后再令人"心碎"的玩意儿。
- 以一见钟情,赌一生幸福,太一目了然了。
- 最严重的"一念之差"。
- 有歌为证,"想起初相见,似地旋天转,当意念改变,如过眼云烟"。
- 唉,我就是这样才离婚的,还是多看一眼好。

这个调查材料说明了两点:一是"一见钟情"现象是客观存在的一种普遍社会心理现象,无法抹杀;二是"一见钟情"现象存在着对人认知的偏差,容易陷入人际认知的美丽误区,甚至导致感情悲剧。对第一印象与首因效应的评价也是如此,对之采取的因应对策也大致上有以下两个方面:

一方面,应该看到,第一印象和"首因效应"是一种广泛存在的普遍的社会心理现象,一旦形成就不会轻易改变,严重影响到以后对他人的整体印象的形成,不仅会立即影响对他人的好恶态度,而且还会深刻地影响到对他人一系列行为的解释。这也是人们决定以后是否继续交往的重要依据。对第一印象的这种"先入为主"作用,我们无法轻视,必须面对,甚至在一定条件下可以利用,利用它为树立良好的自我形象、顺利地开展人际交往服务。如在职场上的应聘中,主考官一般就是根据第一印象对前来应聘人员作出取舍决定。据心理学研究,在招聘场合,主考官一般都会在3~5分钟的时间内形成对应聘者的总体印象,从而决定是否录用。因此,应聘者就要充分把握这短短的几分钟的关键时刻,展示充满魅力的自我形象。由于在第一印象形成中,人们获得的信息主要是有关他人的外貌、特征、只言片语、仪表仪态等内容。因此,须注意打扮要得体,仪表要出众,须注意非语言信息的运用,语言要精当、恰到好处,一举一动都要流露自信,说话要坚定有力,充分展示自我的才华。又如作为新上任的领导者,也可利用首因效应,以建立自己的权威。俗话说:新官上任三把火。作为新上任的领导者,人们很自然会把他与前任相比较,一般从三个方面观察他:一是观察他有没有才能(包括专业才能和领导才能);二是观察他有没有公仆之心;三是观察他有没有当机立断的魄力。新官上任的头"三把火"处理得好坏,在组织成员中将形成相应的信任和失望情绪,不仅具有稳定性,而且对后来的认知倾向会发生重要影响。军事学中讲究"慎重初战",如《水浒传》第 83 回宋公明奉诏破大辽传军令说的:"首先交锋,要看个头势,休要失支脱节。"①在人际交往中,也须要"慎重初战"。因为,第一印象是人际认知的起点,它虽然并非总是正确的,但却总是最鲜明最牢固的,并且影响着今后双方交往行为。

　　另一方面,要防止第一印象和"首因效应"可能导致的对人的认知偏差。由于个体初次认知他人时,总是从对方的相貌、身体、服饰、姿态等外表特征获得表面的印象,存在着直觉判断,使第一印象往往具有表层性与片面性。当然,有的人如教师、警察对自己的第一印象比较自信,主要是因为他们接触的人多了,阅历丰富,因此可靠性也强一些。但是,对一般人而言,尤其是涉世不深的年轻人来说,过于相信自己的第一印象,往往会导致对人的认知偏差、失误,不能据此轻下结论。这一点作为领导者特别要引起注意。随着交往的增多,了解的深入,第一印象也会随之发生改变。

(二)新近印象与近因效应

　　新近印象是指根据最新获得的认知对象的信息所形成的印象。近

---

① 施耐庵,罗贯中. 水浒传(下)[M]. 2 版. 北京:人民出版社,1997:1078.

因效应是指最新或最后的印象,它们都对人的认知活动具有的强烈影响。

长期以来,人们很重视第一印象的重要作用,却较少注意到最新或最后印象对人认知活动的重要影响。霍夫兰(Horland)和曼德尔(Mandell)的实验得出了与第一印象作用不同的结论:即对他人的说服和宣传之后提出的原理和论据对于他人所起的作用要比先提出来的效果大。近因效应最早是由卢钦斯(A. S. Luchins)于 1957 年、1958 年、1960 年连续在一系列的实验研究中提出的。他杜撰了一个叫做吉姆的人,编写了关于他性格的短文,共分两个部分,前部分把他描写为外向性格,后部分把他描写为内向性格。卢钦斯在他的实验中发现,如果有人提醒被试们当心草率判断的倾向并告诉他们在评价那个陌生人(吉姆)时要考虑到全部有用信息,便可抵消掉首因效应,而且这种提醒在实验开始时显得更为有效。当被试们阅读有关吉姆的第一部分介绍材料后,让他们去完成其他任务,然后再让他们看有关吉姆的第二部分材料,结果他们对于吉姆的印象更多地受到最后他们所看到的介绍材料的影响。这就是卢钦斯所说的"近因效应"。

近因效应能改变先前对人留下的印象,这在人们日常生活中可谓司空见惯。如鲁迅和周作人的"兄弟失和"即是典型。原本血浓于水的同胞兄弟,终因一个误会,以后一生未曾和解。又如原本一对好朋友,却因为最近发生的一次误解或冲突,终至反目成仇,把以前的友谊也就一笔抹杀了。又如《三国演义》第 57 回中说,庞统来投刘备,刘备见其貌陋,长揖不拜,第一印象不好,只让他充任耒阳县宰一职。庞统到耒阳县,不理政事,终日饮酒为乐,刘备大怒,派张飞引从人前去巡视。张飞到耒阳县指斥庞统不理政事。庞统回答说:"量百里小县,些小公事,何难决断!"不到半日,将百余日所积公务尽断毕了,且无分毫差错。张飞回荆州见刘备详告此事,刘备大惊,又看到鲁肃与诸葛亮的推荐书,才觉险失大贤,遂拜庞统为副军师中郎将,加以重用。

近因效应的存在是毋庸置疑的。那么近因效应产生的原因是什么? 有一种解释是"由于新近刺激的信息材料与其他信息材料相比,在大脑记忆过程中,没有后摄干扰;同时新的信息刺激记忆新、记忆深刻。所以近因效应一般情况下能覆盖、改变先前留下的印象"①。这种说法不无道理,但是近因效应的出现是需要某些条件的。这种条件主要有: 一是时间上的间隔,先前印象淡化和被削弱;二是面临与最初印象相悖的事态;三是当人们意识到对人认知需要全面地去看,加以分析。

首因效应和近因效应都是客观存在的两种心理现象,心理学又称之为前摄效应和后摄效应,对人际印象形成均有强烈的影响。如一对男女同学恋爱,第一次怎么见面的,印象很深刻,细节都记得很清楚,多少年后均难忘怀,"老来多健忘,唯不忘相思"。最后一次怎么分手的,同样印象深刻,记忆犹新。至于中间的交往,除非有特殊的刺激,否则记忆往往不甚清晰,甚至张冠李戴,前后倒置。它是一个问题的两个方面,并不矛盾。那么,在对人的认知和印象形成过程中,当这两种效应同时存在并发生矛盾时,以何者为主? 心理学家对此专门作过研究,结果表明:当两种矛盾的信息连续出现时,首因效应突出,而当两者信息间断出现时,近因效应更为明显;在与陌生人交往时,首因效应影响较大,而在与熟人交往时,近因效应则有较大影响。但总的来说,始初的信息与最新的信息相比,对印象形成的整个判断来说,始初的信息影响较大。

近因效应是一种极为普遍的社会心理现象,对人际印象、人际交往

---

① 胡成富. 生存·发展·成功[M]. 西安:陕西人民教育出版社,1989:133.

产生着一定的影响。在现实生活中,我们应对近因效应的策略主要有:

1. 与人交往要注意新近交往的质量

"花看半开,酒饮微醺。"据载,汉武帝的一个爱妃李夫人病重,汉武帝几次去看望,她始终不肯相见,迫不得已相见,也以被蒙头,以免让汉武帝看见一脸憔悴。这是人之常情。

2. 在演说、讲话中要注意最后的结论

结论一定要有力度,给人一个完满的印象。俗话说,"编筐编篓,全在收口",就是这个道理。好的结尾要有余韵,能使人回味,余音绕梁,三日不绝。在对他人进行批评、教育时,一定要给对象以一个良好的结语,否则会把人悬在空中,令人忐忑难安。

3. 在集会、会议上可争取最后发言

最后一个发表演说,可获取他人更多的注意。如果能在前人所说的基础上,另辟蹊径,别出心裁或力排众议、论高于众,就能给他人留下十分深刻的印象,产生巨大的反响。

4. 要防止近因效应可能导致的对人认知和印象的偏差

看人要有全面的、分析的态度,才能得出较为客观的观点。不能因为新近的印象而把以前对一个人的印象全部推翻了,这往往有失偏颇,容易导致对人认知的偏差。

(三)泛化印象与晕轮效应

在人际认知中,人们往往因为认知对象某个特点较为突出而将它泛化到它的其他方面,而形成一种夸大的印象,这就是一种泛化印象。它所产生的心理效应,即是晕轮效应,就像月晕和佛像周围的光晕一样,从一个中心点而逐渐向外扩散成越来越大的圆圈。

晕轮效应的存在已被心理学家众多的实验所证明,其中比较典型的是凯利于 1950 年的印象形成试验。他把 55 名学生分为两组,分别向学生介绍一个新聘任的教师。两组学生得到的介绍资料仅有一词之差:甲组的学生被告知,这位教师是"热情的",乙组的学生被告知,这位教师是"冷漠的"。新教师来到课堂授课,并分别领导两组学生进行 20 分钟的讨论。下课后,实验者让每个学生填写一份问卷,说明自己对新教师的印象。结果发现,两组学生对这位教师的印象有明显区别。甲组的印象是:有同情心,会体贴人,有社会能力,富有幽默感,性情善良,等等;另一组的印象则相反,认为该教师严厉、专横,等等。这就是说,两组学生对该教师的印象,都有自己的推断成分夹杂其中,由热情的特点推出一系列优点,或者由冷漠的特点推断出一系列缺点。

在现实生活中,泛化印象与晕轮效应现象也十分普遍,无论是一个人身上某些突出的好的或坏的特点,都会被放大,扩散到其他方面,导致"以偏概全"的局面。一个显眼的缺陷会被放大,如国内一位著名的综合性大学校长,在一次重要的欢迎集会上讲话,把《诗经》中"七月流火"这个诗句误解为炎热的夏日,网上一片哗然,使这位力倡国学的校长形象大损。优点也同样会被泛化,如鲁迅批评《三国演义》中把诸葛亮神化,状诸葛之多智而类妖。又如"爱屋及乌","情人眼里出西施","一俊遮百丑","一富遮百丑"等等,都是这类心理现象。

泛化印象与晕轮效应是个人主观推断、泛化、扩张的结果,也是人际认知过程中存在的一种广泛的心理现象,不容忽视。对晕轮效应的成因问题,社会心理学著作中对此一般都语焉不详。如果用中心特质理论加以解释或许是可行的。阿希(1946)首先发现在印象形成过程中某些特质起着中心作用,另一些特质只起着边缘的作用,前者称为中心特质,后者称为边缘特质。中心特质在人际印象形成过程中的权重极大。也就是说极端的品质与特性在人际印象形成过程中具有很大的权重。这种心理效应体现为三个特性：一是遮掩性。由于核心内容给人们留下的印象非常深刻，结果其他方面的内容就被忽视了，或根本没发现，或视而不见。二是扩散性。特别是名人身上的一种优点和品质会被崇拜者无限度地扩展到所有的方面。三是定势性。由于主体内容的影响，人们心理会形成一定的心理定势，不知不觉地受其支配和制约。

　　应对这种心理现象的策略，有两个方面的内容：一是利用晕轮效应为建立自己的良好形象服务。为此，在人际交往中，一旦形成某一好的印象后，就要善于运用此点，扩大效果与影响。尤其可利用某一专长，发挥权威效应。关于权威对人的心理影响是毋庸置疑的。美国心理学家曾做过一个实验：在开始讲课前，教授给学生介绍一位名人。他说："这位是翰斯·斯密特先生，他是世界著名的化学家，我们特邀他来美国研究某些物质的物理和化学性能。"然后，斯密特先生用德语腔向学生们讲，他正在研究一种新发现的物质的性能。特别使他感兴趣的是，这些物质的扩散是非常快的，以至于人们刚刚嗅到就立即消失了。他从皮包里拿出一个装有液体的玻璃管，说："我一打开试管，物质立即蒸发出来，这是一种无害的气味，你们很容易嗅到。我要求大家一闻到气味，就立即举起手来。"他打开小玻璃管，随后学生们一个跟着一个地，从第一排到最后一排全部举起手来。这时，斯密特先生对学生表示谢意，满意地离开了教室。事后，心理学教授向全班同学说，这位"斯密特先生"不是别人，而是德语教研室的一名教员，所谓具有强烈刺鼻气味的物质，只不过是普通的蒸馏水而已。这个试验表明，源自享有崇高威望者的信息，其影响力比较大。利用泛化印象和晕轮效应为树立自己的良好印象，发挥自身的影响力，不是去欺骗他人，愚弄他人，而是一种艺术，一种技能，与品行无关。利用晕轮效应，能够在人际交往中起到事半功倍的效应。二是"晕轮效应"常常使得人们对他人产生偏见,因为它表现在对他人的认知和印象形成中以某一方面的特性掩盖其他特性,"以偏概全","以点带面",甚至"一叶障目,不见泰山",从而会给人际认知和归因造成障碍,导致人际印象的偏差。

(四)刻板印象与定势效应

刻板印象是指社会上对某类事物或人物产生的一种比较固定的共同的笼统的看法和印象。它不是一种个体现象,而是一种群体现象,它所反映的是群体的共识。由于它是一种长期的深层的心理积淀,有相当的固执性。刻板印象在人际认知过程中会产生一种心理定势效应,即人的心理中存在着某种固定化的想法会影响对人的认知和评价。"定势也可以说是一个人在一定时间内所产生的一种带有一定倾向的心理趋势。"[①]当人们在认知他人过程中,常常会不自觉地产生一种有准备的心态,强烈影响着个体加工输入的认知客体信息的认知架构与趋向,从而对人际印象形成产生影响。

刻板印象与定势效应这种心理的主要表现:

1. 对不同国籍、地域的人所形成固定的看法

美国心理学家吉尔巴特等人 1933 年在普林斯顿大学对各民族及各国公民印象调查中发现,他们具有一种固定的凝固印象。

美国人:勤劳、聪明、有雄心、进取、实利主义;

英国人:有一种绅士风度,聪明、因袭守旧、爱传统、保守;

黑人:爱好音乐,无忧无虑,迷信无知,懒惰;

日本人:聪明、勤奋、有进取心、机灵、狡猾。

---

① [苏]纳季拉什维利. 宣传心理学[M]. 沈阳:辽宁人民出版社,1984:122.

1970年我国台湾学者李本华调查台大学生,也发现了一致的看法:

美国人:民主、天真、乐观、友善、热情;

日本人:善于模仿、进取、尚武、有野心;

法国人:爱好艺术、轻率、热情、开朗;

苏联人:唯物、勤劳、狡猾、有野心、残酷。

还有一些刻板印象与地域有关,如我国经常有南人和北人的讨论。早在春秋时期,孔子就说过南人与北人的不同。他说:"宽柔以教,不报无道,南方之强也,君子居之;衽金革,死而不厌,北方之强也,而强者居之。"(《礼记·中庸第三十一》)鲁迅先生也作过《北人与南人》一文。文中说:"据我所见,北人的优点是厚重,南人的优点是机灵。但厚重之弊也愚,机灵之弊也狡。"[①]

2. 对不同角色、职业的人形成的固定看法

如人们认为教师总是文质彬彬、学识渊博;商人总是精明狡猾,唯利是图;学生总不免激扬文字,书生意气;等等。

3. 对不同性别、年龄的人形成的固定看法

如人们往往认为女性是柔弱的、感性的;男性则是坚强的、理性的。年轻人总被认为是嘴上无毛,办事不牢;老年人则被认为墨守成规,缺乏进取心。

对于刻板印象与定势效应的成因,社会心理学的著作中也少有涉及。其实,对这个问题应作文化学的考察,可归结为一种"集体潜意识"。这种心理现象是文化传递的产物。由于每个人都生活在一定的社会群体之中,如不同的国家、地区、职业、角色、性别、年龄。人们在特定环境下的社会化过程中形成了大体相同的人格特性。这种文化传统

---

① 鲁迅杂文全集[M]. 郑州:河南人民出版社,1994:656.

长期地积淀于人们的社会心理的深层结构之中,就会成为分析判断他人的模式。

刻板印象与定势效应,往往被视作是一种认知上的偏见。事实上,它并非完全没有依据,它的形成是人们长期以来根据现象和经验积累下来的对某一类型的人的共识,有相当合理成分,有助于对某一群体作出概括的了解,对我们认知他人有一定参考价值,使得我们在获得少量信息时就能对他人作出迅速判断,从而预测他的行为,大大简化了人际认知的过程,而且在一定程度上说有其合理性。当然,正如人们共同认识的那样,刻板印象和定势效应还具有对客观事物反应的笼统性、不精确性的特点,由于它在人际认识和印象形成过程中凭借着一种固定的模式(共识),而不是依靠对既定事实的具体的科学分析,容易导致对人的认知偏差,不能据此作为判断他人的重要依据,对具体的个人应作具体的分析与对待。

上述是人际印象形成过程中的一些突出的心理现象和效应,是普遍存在的心理现象,不能忽视,也无法抹杀,它们对人际印象和人际交往产生着重要影响。由于它们的作用影响一般具有双重性,因此,从总体的应对之策来说,主要有两个方面:一方面,我们可以利用这些心理效应与现象为树立自己的良好形象,开展人际交往服务;另一方面,要警惕、防止这些心理现象与效应可能导致的对人认知的偏差和偏见。

四、人际印象的管理

(一)印象管理的有关理论

印象管理,又称印象整饰,意指人们在相互交往中有意地控制别人对自己形成各种印象的过程。这种印象管理在人际交往中是司空见惯的。如恋爱中的人们去约会之前，总要刻意修饰、打扮一番；人们去参加某种活动之前，总要考虑以何种个人形象出现；需接待一位重要客人，总要把办公室清理一番……总之，在人与人的交往过程中，个体总要选择适当的装束、言辞、表情、姿势或动作，即以得体的言语和非言语行为，期望在对方的心目中留下一个独特的良好印象。

印象管理是建立良好的人际关系中一个十分重要的内容，对此，社会心理学家曾提出种种理论加以解释，主要有自我表现论、符号相互作用论和情境认同论三种理论。

戈夫曼(E. Goffman, 1967)认为，人际交往和互动好像是一种戏剧演出，每个人都在按照一定的"脚本"来表演自己的节目。这种节目就是一套经过选择的用来表现自我的言语和非言语的节目。由于交往情景不同，使节目各有差异。在人际交往中，每个人都极力让自己的言行适合于角色情景，就像一个演员，努力扮演好所扮演的角色，以赢得他人和社会的正面评价和赞扬。正如莎士比亚在《皆大欢喜》中所说的：

> 全世界是一个舞台，
>
> 所有的男男女女不过是一些演员；
>
> 他们都有下场的时候，
>
> 也都有上场的时候，
>
> 一个人的一生中扮演着好几个角色①。

戈夫曼还认为，人际交往中还存在着一条基本规则，即是相互帮助与谅解。这意味着，每个人都将参与印象管理，并不断地进行印象整饰，设法保持彼此不丢面子。戈夫曼曾经把印象管理称作"舞台演出艺

---

① 莎士比亚著名喜剧六种[M]. 朱生豪，译. 济南：山东文艺出版社，1994：433.

术",因此他提出的以自我表现为核心的印象管理理论又被称为戏剧理论。

　　库利(C. H. Cooley,1922)认为,在人际交往中,人们随着抽象认知能力的发展,渐渐能够意识到自己的外观以及别人对他的评价,学会了"采用他人的角色"来观察问题,并以看待他人一样看待自己。这样,人们就能自觉地调节自己的言行,以期给别人一个良好的印象。当自己意识到自己的行为会给他人留下不好印象时,他将会及时调整自己的行为。一个人的个性越成熟,他的印象整饰能力就越强。米德(G. H. Mead,1934)也提出了与库利相同的观点,特别重视信息沟通与角色扮演。他认为,经过言语、姿势等抽象符号的沟通,个体知道了别人对他的反应和评价,继而渐渐学会了"采用他人的角色"来观察问题,并像看待别人一样来看待自己。这样,不仅使他知道如何同其他人交往,能预知别人对他的感觉与反应,而且还能据此来调整自己的言论和行为,使之产生希望得到的结果。这种学说被称作是"符号相互作用"理论。

　　亚历山大(C. N. Alexander,1973)则提出了"情境认同论"来解释印象管理。按这种理论,对于每一个社会背景、每一个人际交往的场合,都存在着一种社会行为形式,这种行为形式传递着对这个场合来说是恰当的认同。这种行为形式就叫做情境认同。在人际交往中,人们都努力创造着对自己最恰当的最满意的情境认同。

　　上述三种理论,虽然对印象管理解释的着眼点各不相同,涉及影响印象整饰的各种因素,包括认知主体、认知客体、认知情境等,但它们之间有着共同点,即印象管理是人际交往中的必然现象,在人际交往中,人们总希望以最恰当的形式呈现自己,并不断地根据认知对象、认知情景进行印象整饰,以期给他人留下良好的印象。

(二)印象管理的作用

印象管理从实质上说就是要求每个人在不同的场合针对不同的对象作出不同的自我呈现。有人对此很不以为然,斥之为"逢场作戏"的社交手段,具有"虚伪性"和"欺骗性"。古德尔纳甚至将戈氏理论斥之为"出卖灵魂的社会学"。其实,印象管理与虚伪的社交手段是完全不同的两个范畴,不能混为一谈。首先,二者的目的、作用不同。印象整饰是一种公认的事实,是一种自我形象管理,是一种社交技巧,本身并不存在好不好的问题,关键在于它所想达到的目的。印象整饰旨在为了建立良好的人际关系,树立美好的个性形象,是人们适应社会的一种方法,是人类文明程度的一种体现。虚伪的社交手段则具有明显的欺骗性,被用来谋取个人私利以达到其不可告人的目的,这样就会污染人际环境,毒化人际关系氛围。其次,两者采用的手段、方法也不同。印象管理是人类文明的行为表现,同样需要坦率真诚,否则也达不到印象管理的目的。虚伪的社交手段则是一种"变色龙"、"伪君子"式的行为,毫无坦诚可言,最后只会落得个"聪明反被聪明误","自家且了自家身"的可耻结局。

整体上说,印象管理并无好坏之分,关键在使用的目的。在人际交往中,其积极作用占主导地位,主要体现在以下三个方面:

1. 塑造个体形象的重要途径

印象整饰本质上说就是个体采取多种方法影响别人对自己的印象形成的过程。因此,它对树立自己在他人和社会中的良好形象具有不可忽视的重要作用,对人生成功的意义重大。

1960 年,美国民主党人肯尼迪和共和党人尼克松角逐总统宝座,双方竞选十分激烈。两位候选人在美国竞选史上第一次使用电视辩论的办法进行角逐。肯尼迪为了在竞选中获胜,雇佣了一大批公关顾问和广告专家,为他精心设计电视形象,同时与电视导演精心策划,养精蓄锐,练习彩排。所以,在电视辩论时,屏幕上的肯尼迪显得意气风发,红光满面,从容论道,挥洒自如。尼克松因脸型棱角突出,好出汗,加上带病竞选,体重大减,且又拒绝公关专家和电视顾问费尽心机为他设计的补救之道,结果在电视屏幕上的尼克松两眼深陷,面色苍白,汗流如注,声嘶力竭。肯尼迪紧紧抓住电视辩论,出资请电视台反复播放。在电视屏幕上出现的大都是肯尼迪在讲话中的高大形象,偶尔在屏幕上插入的尼克松镜头,也只是低着头,神情紧张,形容憔悴,形象很差。由于这是美国历史上第一次电视辩论竞选,选民们注意的大多并不是双方的政见,而是候选人的仪态风度。对形象的好恶决定了选票的投向,肯尼迪因而获胜,尼克松因此败北。

1968 年,尼克松再次竞选总统,他接受了前次的教训,雇佣了一大批公关顾问及广告专家为他精心设计电视形象,结果一举成功,竞选取胜,终于登上了总统宝座。

两种形象,两种结果,印象管理与形象塑造的关联如此密切,不容低估。

2. 润滑人际关系的手段

印象整饰是人类文明发展的标志和结果之一,随着人类社会文明的发展,人的语言和行为变得越来越文雅而有所修饰。幼儿与成人的区别就在于:幼儿不能充分控制自己的情感和行为,他们直接而率直地表露感情,悲欢、愤怒与嫉妒全不予以压制,他们是任性的,不会考虑对方的立场。人随着长大成熟,变得越来越会控制自己,越来越会从他人立场考虑问题,为他人着想,弱化了婴儿期的自私。当然有些成人也缺乏道德和教养,他们一生中只能停留在难以进化、处于原始的自私、先己后人的阶段。随着人类社会文明程度的不断提高,人们对自己与他人在言行举止上的要求也在不断提升,不懂得印象整饰的人一般会被认为是缺乏教养的表现。"世味秋荼苦,人间直道穷。"由于懂得印象整饰,人们都希望努力给他人留下好印象,主动地维护与塑造自己良好的形象并影响别人的评价;人们会不断地进行自我反省去自觉地约束和调节自己的言行,从而加强人际互动,保证人际交往的顺利进行,建立和谐的人际环境。

3. 适应社会实现社会期望的方法

在社会中,每个人都承担着不同的社会角色,社会对每个角色都有一定的要求和期待,每个人也只有使自己的行为符合社会角色的规范要求,才能维持良好的角色形象,为社会中的人们所接受,使自己能较好地适应社会,适应不同人们的角色要求。印象管理反映了人们适应社会能力的提高。

(三)印象管理的策略

如上所述,印象管理是人们在社会中的一种交往手段,在现代社会生活中具有重要作用。那么如何才能搞好印象管理,使自己在人们心目中留下良好的印象,从而对人际互动产生积极影响呢? 这就需要注意印象整饰的具体策略。

1. 得体的个体形象设计

形象设计是优化个体形象的重要手段,这对领导者来说尤其重要,因为领导者的个体形象直接代表和影响着他所代表的组织的形象。

个体形象设计既有共性,也有个性。就共性角度而言,形象设计可从两个方面入手:一是优化个体的外在形象,它主要指仪表服饰、言谈举止等。仪表服饰是一个人的外表,在很大程度上显示着个人形象的意义。言谈举止则是个人素质与修养的体现。二是优化个体的内在形象，主要指人的知识、智慧、能力、意志品质、道德修养等，它是个人素质的内在体现。其中个体的内在修养更为重要。正如老子所说："修之于身，其德乃真；修之于家，其德乃余；修之于乡，其德乃长；修之于邦，其德乃丰；修之于天下，其德乃普。"（《道德经·五十四章》）正如孔子所说："质胜文则野，文胜质则史。文质彬彬，然后君子。"（《论语·雍也第六》）总之，个体应建立内秀外美的良好形象。从个性角度而言，则强调人的服饰打扮、言行举止要与环境、职业、角色、年龄、性别等相协调，以和谐为美，并在此基础上展示个性。

个体形象设计一般有以下四个境界，由浅入深，由低级向高级依次展开。

第一境界：珍惜美貌。"巧笑倩兮，美目盼兮，素以为绚兮"，"清水出芙蓉，天然去雕饰"。美貌是上帝恩赐的一个礼物，是一笔资源和财富，要懂得珍惜。亚里士多德曾说：美貌是一张比介绍信更加有效的通行证。对美貌的追求是人类的一大永恒的梦想主题，这种人类之梦永远不会消亡。正如李延年的诗中所说："北方有佳人，绝世而独立。一顾倾人城，再顾倾人国。宁不知倾城与倾国？佳人难再得。"

第二境界：优化外表。哲学家培根曾说：青春美貌好比盛夏的水果——容易腐烂而难保持。艺术大师达·芬奇也说：天生自然的美，将随岁月的消逝而迅速磨灭。"红衰翠减，苒苒物华休"，"红颜弹指老，刹那芳华"，天生丽质只是暂时的，况且也不可能人人都天生丽质，要使美丽持久，一面可从服饰打扮、言行举止的美化着手；另一方面则需赋予外表美内在的底蕴，否则"纵然生得好皮囊，腹内原来草莽"，这种缺乏内涵的美貌也就失去了生机，显得浅陋，遭人鄙弃。值得一提的是，加强体育锻炼，每天保持一小时以上的疾走与慢跑，是保持一个年轻态的良好途径。

第三境界:凝练气度。气度是内在气质的外在表现。它形于外表,却发自内心,是从内在气质中自然渗透出来的。据记载:"魏武(指曹操)将见匈奴使,自以形陋,不足雄远国,使崔季珪代,帝自捉刀立床头。既毕,令间谍问曰:'魏王何如?'匈奴使答曰:'魏王雅望非常,然床头捉刀人,此乃英雄也。'"[①]人的气质各不相同,或高雅,或淳朴,或豪放,或文静,但只要是真正的内涵底蕴,就会表现出华丽的精神气质,正所谓"腹有诗书气自华","真力弥满,气象在旁"。

第四境界:展示个性。卡耐基曾经指出,要记住,在这个世界上只有你是独一无二的。真正完美的自我设计,不是片段的模仿,不是简单的修饰,而是一种对自我深刻认识基础上的衣着举止谈吐风度的高度和谐的修冶。王国维在谈论中国古诗时提出了著名的"境界说",这被运用到人生境界上来也是合适的。他指出:"言气质,言神韵,不如言境界。有境界,本也。气质神韵,末也。有境界而二者随之也。"(《人间词话》卷下,十二)每一种个性都可以臻于完美,从根本意义上来说,人完全没有必要去设计制造一个异己的自己,也并无绝对的需要去适应一种人造的标准。这种设计有时可以显得如同不加设计,服饰举止不再是附加物,而是属于一个人自我的内在的一部分。

2. 合适的角色扮演

所谓角色扮演,"是指人们按照其特定的地位和所处的情境而表现出来的行为"[②]。在现实生活中,各种社会角色,都被赋予一套符合该角色要求的行为方式,它是一种被社会规范了的行为。当然,生活中,

---

① 刘义庆. 世说新语[M]. 北京:中国社会科学出版社,2003:344.
② 全国 13 所高等院校《社会心理学》编写组. 社会心理学[M].3 版. 天津:南开大学出版社,2003:76.

处于一定社会地位上的个体通常不只是扮演一种角色,而要同时扮演好几个角色。众多角色集中在一个人身上,这种情况被称为角色丛。角色扮演者在角色扮演中出现心理上、行为上的不适应、不协调状态,这就是角色冲突。如果在一定条件下,一个人的所作所为不符合某一特殊角色所要求的行为方式,就会影响甚至破坏他在别人心目中的印象和形象。一个人为了扮演好一个角色,必须知道自己所充当的角色有一套什么样的行为模式。孔子说:"君君,臣臣,父父,子子",讲的就是这个意思。在交往中,对自己角色要进行认知,强化角色意识,使包括举止、谈吐等在内的角色行为都符合自己所任角色的规范,养成在人际交往中自觉地进行自我角色调适的习惯。

3. 适宜的自我呈现

自我表现,又称自我呈现,即个体借助自己的言语、表情、姿态表现或显露自己的内心世界。人们为了使自己给他人留下好印象,建立和发展良好的人际关系,往往采取各种方式恰当地呈现自己。在人际交往中,人们会有意识地表现自己好的方面,以符合他人期望的方式呈现自己,这叫"投好呈现"。在与他人的交往过程中,你必须展示你的专业素养,展示你的正直品质,表现对他人的关爱,展示你的学识。"通过展示你的专业素养、正直品质、对他人的关爱和学识——PICK(Professionalism,Integrity,Caring,Knowledge),你就可以攀登到他人关系金字塔的顶峰,他人就会看重与你的关系。"①当然,投好呈现方式也要适度,以免给他人留下卖弄炫耀、哗众取宠等不良印象。鲁迅尝谓:孔雀开屏自炫,而后窍也随之可见。其语甚谑,足以为镜。

---

①　[美]杰尔·厄卡卡夫,维利·伍德. 关系决定成败[M]. 鲁刚伟,译. 北京:中国社会科学出版社,2005:95.

　　在人际交往中,人们为了取得他人对自己的了解和信任,也往往需要采取恰当的自我表露的方式。自我表露,又称自我暴露,也是一种自我呈现的方式。它是指个体与他人交往时自愿在他人面前真实展现自己的行为,倾诉自己的想法,这种呈现方式称为真实呈现。这种呈现方式也要适度,因人而异。假如一个人总是不愿呈现自己真实的形象和想法,"胸有大志而口不言,喜怒哀乐不形于色",从不表露自己内心的真实世界,没有任何人了解你,就永远得不到真心朋友,也不能与他人建立亲密的人际关系。相反,如果一个人总是将自己的所有烦恼一股脑地倾倒给他人,也会使他人产生厌烦情绪,对他采取敬而远之的态度。因此,恰当的自我表露方式应与人关系亲疏而有所区别。对少数好的朋友相对多地表露自己,对一般关系的人则保持中等的自我表露,这样,不仅使别人感到你真诚而不虚伪,又使人感到与你交往的安全。

　　此外,为了加强印象管理,我们还必须注意人际印象形成过程中的心理效应,并设法利用这些心理效应为树立自己的良好形象服务。

　　总之,人际交往中的印象管理,不是一种虚伪的人际交往手段,不是通过包装自己去欺骗别人以达到自己的目的,而是适当地运用一些技巧与策略使人际交往更加顺利和成功地开展。它是一种人际文明行为,不应与不适当的欺骗手段混为一谈,有必要加以重视并适当地加以应用。

第四章　人际魅力

　　人人都有自己喜欢的人，并愿意与之交往，甚至不遗余力相助；人人也都有自己厌恶的人，不愿意与之交往，不但不会给予帮助，甚至还会为对方的失败而幸灾乐祸。这就涉及人际关系中的情感问题。人际情感是人际关系的核心所在，人际情感的好恶决定着人际关系的相敬相爱与相斥相离，决定着今后彼此相应的行为。由此可见，人际情感在处理人际关系上是何等的重要。

　　人际魅力，即人际吸引，是人际关系中的积极情感，它成了人际关系研究中的最关键的核心问题之一。因此就有必要研究人际吸引形成的心理机制、人际吸引的基本规律，以及如何利用这些规律性因素以增强人际交往，赢得友谊，获得爱情，开拓人际关系的瑰丽境界。

一、人际魅力的机理

(一)人际魅力的含义

　　人际吸引，在国外社会心理学中又被称为人际魅力，它是指人与人之间在交往中形成的在情感方面相互喜欢和亲和的心理现象。它是一种导致人与人之间心理相融的结合性情感，表现为人际心理距离的缩短,对人的好感,一个人对其他人所抱的积极态度。

人际吸引按照程度与性质不同可分为很多类型。根据程度的高低,人际吸引可分为亲近、喜悦、爱慕等。"喜欢"这个词在某种场合具有"尊敬"的含义,在有些场合也有"憧憬"的含义,在别的场合又有"爱慕"的含义。总之,人际吸引,即对人的好感(喜欢)程度是有所不同的。根据性质不同,人际吸引可分为友谊和爱情两种类型。友谊和爱情既有相同的特质,也有不同的特性,体现了人际吸引的两种典型状态。

(二)人际魅力形成的心理机制

我们究竟对什么样的人怀有好感? 在何种情景和条件下才对对方产生好感? 人与人之间是如何产生相互亲近的? 这就涉及人际吸引形成的心理机制问题,由于人际吸引在人际关系中所处的重要地位,因此,它一直受到社会心理学家的广泛重视。西方社会心理学家提出了种种理论,对人际吸引这种心理现象作了研究与解析,试图破解人际吸引之谜,主要有以下三种理论:

1. 认知平衡理论

这一理论主要由弗里茨·海德和西奥多·纽科姆(Theodor New-comf)等人提出,它的基本思想是:人们都倾向于选择一致性。这种一致性既包括人们的希望、性格,也包括人们的信仰、思想和情感。他们把人际认知结构区分为平衡的、不平衡的和无平衡的三种关系,并决定人际吸引力。例如:当一个人(P)对另一个人(O)有肯定评价,并且双方对某事或某人(X)的态度是一致的,就是认知平衡的关系,他们之间的吸引力会增强;当他们对 X 的意见不一致时,就是不平衡关系,这种关系引起不愉快,并影响他们的活动动机;当 P 和 O 互不喜爱时,会产生淡漠的感情,这就构成了无平衡的关系。当然人们在不一致时总会不断地引起冲突、紧张和焦虑,问题会向一致方面转化,直到获得某种一致为止。总之,每个人都有其自身独特的认知结构,当系统中各种认知因素出现平衡状态时,就会引起内心愉悦的肯定体验,而不平衡时,则引起不愉快的否定体验。因此,当人们对某一事物持有相同态度时,就会彼此喜欢和吸引。

2. 强化理论

受斯金纳心理学理论的影响,提出这个理论的最为著名的代表人物是美国社会心理学家伯恩(D. Byrne)和克洛拉(G. L. Clore)。他们从强化原则出发,认为人的行为是对外部环境刺激的一种反应,人和动物一样,都倾向于寻求酬赏而避免或减少惩罚。他们把社会刺激分为酬赏和惩罚两大类,酬赏性刺激使人产生积极愉快的体验,进而导致相互性吸引;而惩罚性刺激则使人产生消极不快的体验。任何和酬偿或惩罚相关联的中性刺激,也会使人产生喜欢或厌恶之情。因此,能从相互交往中得到酬赏是人际吸引的主要原因。

3. 相互作用理论

这种理论探讨人际的相互作用对人际吸引的影响,以莱文格(G. Levinger)和斯诺凯(T. D. Snoek)为代表。这实际上是一种互动的理论:当两个个体相处经常感到情感上的满足和安定,感到心情愉悦,并且乐意与对方交往时,他们就建立了良好的人际关系。这是一种互酬行为或者说报答行为:我注意听你讲话,你也重视我的意见;我有事找你商量,你有事找我帮忙;我尊重你,你尊重我……并且这种行为大多在对方没有准备的条件下表现出来,显得自然、贴切、毫不做作,因此富有说服力。但是,一旦交往双方中的任何一方对交往不满意,关系就会受到损害。

以上种种理论对人际吸引形成的原因或心理机制的解释各不相同，反映了这个问题的复杂性。但是，有一点是共同的，即人际吸引是在交往基础上双向互动的结果。在这种互动过程中，相互能否得到各种需要的满足和满足程度的大小，相互能否获得报偿和报偿程度的高低，相互能否从中共同获益和获益程度的多少，均会在人们交往中的相悦量标上反映出来，从而形成人际魅力的大小。

二、人际魅力的规律

所谓人际吸引的规律，主要是指有哪些因素影响到了人际吸引，它们为什么会影响人际吸引，以及如何影响人际吸引等问题。研究导致人际吸引的规律性东西，是我们加以利用，以增强发展人际关系的重要手段。影响人际吸引的条件与情景是错综复杂、多种多样的，许多心理学家对此从不同层次、侧面进行了研究，取得了很多研究成果。总体来说，影响人际吸引的因素主要有四类：一是情境因素，如时空条件、环境气氛；二是个体特质因素，如外貌、才能、个性品质；三是人际互动因素，如类似、互补、酬偿；四是异性因素。因此，人际吸引的形式大致也可分为情境性吸引、诱发性吸引、互动性吸引与异性吸引四种，反映了人际魅力的基本规律。

（一）情境性吸引

人与人的交往是在一定的时空条件下进行的，这种特定的情境因素能激发人际吸引，其影响力不容忽视。迄今为止，在这方面的研究多集中于空间上的邻近对人际吸引的影响，这显然是不够的，它应包括时间条件、空间距离、环境氛围、共同处境等方面综合性的内容。

1. 时间条件

这不仅关乎人际交往的频率，而且主要涉及交往时机的妙用。选择恰当的时机适时开展人际交往，能够产生"边际效应"，加强人际吸引，达到事半功倍的效果。例如在他人遭受困难或灾难时，及时伸出援助之手，可起到雪中送炭的作用；在他人遇到喜事或取得成就之机，适时加以祝贺，可达到锦上添花的作用。每个人在心情好的时候对他人的悦纳性就强，反之则排斥性就强。因此，为加强人际吸引，应注意与人交往的重要时机的把握。与人交往的时机选择应遵循"同患难，共欢乐"的原则。

2. 空间距离

空间邻近因素对人际吸引的作用已为人广知。"近水楼台先得月，向阳草木早逢春。"我们都喜欢邻近的人，即便是居住在同一公寓或住宅区，最初也是对住在附近的人比住得较远的人亲近。教室的座位之类也是如此，在入学初，一般是先与座位最近的人成为最好的朋友。曾有一支流行歌曲《同桌的你》，就反映了空间接近性带来的熟悉与亲近。社会生活中有一种普遍的现象，即人们最容易也是最多交往的对象，往往来自自己身边的同学、同事和邻里。美国心理学家费斯廷格（L. F. Festinger）等人在1950年曾调查了两个由门幢独立二层楼组成的居民区的友谊状况。调查方式是问住户："在该区域的社交活动中，你最亲近的是哪三个人？"结果41%的人选择了隔壁的邻居，22%的人选择隔一个门的邻居，只有10%的人选择同一幢一层最远的邻居，而选择不同楼层或选择不同楼的人微乎其微。邻近因素不仅对建立人际关系是重要的，而且对维持和发展关系也是重要的。朋友关系的建立、维系和发展，受到这种空间距离影响较大，人们总是随着自己生活空间的变化不断地在他们邻近的人当中选择、结交新的朋友。

　　邻近之所以容易导致人际吸引,首先是因为邻近为人们提供了频繁接触的频率。通过这种频繁接触,人们从中找到了自己的朋友甚至是伴侣。交往本身可以增强吸引,因为它可以满足人们的一些基本心理需求,如联系感、归属感和求知欲。当人们还没有相互吸引时,也可能因经常在一起而相互了解和喜欢,一旦人们在日复一日的基础上共处,他们可能发现相互之间成了朋友,甚至形成了一种罗曼蒂克的关系。其次,与邻近的人进行交往、发展关系,可以满足自己多方面的愿望与需要,如社交的需要、感情的寄托、信息的获得、生活的关照等,西方心理学家对此最简单的解释是,离得近的人比离得远的更有用。"远亲不如近邻,近邻不如对门","远水救不了近火",就是它的典型写照。按照社会交换理论,人们在互动中都有一种有意识无意识地以最小代价换取最大报酬的愿望,与邻近的人交往较之远方的人们付出较小的努力就能达到较好的目的。其三,与邻近的人建立和发展关系,也出于一种心理安全的需要。每个人都有一种求得周边环境安全及社会空间安定的心理需求。如果与周边的人处于一种紧张的关系环境中,人们就会有一种极度不安全的心理感觉。与邻近的人建立良好的关系有助于这种安全感的获得。此外,心理学研究还表明,邻近性吸引部分的原因可能是由于熟悉,熟识本身可以增进喜欢,即便是简单的互动也会提高相互间的好感。

　　当然,邻近因素只是增进人际吸引、建立良好关系的因素之一,并不必然导致良好的关系,它对人际吸引的作用是有条件的,必须同时具有能满足他人需要、对对象没有负面印象这些条件,否则也就不具有这种吸引性。"鸡犬之声相闻,而老死不相往来",就是这种现象的典型写照。此外,也不能夸大邻近因素的作用,这种吸引因素在人际交往初期发生较为重要的作用,随着时间的推移和交往的增多,对社会的态度和观点一致的人更容易成为朋友,邻近因素的吸引作用会越来越变得不重要。

3. 环境氛围

良好的环境能够增进人际吸引,这是因为环境气氛对人际吸引的增强具有烘托作用。如优美的自然环境和人文环境可以强化交往双方的积极情感,增进人际吸引,这是与人的审美需要联系在一起的。"良辰美景奈何天,赏心乐事谁家院。"人们都有着寻求心境与环境统一的心理,美好的心境要求有美好的环境,美好的环境可以改变人们不好的心境。置身于"花影不离身左右,鸟声只在耳东西"的赏心悦目的自然环境中,交往双方愉悦的审美感受会部分地移情于交往对象,从而更加增添彼此的魅力。因此,恋人们在幽会时总能发现一些优美而隐蔽的场所。无论是涉足山野,还是漫步公园,总有情侣们坐在你平素无以想象的地方。他们之所以找得着,是因为恋爱赋予他们特殊的感觉。不仅恋爱发现了美,美也给恋爱增添了浪漫色彩。

据报道,在意大利的阿格里真托市,感情出现危机、濒临离婚的夫妇,在分道扬镳之前还有最后一个和解的机会:阿格里真托市的一家五星级饭店可安排他们度假三日,免费提供食宿,以便他们重温旧梦、和好如初。这家饭店的老板塞洛尼认为,夫妻双双漫步在该市鸟语花香的林荫道可以缓和他们之间的紧张气氛,使他们冷静地考虑未来,他希望风光秀丽的阿格里真托市能成为"爱情之都"。塞洛尼将免费度假的请柬寄给民事法院,要求法院把请柬发给递交离婚诉状的夫妇[1]。这真是一个美轮美奂的绝妙公关创意,它的高明之处正在于深刻领会到美好的环境对增进人际吸引的积极作用这一因素。

---

[1]　参考消息[N].1990-09-30.

4. 面临共同挑战

人类总是处于不断遭受挑战的环境中,这种挑战有来自外部的,也有来自内部的;有自然的,也有人为的。人们为了对付危害,求得自身生存、发展的需要而感到了他人对自己的意义,产生了对他人的需要。当人们面临着共同的威胁和挑战,相互间就会加强合作,产生互助的意愿、亲合的倾向。心理学家沙赫特做过这样一个实验:实验者先向两组被试分别描述电击的作用。对一组说,电击是痛苦的,有伤害的,以此唤起高度恐惧,而对另一组则说,电击并不危险,根本不会伤人,以减少被试者的恐惧感。然后实验者向被试人说,实验因故要推迟 10 分钟,希望他们等待。等待的房间有两种,一种是单人呆的,一种是可与其他被试一起呆的,让被试者自由选择。结果表明,高度恐惧的人比低度恐惧的人更要求合群。在现实生活中,也往往存在这种现象。如原本有矛盾的敌对的双方,因共同遭受到来自第三者的强大的威胁与挑战,双方会捐弃前嫌,化敌为友,合作一致以对付危机。但一旦第三者的威胁消除后,双方关系又有可能会发生对立。唐山大地震之后,灾难时的人际关系就产生过这样的变化,那时的人际关系是那样的纯真、紧密、简单、透明,人们完全不分彼此,有饭同吃,有衣同穿,有床同睡……陌生人之间亲如一家,不是亲人胜似亲人。"同是天涯沦落人,相逢何必曾相识。"有人赞叹这是人类的返璞归真。但一旦危机解除,人际关系又开始了必然的、却又令人惋惜的分化。

(二)诱发性吸引

诱发性吸引是指个体特质因素对人际吸引的影响,它主要包括个体的外表、才能、学识、性格品质等因素,就像十字街头的霓虹灯,向人们放射红绿的光,吸引着人们的视线。

1. 外表

通常我们被他人吸引首先是因为他们的外表。在人际交往中,彼此通过视觉首先注意到的是对方的外表,包括体魄、服饰、仪表等身体特征,因此,外表成为了诱发人际吸引的首要因素。仪表堂堂和具有身体魅力的人能给人好感,这种现象特别在陌生人与异性之间相见时更为明显,尤其是在初恋时,彼此往往为对方的身体魅力而倾倒。

美国心理学家沃尔特和阿伦森(1966 年)等人针对这种身体魅力对人的吸引因素进行了一系列实验:通过举办各种类型的晚会给人们创造会面的机会,或者让人们看照片,然后询问他们愿意与什么人约会。结果表明,实验者事先评定的身体魅力值,与对方提出再次会见(在某种意义上说这是好感的标志)的数值成正比,尤其还得出了这样的结论:女子的魅力对男子来说,首要因素是身体的魅力。同时还得出这样的实验结果,即具有身体魅力的女性,当笑容满面时,其魅力确实迷人;可是在冷若冰霜时,其身体魅力却适得其反,令人产生的强烈恶感远远超过一般人。

社会心理学家们研究还发现,"执法如山"铁面无私的法官在法庭上给犯人量刑时也难免受到外貌这种吸引因素的晕轮效应的影响。赛格尔和奥斯特夫(Osttoref)曾经安排被试做法官,并给他们几份案犯材料,附有罪犯的照片。这些照片有的漂亮,有的不漂亮。经过审理之后进行最后判决,结果发现,对同等罪行的盗窃犯,外貌漂亮的平均判刑 2.6 年,不漂亮的被判 5.2 年。不过对诈骗犯判刑的情况却并不如此,有相反的情况,似乎法官们认为,越漂亮的诈骗越危险,越应受重判。

为什么漂亮的人会产生对人的吸引力?伯侠德(Berscheld. E)和沃尔斯特等心理学家列举出如下四点理由:①我们从各方面学到,漂亮的人才值得爱。在电影或是电视中,被爱的总是漂亮的人。因此,美貌就起了爱的反应线索的作用。②同漂亮的人在一起,在别人面前就显得荣耀和光彩。有时候只因有漂亮的女朋友,其人就受到有好感的判断。③我们有个老框框,就是认为漂亮的人还有其他方面的好属性。④漂亮的人看着就舒服,使人沉湎于美的满足之中。这是一个复杂的美学、心理学乃至社会学现象。从美学上讲,马克思讲"人也是按照美的规律来塑造物体"。爱美之心,人皆有之。爱美是人的本质力量的一种表现,人类具有追求美、创造美、享受美的共同心理。马斯洛在1954年提出的人的需要层次中,第六层次就是"审美的需要"。在人际交往中,美貌能给人一种轻松愉悦的感觉,这是一种酬赏。纪伯伦指出:"我们活着为的是去发现美。"从心理学上来说,美貌在人际认知中还具有"首因效应"和"晕轮效应"。第一印象获取的信息大部分来自外表,美貌在第一印象形成中的影响是深远而且持久的。人们往往还会非常自然地把一些好的品质附加到漂亮的人的身上,这实际上是晕轮效应的作用。此外,在很多情况下,身体上的吸引很可能发生在异性间的吸引,身体上的魅力对青年男女来说更为重要。一个英俊而强大的男性与一个美丽而善良的女性的完美结合,是人类追求的一个永恒之梦。

外表吸引在人际交往中具有重要作用,有时甚至会产生神奇的魔力。古往今来,确实有不少人并没有什么特殊才能,仅凭了漂亮的外貌轻而易举地办成了别人难办到的事情。我们仔细观察周围人群,就会发现这样的人,特别是在社交场合更是如此。身体魅力是人际交往中的重要武器。美丽也是一种资源,应倍加珍惜。当然,我们也不应无限夸大外表因素对人际吸引的作用,一方面是因为美貌易逝,并不可能青春常驻的,另一方面,对阅历较深的成年人来说,身体上的吸引是表面的东西,当了解某人的内心后,它通常会变得并不重要。没有丰富内涵的外表美也是缺乏吸引力的,它很少会成为建立长期关系的基础。

2. 才能

毫无疑问,人们的外貌和仪表能够对人际交往和人际关系的发展起到一定的促进作用,但才华和能力对人际吸引更具魅力。"有实力才有魅力。"在日常生活中,我们深深体验到,经过一段时间的交往后,那些相貌一般但智力超群、成就非凡的人要比那些仪表出众而能力平庸的人更具有吸引力。在大多数能力较强、成就较大的人周围总是环绕着一些倾心的朋友和追随者。在其他条件相同的情况下,比较聪明的人容易受到人们的喜欢。一个人越有能力,人们就越喜欢他。对此可能的解释是:人们与聪明能干的人交往,能从中学到很多东西,在某些问题上得到帮助;人们与有才能的人在一起,可以降低犯错误的机率,从而觉得安心;崇尚智慧与才能是人的天性,这是一种普遍的、必然的心理事实。事实上,每个人的发展都以别人的发展为前提,而且人们内心深处都存在着一种"英雄崇拜"、"偶像崇拜"情结,青少年更是如此。英雄本身有一种魅力、吸引力,不崇拜他几乎是不可能的事。张良初见刘邦时就说:"此天授,非人力也。"在这里,英雄有点像美人,崇拜颇近乎爱慕。

但是,能力因素对于人际吸引的影响是复杂的。是否能力越强,其人就越具有吸引力呢? 日常生活中,也经常可以看到"木秀于林,风必摧之;行高于众,人必非之"这种现象,这是因为能力大小与他人的利益影响有关。一般说来,当对他人利益威胁、影响越小时,能力越强魅力越大;若对他人利益产生影响、威胁时,则往往会招致他人的嫉妒、排斥和打击。此外,社会心理学研究表明:一个极其聪明能干的人,会使他人产生卑下感,使他人只能仰攀,不能平视,容易导致内心的不平衡,这就关乎一个人的自尊,从而会对他敬而远之,降低吸引力。还有一种情况是,一个能力很强的人,如果偶尔犯些小错误,倒反而会增强吸引力。年轻人犯些错误,上帝都会原谅的。阿伦森把这一发现称为"犯错误效应"。当然对这种"犯错误效应"所产生的吸引也因人而异。阿伦森等人的研究还进一步表明:有中等程度自尊的男性更喜欢犯了错误的能力非凡的人;自尊低的男性更喜欢那些没有错误的能力非凡的人;妇女往往喜爱无错误的、能力非凡的人,而不论性别。

以上研究结论对我们在人际交往中有这样的启示:

(1)要在人际交往中增加自己的对人魅力,首先要注意提高和增强自己的才能与学识。一个人不要愁自己没有魅力,尤其对异性没有吸引力,解决问题的方法是增强学识,发挥才干,这样就会水到渠成。即所谓桃李不言,下自成蹊也。

(2)作为一个有才华的人士,尤其是著名人士,不要使自己处处表现出一个完人、圣人的样子。有时在交往中略露瑕疵,坦诚表现出对其他领域的知识局限,这往往使人倍感真实、坦诚、可爱,从而增加魅力,否则就会"悬在半空,成了神仙"。

(3)因自己的才能对他人的利益前途构成了威胁,可能树大招风,遭人嫉妒。如果这样,有才干的人千万要注意策略,不要锋芒毕露,更不可自命不凡、自高自大。应做到"貌似单纯,实则贤明"。学点薛宝钗的处世风格:罕言寡语,人谓藏愚;安分随时,自云守拙。如果你看似单纯,善于守拙,别人便往往低估你的能力,他们不会存有太大的戒备防患之心,因之让你拥有许多充裕的发展自己的机会和条件。但倘若以才华横溢、足智多谋出名,别人会为之防患于未然。有些人才能出众,直步青云,但却因自私、自傲而终于吃了大亏,他们不受同事景仰和敬爱,所以一有机会便被整垮,其得意之日却往往已近黄昏。

3. 语言

在人际吸引中,语言魅力占了很重要的分量。语言不仅是一个人表达能力的问题,更是综合素质的体现。在人际交往中,一个人的语言所体现出来的才情、学识、意境、胸怀、理想、气魄等等散发着十分迷人的诱惑力,如"听君一席话,胜读十年书","何当共剪西窗烛,共话巴山夜雨时"。如果人际话语投机,就会相见恨晚,成为莫逆之交。正如《红楼梦》结语中所描写的:"乐得与二三同志,酒馀饭饱,雨夕灯窗之下,同消寂寥。"如果一个人在交往中,语言乏味,唯唯诺诺,缺乏机变,乏善可陈,即使他满腹经纶,其对人魅力也会大打折扣。有这么一则案例,一个人对他人的话,总是回答说:"是的,是的。"他人对他很不耐烦,说"你怎么老是说'是的,是的'。"那人笑着回答说:"是的,是的。"令人哭笑不得。

4. 性格品质

这主要指性格与人品中的特质,它对人际吸引具有无与伦比的吸引力,而且这种吸引力比外表、才能更持久、深刻、稳定。尽管一个人具有令人倾心的外表,或倾倒他人的才华,但如果内在品质冷酷无情、贪婪成性、邪恶自私,那么他仍然不能获得良好的人际关系,甚至会适得其反。如果一个人品行端庄,待人真诚,乐于助人,就会使人产生钦佩感、敬爱感和亲切感。

安德森(1968年)对哪类品质的人受人喜欢、哪类品质的人令人讨厌的问题进行过研究。他向100名大学生展示555个表示性格品质的词汇组成一览表,询问他们对各类性格品质的喜欢或厌恶的程度,并让他们按0～6的评分等级作出评价,结果排出顺序,其中最佳与最劣的品质顺序如表4-1所示。

表 4 - 1 最佳与最劣的品质顺序

令人喜欢的性格品质		令人不喜欢的性格品质	
1. 诚实	6. 可信	1. 说谎	6. 不可信赖
2. 正直	7. 聪明	2. 虚伪	7. 不愉快
3. 通情达理	8. 可靠	3. 庸俗	8. 心术不正
4. 忠实	9. 开朗	4. 暴戾	9. 自卑
5. 耿直	10. 深思熟虑	5. 不老实	10. 欺骗

其中评价最高的是真诚，评价最低的是虚伪。

帕里等人曾就友谊问题访问了 1000 多人，结果表明：吸引朋友的良好品质有信任、忠诚、热情、支持、帮助、幽默感、宽容等 11 种品质，其中忠诚是友谊的灵魂和核心。

社会上对男女性别上的性格品质要求也有不同的期望，如男子吸引人的品质是勇敢、坚韧、有创造力、不屈不挠、襟怀宽广、不拘小节、理智、正直、忠诚、有思想、思维灵活、事业心强、有责任感等，而女子吸引人的性格品质是温柔、体贴、善良、有同情心、善解人意、为人随和、值得信赖、活泼开朗。其实，这并不是绝对的，如果男子同时还具有一些女性化的细腻，女子同时还具备男性化的勇毅，也许会更加完美。正如安妮宝贝在《素年锦时》一书中指出："女子若有些男子的品格，便会有一种结结实实的美。"

人们的性格品质因素各有优缺点，缺点可以更正，优点可以相师，使自己日臻完善。鲁迅在《北人与南人》一文中说："相书上有一条说，北人南相，南人北相者贵。我看这并不是妄语。北人南相者，是厚重又机灵，南人北相者，不消说是机灵而又能厚重，昔人之所谓'贵'，不过是当时的成功,在现在,那就是做成有益的事业了。"①

外表、才能、性格品质等构成了对人吸引的个体特质因素。但是,造物主造化万物往往是一门遗憾的艺术。现实的人三者往往难以平衡地结合在一起。如果一个人拥有其中一大因素,就具备对人的诱发魅力,如果具备两者,其对人魅力会大增,如果三者同时兼有,其对人魅力就无法抵挡。如一个女子同时具有美丽、聪慧、善良三大要素,其迷人的魅力几乎无法抗拒。

此外,个人拥有的社会资源,诸如专业、学历、文化水平、地位、职称、职务、名望、人际关系等也对提升人际魅力有极大的意义。有时候,个体本身并不重要,而是因为他所处的地位重要;名人不一定具有他人需要的专业特长,但它的知名度及其拥有的社会关系网络却对他人具有十分重要的价值。因此,如何提高自己的社会地位、丰富自己的社会资源,也是强化人际吸引所要重视的问题。

(三)互动性吸引

上述情景吸引和个体特质吸引,只构成了人际交往的背景。事实上,人际吸引并不等同于一厢情愿的对人魅力(社会心理学的论著中往往把人际吸引等同于对人魅力,其实这是不很恰当的),而是双方"在这交会时互放的光亮"(徐志摩诗)。在人际互动过程中没有这种正面的双向互动,人际吸引就不可能真正实现。这正如鲁迅所说的贾府中的焦大是不会爱上林妹妹的,拣煤渣的老太太也不会理解富人的痛苦一样。因此,我们在研究人际吸引过程中,应把焦点集中于人际互动性因素的分析之上。人际互动性吸引因素主要有:

---

① 鲁迅杂文全集[M]. 郑州:河南人民出版社,1994:656.

1. 对等

对等性吸引是指人们都喜欢同样喜欢自己的人,对高度评价自己的人具有好感。自己一旦受到某人的赏识,得到良好的评价,就会对此人产生好感,并由于受到由衷的好评而使自己身心愉快,自尊心得到满足。

根据强化理论,每个人是喜欢带来报偿而讨厌带来损害的人。因此,他人的行为如果成为一种报偿的话,就会受到喜欢,如果成为一种损害的话就会感到讨厌。值得注意的是,对于很多人来说,受他人喜欢本身就是一种报偿,受他人讨厌本身就是一种损害,而这种精神上、心理的报偿与损害远比其他方面所受的报偿和损害来得深切。根据认知平衡理论,受某人喜欢和喜欢某人的相互认知达到谐和,就会产生人际的强烈吸引。因此,人们对于来自他人的评价不能不关心,赞赏和非难这种社会性赏罚是足以左右大多数人的行为的强大力量。"敬人者,人恒敬之;爱人者,人恒爱之",这是一条交往铁律。"爱人如己",自古以来它就作为讨人喜欢的处世哲学而传颂至今。歌德则以诗的形式热烈地赞颂道:"呵,被人爱,多么幸福! 天呵,有所爱,多么幸福!"

心理学家通过实验还发现,人们最喜欢那些对自己喜欢显得不断增加的人,最讨厌那些对自己的喜爱不断减少的人。阿伦森和林德曾做过一个实验,他们让真正的被试与假装被试的助手交往,每一次交往后,"被试"会偶然听到实验者与假装被试的实验助手关于他的谈话,最后考察被试对实验助手的喜爱程度。实验条件含四种情况:

(1)由最初赞扬逐渐变为贬低的情况(＋ ＋ → － －)。

(2)自始至尾都是贬低的情况(－ － → － －)。

(3)自始至终者都是赞扬的情况(＋ ＋ → ＋ ＋)。

(4)由最初贬低逐渐变为赞扬的情况(－ － → ＋ ＋)。

结果如图 4 - 1 所示。

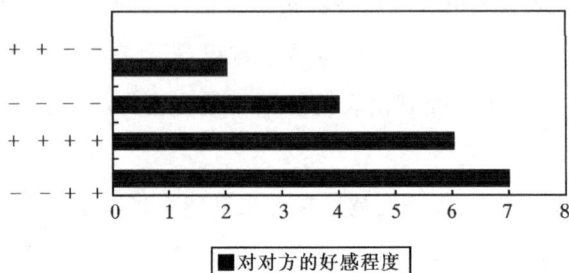

图 4 - 1　人际吸引,对对方好感程度实验图示

　　与始终对自己抱有肯定性评价的人相比,人们更喜欢那些开始对自己持否定性态度,随着交往时间的持续转变为肯定性评价的人;与始终对自己持否定态度的人相比,人们更讨厌那些开始对自己持肯定性态度,逐渐变为持否定性态度的人。

　　一般来说,人们都喜欢同样喜欢自己的人,但是,由他人的喜欢而激发的喜欢他人的程度却因人而异,这主要受到各人自我意识中的自尊心、自信心的影响。自信度很高的人因为自己对大量的尊重需要已经得到满足,因而已不大注重他人的赞扬,常常对他人的赞扬和非难满不在乎,"不以物喜,不以己悲",宠辱不惊,而真正需要的则是中肯、贴切的评价与建议。自尊心与自信心低下的人,则会呈现出对他人喜欢与厌恶的强烈反应,因为他们无法从自己那里获得尊重需要的满足,便非常需要他人报以尊重,同时也会因为这种心理满足与否而产生对他人十分强烈的喜欢或厌恶。对这些人的交往需要格外谨慎,往往一个细微的眼神与言语细节都会触犯他们敏感的神经,引发激烈的反应。

　　对等性吸引对人际交往具有重要启示:人际相悦是相互间的接纳与肯定。对他人表达赞美、表现出喜欢确是增进人际吸引的有效途径。

具体地说：

(1)你想要被别人喜欢，那么你应该首先喜欢别人，对他人给予肯定、接纳。

(2)献出你慷慨的赞美，是赢得友谊的良策。当然，尽管人们喜欢听到赞美，但却不喜欢虚假的赞美，如果人们怀疑赞美者的动机，就可能产生厌恶。相比较而言，用行为表现出对他人的喜欢和尊崇，要比口头赞美更容易产生人际吸引。廉价的恭维、赞誉并不能引起别人的好感；充分的了解，发自内心地、诚挚地表达自己对他人的喜爱之情，才能获得真正的友谊。人们都倍加喜欢背后赞扬自己的人，而倍加讨厌背后批评自己的人。背后赞美法往往会取得事半功倍的效用。

(3)责怪、谴责和抱怨等否定性评价，使人疏远，应尽量避免。在人际交往中，绝不飞短流长，背后说三道四，这是最伤人的。英国著名的政治家和史学家阿瑟・海尔波斯曾经说过："假如你想成为招人喜欢的伴侣，你就应当避免对别人过多指责。"卡耐基也指出："我们用批评的方式，并不能够使别人产生彻底的改变，反而常常会引起愤恨。"①

(4)当他人得到众口交誉时，多一个"锦上添花"未必能使他感到愉悦，而作为一个明智者此时提一个中肯的忠告，则是更为真诚的友谊。

(5)当他人处在逆境中，缺乏信心之时，对他表示同情、支持、肯定，就犹如雪中送炭，比送什么都珍贵，从而会赢得他人的感激。

2. 互酬

"有时我们被人吸引是因为我们认为能从与他们的联系中获得某些东西"②。利益是人们相互交往背后的普遍动机，一种交往关系的稳

---

① 胡旋. 卡耐基成功之道全书[M]. 沈阳:沈阳出版社,2001:52.
② [美]桑德拉・黑贝尔斯,里查德・威沃尔. 有效沟通[M]. 李业昆,译. 北京:华夏出版社,2002:121.

定,取决于交往双方满意的程度,人际交往的准则是"互惠主义"。根据这个准则,一个人与另一个人的交往都包含着回报的期待,这种回报可能是即时的,也可能是日后的;既可能是物质的,也可能是精神的。如果交往双方能够彼此获得收益、酬偿,就能相互吸引。这种收益和酬偿包括知识的、生理的、心理的、物质的和社会的需要满足,诸如在物质上的"礼尚往来",利益上的"欲取先予",道义上的"知恩必报",知识上的"听君一席话,胜读十年书"……在人际交往中,要增强人际魅力,须使双方都有所收获,否则,关系就难以维持。

松下幸之助曾说过生意场上的交往理念:卖方要做买方的掌柜。说有个安田善次郎先生,年少时曾到某钱铺当学徒。学徒期满,就到日本桥附近开了一家商店,专卖柴鱼。他的做法实在太可爱了:从堆积如山的柴鱼当中,拼命挑选光泽好的鱼给客人。看到这种情形的客人,不可能不满意的。那家鱼店的生意也因此十分兴隆。松下深受启发,说当他生产货物推向市场时,如果也能变成买方的掌柜,他认为这个商店、公司必定会大大发展和繁荣。

人际的相互吸引除能带来物质上的互惠互利外,其更深层的原因在于社会交换中带来的心理价值、情感体验。在物质日益充裕的社会,非物质的交换带来的价值满足对人际交往具有更重要的地位。正如《诗经》中描写的:

　　投我以木瓜,报之以琼琚。匪报也,永以为好也。

　　投我以木桃,报之以琼瑶。匪报也,永以为好也。

　　投我以木李,报之以琼玖。匪报也,永以为好也。

社会交换理论认为,人际交往实质是个体间在物质上和精神上的相互交流,这本质上与社会交换一样。霍曼斯认为人与人交往也是平衡的,是按照公平原则来实现的,即在人际交往中,要对交往的代价与酬赏、付出与所得的具体分配比例作出判断。社会交往从本质来说应该是公平的,没有人愿意长久地承受不公平社会交换中不公平的现象。但是,要想拥有好人缘,要增强自己对他人的吸引力和魅力,必须在同他人交往时,尽力使自己的付出大于收益,使自己的言行给他人带来尽可能多的好处与愉悦。这绝不是道德上的说教,而是成功的人际交往的秘诀与特性之一。"撒下一粒种子,大地会给你一朵花。"(纪伯伦诗)我们有时候在帮助他人,并不指望有所回报,这种付出是无代价的,而事实上是有代价的,因为受你帮助过的人将会以各种方式回报你,即所谓"滴水之恩,涌泉相报"。即便没有得到应有的回报,你也可从帮助他人中获得愉悦和满足,因为给予本身就是一件令人愉悦的乐事。从功利主义角度看,道德是一种最巧妙的自私自利。康德也认为美即是道德。

3. 类似

人们喜欢那些与自己相似的人。"物以类聚,人以群分","同声相应,同气相求"。人们彼此相似性(又称一致性)越大,彼此的吸引力也越大。在中国共产党的历史上,毛泽东与陈毅的关系就十分典型。中华人民共和国成立后,毛泽东很注意不同某一个或几个重要的党政负责人发展超出同志和战友关系的私人情谊,"除工作关系,基本无来往",但唯有陈毅是个例外。在党内能与毛泽东建立起深厚私交情谊的也唯有陈老总了。为什么呢?因为陈毅生性豪放,嗓门粗大,带有诗人般特有的冲动和热烈气质,说到高兴处,手舞足蹈,并且伴随着激情洋溢的哈哈大笑,特别随便。只要陈毅一来,毛泽东的屋子便热闹起来。而且,陈毅在毛泽东面前也放得开,这种放得开,不正是本色对本色的相互沟通吗?

　　心理学研究的很多实验也证明了相似因素对人际吸引的影响和作用。社会心理学家纽利姆以大学生为对象进行了一项实验:他先对大学生们进行了一系列调查,然后根据测验结果,将一部分特征相似的大学生安排在一起,而将另一部分特征相异的学生安排在一起居住。一段时间后发现,特征相似的学生大多能够彼此接受和喜欢,进而成为好友。而特征相异的学生尽管朝夕相处,但仍然很难相互喜欢并建立友谊。拜恩和埃温(C. R. Errin)等(1970年)按相同的和不相同的态度把学生搭配起来,然后让他们出去进行一次半小时的约会,考察约会后相互喜欢程度。结果表明,相似性的确和喜欢有联系。大量研究都证实,价值体系、对象身份、社会背景和文化程度等的相似性均能影响到个人对他人的选择,对人与人之间的吸引具有特殊的意义。

　　相似性吸引的因素包括很多方面,大致说来,可分为以下几类:

　　(1)信念与态度相同。信念与态度的一致性是最主要的相似性吸引因素。"英雄所见略同",相见恨晚之感便会油然而生。"一旦意见和态度一致,彼此就会进一步产生好感。而且,在自己视为重要的问题上观点一致,对对方的好感将会因此更加强烈……相反,一旦龃龉,彼此并不仅以观点不一而告终,还意味着相互在情感上可能出现隔阂。"①对此,费斯廷格的社会比较理论解释说,人人都有自我评价的倾向,他人的认同,是支持自己评价的有力依据,具有很高的酬赏和强化力量,因而产生很强的吸引力。因为人们总喜欢给予自己酬赏的人,尽量与自己观念、态度一致或相似,就等于支持了自己的评价,所以就能迸发出彼此的吸引力来。

　　(2)志趣、爱好的相同。共同的兴趣、爱好是架起人际关系的一座

---

　　①　[日]齐藤勇.人际关系心理学[M].弓海旺,等,译.北京:中国和平出版社,1987:88-89.

桥梁。人与人之间讲求"志同道合"，道不同，便不相与谋。

（3）背景、经历的相似。包括职业、地位、年龄、性别、籍贯、民族、专业、处境接近的人，容易找到共同语言，相互认同，缩短相互之间的心理距离。同龄人容易产生相互吸引，是因为他们在思想情感、行为方式、兴趣爱好等方面具有相同或相似的特点，容易产生相互之间的积极评价，相反，不同年龄的人由于在生活经历、所受教育、时代条件等方面存在着很大不同，表现在价值观念、思维方式、兴趣爱好等诸多方面存在隔阂，较难沟通和相互理解、相互认同，往往容易产生心理上的紧张关系，造成"代沟"现象。地域相同也容易产生相互吸引，如"老乡见老乡，两眼泪汪汪"，相同的区域、相同的习惯、相同的语言，总之相同的生活背景，自然会产生一种亲切的感觉，背井离乡的人纠缠在睡里梦里的负累莫过于"乡愁"，他乡遇故知，自有一番滋味在心头。"同样的感受给了我们同样的渴望，同样的欢乐给了我们同一首歌"，表达的就是这层意思。相近的社会职业、地位也使人容易相互理解，产生亲近，"门当户对"就是对这种情形的描述。

此外，有不少人认为，性格方面的相似也是导致人际吸引的因素。

至于相似性（或一致性）何以会导致人际吸引？研究者们对此的解释意见不一。总起来看，有两个方面的原因：一是从认知理论上来看，相似性因素使人们容易相互理解，有共同语言，人同此心，心同此理，容易产生一致的看法。类似也能被作为一个同一体而被感知，达到认知上的平衡，从而产生亲近。二是以强化理论出发进行解释：人人都有自我评价的倾向，而他人的认同，尤其是观念、态度上的认同，是支持自己评价的有力依据，特别是在关键的时刻，具有很高的酬赏和强化力量，因而产生很强的吸引力。

相似性吸引对我们人际交往有重要启示，主要是：

(1)寻求同类意识。在人际互动中努力寻求双方相似点,以期产生情感共鸣。接触过美国总统罗斯福的人,都会对他的渊博而惊讶。因为无论是将军、士兵、商人、政客,还是外国的外交官,他都知道与他谈些什么。他知道有人要来访,总是在提前一些时间去翻阅那个人的资料,对他的经历、嗜好、感兴趣的问题进行一番研究。这样谈起来,很快会被对方悦纳。

(2)使用同意策略。卡耐基指出:"跟别人交谈的时候,不要以讨论异见作为开始,要以强调——而且不断强调——双方所同意的事作为开始。"[①]这的确是一种非常简单的却又十分重要的技巧,但它往往被许多人忽略了。当然,使用同意的策略,并不是无原则的唯唯诺诺,更不是虚伪的阿谀奉承,它只是实现共同目的的方法而已。懂得和掌握这种交往的方法与技巧,就必须十分注意尽量避免引起无谓的争辩,一旦"不"字一出口,就等于把大门关上了,双方就会产生一种心理紧张关系。

(3)"心理换位"。即站在他人的立场上考虑问题,将心比心。很多事情,站在自己的立场上来说,往往难以理解,但如果站在对方的立场上来看,就容易理解。因此,要学会"心理换位",尽可能地理解对方,谅解对方,设身处地地替对方着想,在人际互动中寻求相同和相似点,有效地促进人际关系的改善。

4. 互补

互补性吸引是指交往双方在需求利益、能力特长、性格气质、思想观念等方面相辅相成而形成的人际吸引。在人际交往中,一方面我们

---

① [美]戴尔·卡耐基. 美好的人生·快乐的人生[M]. 肖云闲,冯明,编译. 北京:中国文联出版公司,1987:44.

经常能看到"人以群分"、"惺惺相惜"的现象,另一方面也常常能发现"刚柔相济"、"相得益彰"的情形。例如外倾型性格的人往往和内倾型性格的人形成友谊关系;有支配性格的人易和被动型的人相处;活泼健谈的人则喜欢与文静寡言的人结成亲密伙伴,诸如此类,不胜枚举。它说明,互补因素是促成人际吸引的重要动力之一。

在世界上共同执掌最高权力的人们中间,恐怕很少有像毛泽东和周恩来两人那样在性情上如此截然不同。他们的年龄只相差五岁,属于同一代人,但是不同的生活环境使他们养成了不同的性格气质。毛泽东为人果断、有魄力,周恩来处事慎重、为人谦让。毛泽东质朴而直率,周恩来文雅而机敏。毛泽东幽默风趣,常用讲笑话的方式说明问题,周恩来则更喜欢摆事实讲道理,以阐明自己的见解。毛泽东往往一时兴起断然采取行动,而稳健的周恩来却在采取行动之前深思熟虑地权衡轻重,审度利弊。他们相得益彰、配合默契,创造了领导者之间长期合作的历史佳话,并取得了辉煌业绩。对此,尼克松这样评价说:"如果没有毛泽东,中国革命之火可能不会燃烧起来;如果没有周恩来,中国的革命则可能会被烧毁,只剩下一堆灰烬。"①

互补因素对人际吸引而言是更为本质的因素。它决定着人际交往持续深入发展,是人际关系亲密持久的深层原由。互补性吸引一般较多地发生在交情较深的朋友、恋人、夫妻之间。心理学家克切霍夫(Kerchhoff)和戴维斯(Davis)等人,访问了大学生,研究从朋友到夫妻关系的演变过程。结果发现,在交往初期,距离因素、外貌因素及社会资源(如经济地位、职业、学历、文化背景等)都是构成人际吸引的重要因素。在结交后双方的态度、信仰、价值观、人生观、世界观等方面的类

---

① ［美］理查德·尼克松.领袖们[M].刘湖,等,译.北京:知识出版社,1984:338.

似性因素更为重要。在前期的友谊和婚姻阶段,双方在人格品质上的互补,在要求上的互补,具有举足轻重的作用。如双方均有互补的因素,而又各自从对方获得需要的满足,如此形成彼此相依的情形,增加了人际的吸引力。也有的学者研究了青年男女择偶的过程中各个阶段的主要吸引因素。青年男女相识,不管双方择偶的标准是什么,起初起决定因素的一般是外貌吸引力,随着交往的深入,决定吸引的因素是能力和熟识性因素。当进入恋爱和结婚阶段,一般是以相似性因素占重要的位置。当结婚之后,外貌等魅力逐渐减弱了,维持夫妻关系的重要魅力因素是互补。

互补因素导致人际吸引的原因在于人们进行交往时总是想从中获益。有时我们被人吸引是因为我们认为能从与他们的联系中获得某些东西。例如一些人喜欢与有学问的人交往,是想从中获得很多有用的知识;一些人喜欢与性格开朗的人交往,是想从中获得人生乐趣;还有一些人喜欢与有地位或权力的人交朋友,是希望从这种联系中给他们带来地位和权力。总之,人们进行交往的目的总是寻找某种需要、利益的满足,当然这种利益欲望的满足是多方面的,如能在与对方交往中,彼此取长补短、互通有无,就能相辅相成、相得益彰。因此,可以说,互补性吸引是所有人际吸引的实质所在,是人际联结的最强有力的纽带。互补性吸引和相似性吸引并不是矛盾对立、相互排斥的,它正如一枚硬币的两面,各有不同,又在很多情况下相互促进。唯有在信念、态度接近的基础上,互补性才能发挥效果,缺乏在世界观、价值观和人生观上的一致性,互补性吸引也难以发挥作用。

互补性吸引规律启示我们:

(1)人们在人际交往中,要突出互补因素,作为长期合作、加深关系的依据。其实,尺有所短,寸有所长。人们的特长、优势及所拥有的社会资源各不相同,要寻找交往双方的互补成分并不困难,关键在于善于发现,挖掘利用,巧妙搭配。

(2)在组织管理中,要注重不同性别、年龄、气质、性格、能力、学识、经验人员的协调搭配,以优化组织的结构,增强内部团结,提高工作效率。1950年中共七届三中全会期间,周恩来和薄一波谈及邓小平与刘伯承的不同领导风格时说:"据我多年观察,他们两人的工作方法各有特色,小平同志是'举重若轻',伯承同志则是'举轻若重'。你看是不是这样?"薄一波回答说:"完全同意总理的意见,这八个字概括得很准确,他们在工作上所以配合得那样得心应手,恐怕这是一个重要因素。"[①]一个领导班子中,领导成员之间在气质、能力等诸方面形成相互补偿的异质结构,不仅会使领导者之间由于相互需要利用对方的特长,以弥补自己不足,还会产生团结力与共同合力。对此,松下幸之助讲过一段富有启发性的话:"我认为人的搭配是很微妙的一件事。以公司为例,即使非常优秀的两个经营人才,分别成为总经理和副总经理,如果搭配不得宜,工作还是不能顺利进行。一般公司里头,总经理大都非常积极,而副总经理扮演着辅佐的角色。但在原则上,最理想的状况是领导者温和,副职能干。就经营者的搭配上来说,总经理要有完美的人格,副座要有行动力,我认为这样的搭配最为天衣无缝。"[②]

(四)异性吸引

男性与女性在一起时会产生奇妙的轻松、愉悦的感受,这种感受使异性间产生相互吸引,这就是异性吸引。这是一种普遍的人类社会心

① 郭思敏,天羽. 我眼中的邓小平[M]. 石家庄:河北人民出版社,2001:217.

② [日]松下幸之助. 经营者365金言——松下成功之道丛书之二[M]. 秦忆初,译. 北京:军事谊文出版社,1987:63.

理现象,其作用机理也十分复杂。在讲到人际吸引的因素与规律时,我们不能忽视异性吸引的因素。

从发展心理学的角度上说,异性之间在经历了童年和青少年时期的"两小无猜"和"楚汉河界"的阶段后,就进入了"异性相吸"的阶段。异性吸引一般始于青年前期(12~16 岁左右),在这个时期,由于在生理上出现第二性征,心理上开始对异性有了与以往不同的情感。到青年后期(17~23 岁左右),开始追求与异性恋爱的一对一的交往,这是人们在这个期间人际关系的第一特征。此后异性吸引现象就一直延续下来,成为人际关系的一道独特的瑰丽风景。

构成异性吸引的成分很复杂,除性爱成分外,就其心理因素的构成而言主要基于以下四个方面:一是异性相悦。追求愉悦永远是人性的重要精神诉求,有人甚至把快乐视为人生的最核心的价值。男性与女性在一起学习、工作,尤其是和美丽潇洒、友好自然的异性在一起,相互之间能产生一种欣慰、快意、自豪的感受,使工作、生活、学习更主动、更轻松、更愉悦。二是精神互慰。每个人都不可避免地在现实世界中遭受各种挫折,从而导致各种心理紧张与精神压力,这些心理压力积累在一起,堆积久了就成了心理重负,如果得不到适时的排遣和适当的宣泄,将会产生严重的心理问题甚至心理疾病。人们的心理都有极其脆弱的所在与遭遇危机的时候,当心中的暴风雨袭来的时候,人们可采取自我排遣和向他人排遣的方法疏导自己的情绪。同性之间的心理帮助是重要的,必不可少的,因为他(她)们之间往往面临相同的处境与问题,容易沟通与寻求帮助。但是,有相当部分的心理问题更需要来自异性的安慰与帮助。美国纽约州立大学的著名心理学家林兰博士对1000 多名各种年龄组的男女进行调查表明,绝大多数人能从自己的异性朋友那里得到精神安慰和心理帮助。异性间的友谊和交往最有利于摆脱紧张、焦虑、压抑等不良情绪。三是个性互补。一般而言,女性比较勤快、体贴、细腻、善解人意,男性则相对豁达、开朗、豪爽、刚毅,看问题较坚定而长远。男性的刚健豪迈与女性的婉淑细腻,在相互交往时可以得到平衡与升华,克服各自的缺点,发挥各自的优点。因为有男性,女性变得更加温存;因为有女性,男性才变得刚强。四是寻求肯定。在一般情况下,人们更要求得到异性的评价和肯定,这种心理需要往往在异性交往尤其是在与自己所看重的异性交往中才能得到真正的满足。很多人往往是在自己亲密的异性艳羡的目光中步入了成功的殿堂。

人们在社会活动中,当有异性在场时,个体会受到更强烈的社会赞许动机和成就动机驱使,这就是由异性吸引而导致的"异性效应"。巧妙地利用这种"异性效应"具有的积极作用,主要表现在以下三个方面:

1. 增进身心健康

在法国的一所女子学校里,教职员工与学生都是清一色女性。许多女学生出现月经不调,人也感到沉闷、烦躁、不适,药物治疗无效。奇怪的是那些偷偷外出与男友约会的女生,原有的月经不调等症状竟然不治而愈。据认为,这是由于人体能分泌一种具有挥发性的,能被异性"嗅得懂"的非激素(即所谓"体香")发挥的神奇功效。又如去南极考察的澳大利亚科研人员几乎都得了一种怪病:失眠、健忘、昏昏沉沉、情绪低落。有关部门派遣堪培拉大学罗斯·克拉克博士前去调查,结论是由于工作人员是清一色男性,性别比例严重失调的缘故。因此,心理学家告诫那些清一色男性或女性工作的单位、部门,要重视"男女混编"的健康效应。根据有关专家研究认为,在一个机构里,异性比例至少保持在 20％以上，是比较有利于身心健康的[①]。

2. 有利自我完善

男女在一起工作、学习、活动时，普遍重视异性的评价。无论男性还是女性，都希望在异性面前成为受欢迎的人，因而努力改变自己，完善自己，这是自我发现、自我评价和自我完善的极佳心理环境。由于异性在场使个体的行为方式和效果发生了显著变化，能极大地发挥自己的潜能。如一个足球运动员，由于自己所喜欢的姑娘在场，而显得精神倍增，从而充分施展自己的技能，博得现场观众的连连喝彩。研究还表明，"异性效应"还有助于提高人们的文明程度，如大学生男寝室平日里往往比较邋遢凌乱，一旦有女同学要来这里参加小组讨论时，男同学们往往会把宿舍整理得整洁些。许多女孩子在异性面前，特别是发现自己有好感的小伙子在注视自己时，会显得更加文静婉淑、温柔多情。

3. 提高工作绩效

"异性效应"能增进工作效应，这已为众多的心理学家的研究所证实。据美国学者研究发现，男女对坐会提高办公效率。在现实生活中人们常常发现清一色的男子世界里，好像总缺了一些色彩，同样，长期处于嘻嘻哈哈的女人王国里，也会觉得惘然若失。精明的管理人员往往在工作小组中加入几名异性，不仅能使大家焕发精神，而且有助于工作效率的提高。这是因为人们总有一种在异性面前表现自己的强烈情感体验和冲动，以提高自己在异性心目中的地位和价值。

当然，异性效应也存在着一些消极影响。由于过分注重在异性面前的自我表现，会生怕在异性面前说错话、做错事而表现为保守压制和自我封闭，显得神情紧张，语无伦次，十分拘谨，反而不利于正常的异性

---

① 朱大钧 . "男女混编"的健康效应[N]. 南方周末，1994 - 11 - 04.

交往的顺利开展。此外,在异性在场的情况下,个体受到社会的否定性
评价(如批评、谴责)时,会加剧其自责、痛苦或羞耻感,甚至会对评价主
体产生强烈不满和怨恨情绪。特别是领导、家长、老师,如果当着异性
(特别是他钟爱的异性)面前批评人,会增强批评的严厉程度,效果极
坏,要尽量避免。

　　既然异性吸引与"异性效应"是客观存在的一种心理现象,就不应
忽视和人为地淡化甚至回避。我们可以利用这种人际吸引的因素和规
律有效地开展学习、工作,创造积极健康的心理和生活环境。

　　但是,在现实生活中,异性之间的交往却存在着诸多障碍。究其原
因,除了众所周知的异性之间敏感的心理障碍外,与文化传统观念的束
缚也有密切关联。据调查,西方人的异性交往比率要高于东方人。根
据日本总理府青少年对策本部 1979 年对 11 个国家青少年调查结果表
明,日本的青少年的同性朋友比率较高,而瑞典、澳大利亚、美国等西方
国家的青少年异性朋友比率较高。据 1986 年我国学者调查,我国青年
学生具有同性朋友者占 74.7%,具有异性朋友者占 25.3%。中国青年
学生中同性朋友多于异性朋友,其中有相当多数量的学生反映在异性
交往中比较拘谨,并存在着不少困惑和障碍,难以自如地交往。这在很
大程度上反映了中国文化传统在异性关系方面存在的狭窄性和封闭
性。受中国传统观念(诸如"男女授受不亲"、"男女之间有大防"等)的
束缚和影响,人们多把异性交往视为畏途。由于这种观念在民族心理
上的烙印太深,严重阻碍了异性间正常的交往关系。鲁迅曾讥讽一些
"道德君子","见一封信,疑心是情书了;闻一声笑,以为是怀春了;只要
男人来访,就是情夫;为什么上公园呢,总该是赴密约"[①]。有些已有恋

　　①　鲁迅杂文全集[M].郑州:河南人民出版社,1994:83.

爱对象甚至已婚的人,也同样希望有真诚的异性友谊,但又怕恋爱对象和配偶的误解和他人流言蜚语的攻击,从而给恋爱、家庭带来阴影和不幸而望而却步、忍痛割爱。为有效地开展正常的异性交往,可以在以下几个方面作努力:

(1)树立正确的异性交往观念。摒弃关于异性交往的陈腐的传统观念,创造异性正常交往的社会氛围,发展异性间平等、互助、友爱的新型关系,应该十分珍惜这种异性友情、友谊。

(2)积极主动,有礼有节。在与异性交往时,应克服异性交往中的羞怯心理,做到主动热情、落落大方。此外,应保持一定的距离,包括心理距离和空间距离,交往的频度也要适中。在工作中,尤其是漂亮女性应慎用"性别魅力",把握分寸,避免滥用,否则就会给自己带来太多不必要的麻烦。

(3)相互尊重,相互宽容。异性交往毕竟不同于同性交往,由于异性之间在思想感情、行为方式、性格特点等诸多方面都存在各种差异,要接受彼此间的差异,正视这种差异就应该充分理解、尊重对方,以此作为异性交往的重要原则之一。

(4)把握好友谊和爱情的界限。异性之间的友谊可能发展为爱情,以至于人们往往怀疑异性之间是否存在真正的友谊。事实上,异性之间友谊与爱情之间的界线往往是模糊的,情极至性,但毕竟这种友谊确实是存在的,它本身并不是爱情,在许多情况下也不应该向爱情发展。所以,要保持纯真的异性友谊,首先必须划清友谊同爱情的界线。一旦发现异性交往中具有情爱心理特征,就应该保持警惕,保持合适的心理距离。"发乎情,止于礼",把握合适的度。

三、人际魅力的形态

友谊和爱情是人际吸引的两种典型形式。它们是人类社会最美丽的花朵,总的体现为人类之爱。没有了这种爱,就像自然界没有了阳光、鲜花、鸟儿,人世间没有了歌声、诗词、欢笑,这是一个死寂的世界。正如林徽因的诗《你是人间的四月天》中所讴歌的那样:

你是一树一树的花开,是燕
在梁间呢喃——你是爱,是暖
是希望,你是人间的四月天!

(一)友谊

在古代中国,朋友为五伦之一。因此,我国古代先哲对交友十分注重,《论语》中就有很多关于交友的论述。在西方也是如此,古罗马的西塞罗、法国的蒙田、英国的培根、美国的爱默生等都有论友谊的文章名世。友谊是人类永恒的主题之一。

友谊是指人与人之间的一种亲密的心理关系。人人都有克服孤独、与他人建立和维持密切关系的感情需求,而友谊就是人与人之间这种感情意愿的合理表达与诉求形式。梁实秋指出:"所谓友谊实即人与人之间的一种良好的关系,其中包括了解、欣赏、信任、容忍、牺牲……诸多美德。"[1]友谊的最主要因素有三个:一是相互的认知与理解;二是对对方的积极评价和信任尊重;三是行为上的互助与宽容。当然,友谊

---

① 梁实秋作品集[M].兰州:敦煌文艺出版社,1998:526.

的亲密程度是有区别的,故有泛泛之交、莫逆之交等说法,这取决于上述三种因素的耦合程度。但不管如何,友谊最终必须表现为一种情感依恋。与对方亲密相处,是一种内驱力使然,若不与对方亲密相处就会感到无限惆怅,若有所失。只有达到这样一种情感上的依恋,才算建立了友谊。

友谊对于人生是不可缺少的。培根指出:"如果没有友情,生活就不会有悦耳的和音。在没有友谊和仁爱的人群中生活,那种苦闷正犹如一句古代拉丁谚语所说:'一座城市如同一片旷野。'人们的面目淡如一张图案,人们的语言则不过是一片噪音。"①友谊对每个人的重要意义,是无论如何估计都不过分的,其作用主要包括以下三个方面:

1. 调剂感情

对人生来说,经常会遭遇不期的挫折,伟人如邓小平也有"三落三起"的经历。此外因工作、生活、学习等问题导致的失落感在所难免,常常会发生心理冲突,导致情绪低落。而心理健康的关键在于如何调节自己的情绪,尤其是当自己有愤怒、焦虑、忧愁、恐惧等情绪出现时,要善于"宣泄"。"不如意事常八九,能与人言不二三",这时候选择一些知心朋友包括异性朋友作为"宣泄"的对象,往往胜过看心理医生。因为他们会耐心地听你的诉说,对事件的理解也比较透彻。由于他们了解你,就懂得如何开导、帮助你找到解决问题的办法。一旦找到办法,你就会很快摆脱不良情绪的困扰。友谊给心理"断乳"后的青年更是以极大安慰。不少青年学生轻生自杀,很大程度上与缺乏真正的友谊有关。培根指出:"那没有朋友的人,就是自己啃啮自己心灵的人。实际上,友谊的奇特作用是:如果你把快乐告诉一个朋友,你将得到两个快乐;而

---

① ［英］培根．人生论［M］．何新,译．北京:华龄出版社,1996:24.

如果你把忧愁向一个朋友倾吐,你将被分掉一半忧愁。"①友谊对调节情感的作用不仅在于排忧解难,还在于共享快乐。心理学家凯利认为,亲密关系的人之间的交往动机已由注重交换转变为追求共享。梁实秋说过:"友谊之乐是积极的。只有神仙与野兽才喜欢孤独,人是要朋友的。假如一个人独自升天,看见宇宙的大观,群星的美丽,他并不能感到快乐,他必要找到一个人向他述说他所见的奇景,他才能快乐。"②"寒夜客来茶当酒,竹炉汤沸火初红","乐得与二三同志,酒馂饭饱,雨夕灯窗之下,同消寂寞"③。这应该是正常的友谊中的趣味。有了友谊,我们才有活跃的生活与和平的心理,才有心理上的健康。

2. 增进智慧

"独学而无友,则孤陋而寡闻。"一个人的知识、能力毕竟是有限的,人的智慧很大程度上来自于朋友。友谊的另一种作用则是能增进人的智慧,尤其是品行端正、学识渊博的朋友,乃是真正的良师益友。因此,孔子说毋友不如己者。"因为友谊不但能使人摆脱暴风骤雨的感情走向阳光明媚的晴空,而且能使人摆脱黑暗混乱的胡思乱想而走向光明与理智的思考,这不仅是因为一个朋友能给你提出忠告,而且任何一种平心静气的讨论都能把搅扰着你心头的一团乱麻整理得井然有序。"④一个人的学识、才能,不仅来自书本,更主要的是来自生活,即所谓"世事洞明皆学问,人情练达即文章"。这也是一个人社会化的重要途径之一。

①　[英]培根. 人生论[M]. 何新,译. 北京:华龄出版社,1996:27.
②　梁实秋作品集[M]. 兰州:敦煌文艺出版社,1998:528.
③　曹雪芹,高鹗. 红楼梦[M]. 北京:人民文学出版社,2002:1605.
④　[英]培根. 人生论[M]. 何新,译. 北京:华龄出版社,1996:28.

3. 增强自我认知

朋友是一面多棱镜,人们能通过这面镜子照出自我的真相。在与朋友交往中,人们总会在各方面进行比较,这里有人格、特性的辉映对照,而这种比较对增进自我认知是十分有用的。此外,每个人都往往把奉承留给自己,只有朋友会给自己提出忠告和规劝,从而使自己能真正发现自己的缺点和不足,这才是难能可贵的。

友谊的种类很多,总的说来可分为高级形式和低级形式两类。如孔子把友谊分为"益友"与"损友"两种。"益者三友,损者三友。友直,友谅,友多闻,益矣;友便辟,友善柔,友便佞,损矣。"(《论语·季氏》)诸葛亮则把友谊分为君子之交与势利之交。"势利之交,难以经远。士之相知,温不增华,寒不改叶,能四时而不衰,历险夷而益固。"[①]对一个人的人生来说,很可能成也友谊,败也友谊。因此,人们在择友过程中不可不谨慎,正所谓"朋友,以义合者也"。

(二)爱情

爱情是异性之间的一种最亲密的人际情感。正如印度诗集《阿闼婆吠陀》中写道:像藤萝环抱大树,把大树抱得紧紧,要你照样紧抱我,要你爱我,永不离分。我国大画家赵孟頫的夫人管仲姬在一首爱情诗中说:"把一块泥,捏一个你,塑一个我,将咱俩个,一齐打破,用水调和,再捏一个你,再塑一个我。我泥中有你,你泥中有我。"这是一种近乎零距离的心理关系,它是人际积极能动的力量,它打破了人际隔绝的围墙,使人与人和谐相融。

"情不知所起,一往而深"[②]。至于爱情的发生,也是一种奇妙的现

① 太平御览.卷406.
② 汤显祖.牡丹亭[M].长沙:岳麓书社,2002:1.

象。这就不得不考察爱情中包含的要素和成分。斯滕伯格提出了爱情的三角形理论，或称爱情三因素理论。他认为，爱情有三个基本的成分：亲密、激情与承诺。亲密是指两个人相处的情况，即是否有相互喜欢、亲近的感觉；激情是指关系中令人兴奋激动的部分，包括性的吸引；承诺是指愿意爱对方，并且保持关系、长相厮守的决策。可以说，爱情是异性之间生理的、心理的和社会的各种因素的综合产物。生理的因素包括异性吸引及性冲动；心理因素包括倾慕与怜惜的情感；社会因素则包括现实中的各种制约因素，如道德、责任、义务、经济条件等。

　　爱情的表现形态也多种多样，如法国作家司汤达曾将爱情划分为"理智的爱"、"精神的爱"、"肉欲的爱"和"激情的爱"。1974 年，加拿大社会学家李约翰则把爱情划分为"情欲之爱"、"游戏之爱"、"友谊之爱"、"狂爱"、"现实之爱"、"利他主义之爱"等。这些均不过是爱情的内在要素不同的组合和结合程度的具体形式和产物。不管如何，爱情具有一种强烈的感情色彩，甚至表现为"欲仙欲死"的至情至性，它使"生者可以死，死者可以生。生而不可与死，死而不可复生者，皆非情之至也"[1]。仓央嘉措有诗云：

> 在这短短的一生，
> 多蒙你如此承待。
> 不知来生年少时，
> 能否再次相逢。

　　这又是一种多么深沉的爱情诗语！

---

① 汤显祖.牡丹亭[M].长沙:岳麓书社,2002:1.

爱情是造物主赋予人生最美妙的礼物之一。它是人生的诗,是花,是喜悦,是美妙。日本武者小路实笃在《人生论》中说:"人生倘若没有爱情,就会变得枯燥乏味,文学、艺术也就黯然失色了。"爱情永远是人生的一个美丽的梦,它是一种激越的、超生命的力量,人们在品尝爱情带来的令人沉醉的甜蜜的同时,无不受到爱情力量的激励,迸发出超凡的创造力和想象力。因此,人们歌颂爱情。纪伯伦说:"爱情是一个光明的字,被一只光明的手写在一张光明的册页上。"[①]爱情是人生的美酒,它给人们带来充实、甜蜜、欢欣、愉悦等情感满足。普希金写道:

> 无论老少,谁不服膺爱情?
> 无论是青春的稚子之心
> 像春日的田野,对它的风暴
> 和雨露,特别感到欢欣;
> 在热情的雨里,年轻的心
> 受到润泽,会滋长、成熟,
> 它的内部获得了强烈的生命,
> 展开茂盛的花朵,结出
> 甘美的果实。[②]

但是,人们在感受爱情所赋予的生命的力量的同时,几乎都无一例外地品尝过它的诸多苦涩。莎士比亚说:爱情是一种甜蜜的痛苦。这

---

① [黎巴嫩]纪伯伦. 纪伯伦散文诗全集[M]. 冰心,伊宏,译. 北京:燕山出版社,2000:77.

② [俄]A·C·普希金. 欧根·奥涅金[M]. 查良铮,译. 成都:四川人民出版社,1983:269-270.

真是个伟大而深刻的哲理! 究其原因,则主要由于人与人之间心理距离过于亲近的缘故。由于人际心理距离过近,因此就没有了回旋的空间,争斗、摩擦、伤害、苦痛也在所难免。年轻时,人们往往不懂爱情。爱情的来到并不是男女两个"自我"的圆合而为一,"成熟的爱情,那就是在保留自己完整性和独立性的条件下,也就是保持自己个性的条件下与他人合二为一"①。可以说,爱是这样的一种二律背反:相爱双方合而为一,但仍为两个独立的个体。正如徐志摩的诗所描写的:"你我的心,像一朵雪白的并蒂莲,在爱的青梗上秀挺、欢欣、鲜妍。"②成熟的爱情需要适当的距离,相爱的双方彼此都应该拥有自己相对独立的空间,这不仅能避免很多不必要的摩擦和痛苦,而且也是维系、巩固爱情的长久之道。过于炽烈的爱情,也会自伤与伤人的,切忌爱得太累,反而为爱所累。由情爱引起的心病,也必须由心药来治。《红楼梦》第八十九回、九十回中有一则情节描写:贾宝玉与林黛玉情感关系发展到极深的时期,林小姐在一次偶然的机会中听到雪雁等丫环们在议论,原来贾府已给贾宝玉定了亲,是王太爷做的媒,对象肯定不是林姑娘。林小姐听后便当场眩晕,一病不起,但求速死,竟至绝粒,似将不久于世。大家悲戚之余,已为她准备后事。但就在昏迷中、朦胧中,林小姐又依稀听到雪雁、侍书等丫环们又在议论,原来这桩婚事没有成,贾母不同意,她说了要找也得找这院子里的,而且要亲上加亲。这时林小姐竟然咳了一声,醒了过来,要起水喝来。不久这病居然奇迹般地自愈了,真是病得亦奇,好得亦奇。这看起来近乎笑谈,但是,这可视作心理学中的有趣的经典案例。情到深处人孤独,心理十分敏感,又极为脆弱,最易受伤,一则并不可靠的传言居然差一点要了林小姐的性命。如何治疗

---

① 　[美]弗罗姆. 爱的艺术[M]. 李健鸣,译. 北京:商务印书馆,1987:16.
② 　徐志摩诗集[M]. 成都:四川人民出版社,1981:108.

呢？解铃还须系铃人，心病尚需心药治，其他药物都无济于事。所谓心药，其实往往就是最亲近的人的一两句宽慰的话语，如此而已。这一两句话，它可救那无助无奈的人于水火，甚至生命，所以不吝啬，何乐不为。

与其他事物一样，爱情也有生命周期。人们经常感叹爱情是短命的。一些心理学家甚至认为，爱情的保鲜期，平均寿命约为两年。的确，社会上曾经多少山盟海誓、生死相许的表白，转瞬间就成了过眼云烟、昔日黄花的追忆。一切皆逝，一切皆流。两情相悦是要有基础和条件的。随着时间的推移和条件的变化，一个人的爱情观也会跟着发生变化。因此爱情往往经不起时间的考验，爱情之梦不断产生，也不断破灭。我们应该正视、承认爱情也受周期率的支配这个现实，同时，也要讲究爱的艺术。那么，如何才能使爱情得到维系、巩固和发展呢？除前面讲的，两个恋人之间保持适当距离外，还必须保持同步的变化和发展。此外，还应注意爱情形态的转变，即把"浪漫之爱"转变为"友谊之爱"、"现实之爱"。不能把爱情形态仅仅理解为"浪漫之爱"。"浪漫之爱"依赖于某种奇遇和新鲜感，诚然销魂断肠，绚丽眩目，但终不能持久。"如果我们把爱情理解为男女之间的极其深笃的感情，那么，我们就会看到，它决不仅限于浪漫之情，事实上还有别样的形态"①。只有"友谊之爱"、"现实之爱"能够使爱情之树常青，"人必生活着，爱才有所附丽"。

(三)友谊与爱情的联系与区别

友谊与爱情都是人际吸引的表现形式，是人际情感中的积极情感，

① 周国平哲理美文[M]. 广州：广东人民出版社，1999：200.

对人的一生都有重要意义,两者有其密切的内在联系。诸如:两者都以情感的依恋为主要特征;两者均包含了了解、理解、忠诚、信任、关切等共同成分;两者存在着相互包容与转化的趋势,爱情是在一般友谊的基础上发展和转化而来,没有友谊,也谈不上爱情,异性友谊中也往往夹杂着爱情的因素,两者并非泾渭分明,而是相互交叉在一起的。

　　但是,友谊和爱情毕竟是有区别的。友谊可以在同性与异性间存在,可以在两个或两个以上的群体间存在,而爱情则是在异性间建立起来的一种特殊感情或联系。如果说前者表现为一对多的关系,具有开放性、多样性,后者则局限于一对一的关系,具有独占性和排他性。从情感特征上来看,爱情与友谊相比,它是一种更为强烈的人际吸引,即喜欢的程度大小不同。爱情是一种强烈的极端的喜欢,因此,爱情比友谊更加亲密。从基础成分上来说,爱情比友谊多了一种性爱的成分。虽然性爱不等同于爱情,但性爱是爱情的重要基础和成分之一。没有性爱便不能称作是爱情,柏拉图式的"精神恋爱"只能算是异性间的友谊。此外,虽然爱情问题以友谊为基础或包含着友谊,但并非所有的异性之间的友谊都能发展为爱情,在友谊的基础上发展为爱情,是一种从量变到质变的过程。

　　总之,友谊与爱情有相互联系的一面,但又是两种不尽相同的情感。在异性交往中,要注意认清两者的关系,区别两者的界限,把握好交往的分寸和尺度。如果把两者混淆,将可能给自己和他人带来无穷的痛苦甚至伤害,最终会扭曲、伤害人际关系。

第五章　人际冲突

　　冲突是人类生活的常态，是社会生活的重要组成部分。人际冲突是人类互动的一种方式，它与人际交往如影相随，几乎存在于人与人之间的所有关系之中。它的结果可能是负面的、消极的、破坏性的，也可能是正面的、积极的、建设性的，关键在于对它的处理。因此，如何培养和提高人际冲突管理的能力和水平就成为人们必须面对的课题，人际冲突及其管理也就成了社会心理学、社会学、管理学等多门学科共同关注和研究的重要课题。

一、人际冲突的实质

　　人际冲突是一种广泛存在的社会现象，但学界对此并不存在一个被普遍接受的定义。概括起来说，主要有三种定义：一是以琼斯（Jones E. E）等人为代表，认为冲突是"一个人被驱动去做两个或更多个互不兼容的反应所处的状态"，实际是指个人内部冲突；二是以雷文（Raven B. H）等人为代表，认为冲突是"由于实际的或希望的反应的互不兼容性而产生的两个或更多社会成员之间的紧张状态"，实际上指的是个人与个人之间的冲突；三是以苏珊娜·杰纳兹（Suzanne. C. de Janasz）等人为代表,认为冲突是"个人与个人之间,集体与集体之间以及集体内部由互不相容的目标、认识或情感引起的对立或敌对",这是一种更广泛意义上的冲突。这三类定义的共同之处在于认为冲突是一种互不兼容的状态或行为,其区别在于对冲突的主客体的不同理解。事实上,"冲突是一种对立的状态,表现为两个或两个以上的相互关联的主体之间的紧张、不和谐、敌视,甚至争斗关系"①。它包括个人与个人之间、群体内部的人与人之间以及群体与群体之间的矛盾对立。人际冲突主要是指发生于个人之间的冲突。它不同于个人内部的冲突,也不同于群体内部以及群体之间的冲突。人际冲突并不等同于冲突,它只是社会生活中的一种冲突形式。当然人际冲突几乎贯穿于所有的冲突关系之中,涵盖了许多冲突的内容和水平。

人际冲突是与人际吸引相反的概念,指个人与个人之间互不接纳、互不相容的现象,包括背离、排斥、侵犯等方面。人际冲突主要有两种表现形式:一是隐性的冲突,表现为心理上和情感上的对立或不相容;二是显性的冲突,表现为行为上的对抗、侵犯、伤害等。根据理论和实际考察,可以认为人际冲突具有以下的特征:

(1)客观性。由于人与人之间的目标、认知、情感和行为等诸多方面存在着差异,人际冲突是人际交往中不可避免的必然的现象,它是一种客观存在,无法人为消除。正如古龙所言:有人群的地方就有江湖,有江湖的地方就有争斗。人们对此无法回避,只能面对,并在实践中不断加以化解,以培养和提高解决人际冲突的应变能力。

(2)知觉性。冲突是一种主观感受,是人的知觉问题。由于已经知觉到彼此的目标不相容、意见或价值观不一致或为了竞争稀少的资源,

---

① 沙莲香. 社会心理学[M]. 北京:中国人民大学出版社,2002:77.

从而导致对立现象的发生。至于潜在形态的冲突,即可能导致双方冲突的客观条件已经具备,但双方没有意识到这种不兼容,也无所谓人际冲突。

(3)对立性。冲突是一种对立行为,它来自双方互不兼容性。这种对立的表现形式和程度会有很大的差别,并伴随着强烈的情绪体验。研究表明,绝大多数人际冲突使人们都有不愉快的情绪体验。人际冲突会带来强烈的情绪体验,尤其是负性情绪增强。这种负性情绪以潜在的愤怒的形式影响个体,潜在的愤怒会增强个体的郁闷体验和对外部世界的敌对行为,甚至会诉诸暴力。

(4)递增性。发生人际冲突的可能性,会随着两个人彼此依赖的增加而提高,也就是人们互动越密集,产生意见相左或争论的机会也就越多。因此,"亲密的关系可能比不太亲密的关系引起更多的冲突,因为出现紧张的机会更多,也更可能激起深沉的感情"①。所以工作单位和家庭也就容易成为人际冲突的高发区。

二、人际冲突的过程

有关人际冲突的过程,学界的见解和论点也很不同。托马斯(Thomas K. W)提出了关于冲突过程的模型,认为冲突的历程可分为挫折期(frustration)、认知期(conceptualization)、行为期(behavior)和结果期(outcome)。美国学者庞地(Louis R. Pondy)提出冲突的五个阶段模式:冲突潜伏阶段(latent conflict)、冲突知觉阶段(perceived conflict)、冲突感受阶段(felt conflict)、冲突外显阶段(overt conflict)

---

① [美]伊恩·罗伯逊. 社会学[M]. 黄育馥,译. 北京:商务印书馆,1991:461.

和冲突结果阶段(aftermath of conflict)(见图 5 - 1)^①。罗宾斯(Robbins)也提出了冲突过程主要有五个阶段:潜在对立(potential opposition on incompatibility)、认知介入(cognition personalization)、冲突意向(intentions)、冲突行为(behavior)、冲突结果(outcomes)。而且结果可以导致人际冲突的新一轮循环。

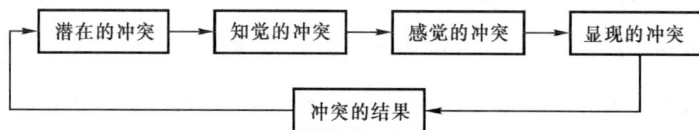

```
┌→┌──────┐  ┌──────┐  ┌──────┐  ┌──────┐
│ │潜在的冲突│→│知觉的冲突│→│感觉的冲突│→│显现的冲突│
│ └──────┘  └──────┘  └──────┘  └──────┘
│         ┌──────┐               │
└─────────│冲突的结果│←──────────────┘
          └──────┘
```

图 5 - 1　庞地的冲突过程五阶段模式

上述学说的共同点在于认为冲突是一种人际互动的方式,是一个不断改变的动态过程,分歧在于冲突过程的阶段划分。根据心理过程,我们大致可把人际冲突过程划分为潜在阶段、知觉阶段、情感阶段、行为阶段、结果阶段。

(1)在冲突的潜在阶段,可能导致冲突的各种条件已经具备,也就是说双方在某些方面存在差异、矛盾,难以兼容,但双方还没有明确意识到这种不兼容。处于矛盾潜伏期的双方并不构成冲突,只是埋下了冲突的因子。

(2)在冲突的知觉阶段,双方开始认识到他们之间的差异,并认为不能相容,冲突主体也已体验到紧张或焦虑,冲突问题与矛盾明朗化,潜在冲突向显性冲突转化。在冲突过程中,双方都要明确问题的症结与性质,形成个性化的冲突认知和定性。这会极大影响到后续的冲突行为和冲突的可能解决办法。

---

① 郭朝阳.冲突管理:寻找矛盾的正面效应[M].广州:广东经济出版社,2000:86 - 91.

(3)在冲突的情感阶段,当一个或更多的当事人对存在的差异有情绪上的反应时,双方开始分析冲突的性质,思考应对的策略以及可能的后果,而且有情绪性反应介入,如不安、紧张、敌意、愤怒等。双方都需要作出选择,是回避冲突,还是公开面对冲突,这是个值得思考的问题。

(4)在冲突的行为阶段,双方冲突行为外显化,发生了肢体暴力、语言攻击、说理等不同行为,往往与攻击、侵犯、暴力等相联系。冲突当事人可能会选择扩大冲突,也可能会决定对冲突进行处理。这个阶段很容易出现冲突升级甚至失控现象,进一步情绪化,使矛盾扩大化。

(5)在冲突结果阶段,即冲突的最后阶段。冲突的后果可能是两败俱伤,也可能是一胜一负,如果处理得当,也可能双赢。就其作用而言,可以是破坏性的,也可以是建设性的,这取决于冲突的性质与双方冲突管理的水平。

L·D·布朗(1983)通过考察冲突后果与冲突激烈程度(行为)之间的关系而提供了一种分析冲突结果的方式(见图5-2)。冲突后果是冲突的长期影响。它们既可能是积极的又可能是消极的。

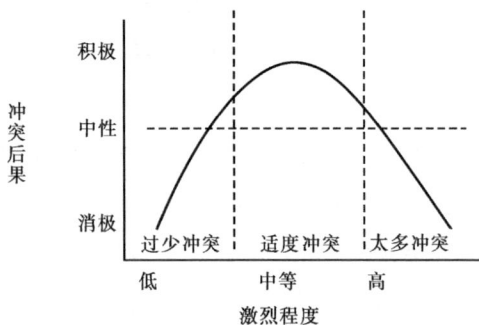

图5-2　冲突后果与冲突激烈程度之间的关系

了解人际冲突的动态发展阶段,对冲突管理有重要意义。我们可以针对人际冲突的不同阶段采取不同的策略。在潜伏阶段和知觉阶段，可以采取预防策略，预防为主，努力使冲突得以消除或不致升级为破坏性冲突；在情感阶段和行为阶段，采取相应的处理策略，使冲突的性质和结果趋向建设性；在结果阶段，一般采用利用策略，或利用矛盾激发活力，或扩大双赢效应，进一步加强人际交往的良性互动和循环。

人际冲突意味着人际平衡关系的破坏，经过冲突的互动，双方关系会达到一个新的平衡状态。从哲学意义上说，平衡是相对的，不平衡是绝对的。其中每个阶段的状态特征各有不同，其处理方式与策略也有所不同。因此，把握人际关系的动态发展阶段，对人际冲突管理具有积极意义。

三、人际冲突的作用

人们对人际冲突的作用的认识，并不是一开始就很全面的，经历了100多年变化。传统的观点认为冲突具有破坏性，人们对冲突的看法是消极的，冲突成为暴力、破坏和非理性的同义词，它总是不利的，并且常常给组织和社会造成不良影响和破坏，应该尽量避免它，并在其源头阻止它的出现。不论是西方早期管理理论，还是在 20 世纪三四十年代，群体行为的研究中一直都持这种观点。40 年代以来，人们开始认识到冲突是人际关系的一种不可避免的现象，并把它看做是人际关系或团队中一个正常的组成部分。有时冲突是有利的，有时冲突是有害的。现代管理理论流行的观点认为，冲突是不可避免的，而且保持一定水平的冲突有助于一个集体保持旺盛的生命力。这种观点还认为，在改变组织、集体以及人际关系方面，冲突是一种积极的动力。问题是如何保持一定的冲突以确保一个集体能够不断地切磋和创新的同时，寻找一种建设性的处理冲突的方法。苏珊娜·杰纳兹等人认为"冲突既可以是积极的,也可以是消极的。冲突的结果取决于如何管理或处理它"[①]。积极的冲突有利于组织或个人实现预期目标,如果冲突能带来更好的决策和创新,能为解决长期存在的问题提供创造性方法,那么它就是建设性的。消极的冲突是有害的,会妨碍组织或个人的表现,妨碍他们实现自己的目标。如果冲突会使人们产生情绪上的压力、焦虑,丧失行动的能力、尊严,或迷失目标,它就是破坏性的。

上述内容从宏观上对冲突的两重性进行了阐述,这对我们分析人际冲突的作用具有启发意义。人际冲突作用同样具有破坏性和建设性两方面。

(一)人际冲突的破坏性作用

(1)冲突发生可能使当事人经历伤害、生气、挫折等消极情绪。人际冲突与焦虑、压力、自尊等心理健康因素密切相关,那些深深触动着人的利益、引起强烈的不满、不快和情感压力的冲突会导致神经功能的失调,从而产生精神疾病,诸如神经衰弱、歇斯底里和强迫症,造成人的性格上的破裂。严重的还会产生自戕行为。

(2)冲突会给双方的关系带来压力与紧张,尤其是一方使用威胁、责难或暴力等手段时,更可能伤害对方,增加彼此的敌意,甚至造成关系的破裂。

(3)冲突所引发的挫败感易使人产生报复的心理。这是一种消极的反社会化心理,多拉德等心理学家(1939)称之为挫折—侵犯心理。

---

① 杰纳兹,施奈德,等. 组织中的人际沟通技巧[M]. 时启亮,孙相云,译. 2版. 北京:中国人民大学出版社,2006:289.

该理论的观点是：侵犯总是挫折的结果；挫折总会导致某种形式的侵犯[①]。这是人的本能的反应，对他人实施侵犯，获得心理上的平衡，这样就导致了恶性事件的发生。

（二）人际冲突的建设性作用

1. 冲突能激发人的潜能，促进竞争

冲突使人产生不愉快的情绪体验，这种体验往往使人感到孤独，人们总是千方百计地摆脱这种孤独，活力正是对这种不愉快情绪的自觉应对。人类的天赋需要对手的激发与引导，否则我们不可能竭尽全力。歌德说："冲突使我们多产"。布雷姆在 1966 年提出的"对抗理论"，也说明冲突能激发人的活力。他指出，如果个体完成与一个人的生存有关的行为时的自由受到威胁或被减弱的话，他就会体验到要重新获得这种自由的一种动机上的激起，这种动机上的激起称之为对抗[②]。对抗能激发人内在的积极的潜能，这种潜能促使人不断地突破已有的认识，使人形成新的思想行为。

2. 人际冲突能宣泄愤怒与敌意，避免过度累积各种负向情绪而导致不可收拾、关系破裂的情况发生

生气和发怒等行为具有宣泄人的内心情感、调节人的情绪、保持人的心理和生理健康、保持人的活力等作用。人们在应对矛盾时，顾及到彼此的情感、自尊等因素，"为了亲近团结，息事宁人和群体的凝聚力，而对冲突的欲望加以压制。然而，对冲突的压制意味着敌对情感的不断积聚，而这种情感一旦被触发，往往就不可收拾。……重新协商、交涉和进行实际的冲突可能是锅炉上的安全阀。'放出水蒸气'，使整架

---

① 郑全全,俞国良. 人际关系心理学[M]. 北京:人民教育出版社,1999:385.
② 郑全全,俞国良. 人际关系心理学[M]. 北京:人民教育出版社,1999:277.

机器免遭崩溃"①。

3. 人际冲突能突显双方的问题症结,促使双方努力寻求可能的解决途径

一场争论可能是两个人沟通的捷径。冲突的出现说明双方在某些方面出现了问题,有些方面可能已到了非解决不可的地步,从而促使双方积极地寻找解决的办法。个人可以借由冲突表达自己的需求或愿望,增加达成需求或愿望的可能性。冲突双方为了说服对方,为了证明自己观点和立场是正确的,往往会千方百计寻找论据,这样,真理越辩越明,有关冲突的观点与立场会越来越明白,这对于解决某些疑难问题大有益处。

4. 人际冲突也可以增进个人对自我以及他人的了解

在冲突中,双方传递的信息往往是不加伪装的,这样得到的才是真实、有用的信息。透过引发冲突的事件,我们可以探索自己或他人内在的价值观及信念。

5. 人际冲突对个体的社会化过程也具有独特价值

经过冲突历程,使个体学会如何了解他人的思想、感情、行为及如何处理与他人的关系,使自己逐渐长大成熟。

6. 人际冲突有利于新关系的建立

由于原有的人际关系模式受到冲突的冲击,矛盾已经公开化。而通过双方的努力消除人际关系中的消极、不利因素,就有可能建立起一个彼此认可的新关系。俗话说,"不打不相识",讲的就是这个意思。

---

① [美]丽莎·斯冈茨尼,约翰·斯冈茨尼. 角色变迁中的男性与女性[M]. 潘建国,王晴波,潘邦顺,译. 杭州:浙江人民出版社,1988:414.

7. 人际冲突可能使彼此产生新的思想、目标等,有益于双方的合作与发展

冲突双方在思想交流、意见沟通过程中,会迸发出新的思想火花,引导双方建立共同认可的目标。

总之,人际冲突对于个人以及人际关系来说,可以带来挑战,也可以带来机遇。它一方面可能给原有的人际关系造成紧张和严重的伤害,另一方面如果处理得好,可以促进人际关系的重建,使得彼此从中受益,进而促进个人的成长。正如英国著名心理学家伊丽莎白·麦普斯顿所言:"工作中的争执与亲密的人之间的争执一样,在生活中令人感到沮丧、迷惑、气恼,而且也可能同等重要,压力同样大,同样令人困惑。工作中的争执也是必需的。讨论、争辩、谈判都是共事的基础,那些不明个中奥妙的人会处于劣势。如果你了解'游戏的规则',你就不会成为可怜的牺牲品,在某些时候甚至让规则对你有利。"①

四、人际冲突的根源

人际冲突产生的根源极其复杂,西方学者关于冲突的起因学说主要有:

(1)"寻衅—认可"学说。心理学家霍斯曼从操作心理学的角度提出,假如一个人受到意料之外的惩罚或没有获得意料之中的回报,人们就会愤怒,便极可能采取寻衅行为,从而引发冲突。寻衅行为的后果越有价值,在将来就越有可能采取寻衅行为。

---

① [英]伊丽莎白·麦普斯顿. 口舌之争——男人对女人[M]. 蒋显璟,译. 北京:光明日报出版社,2001:234.

（2）"公平分配"学说。E·沃尔斯特·贝尔谢德和 G·沃尔斯特提出，人们总是将自己的利益与他人利益比较，那些投资量与我们大致相仿的人的收益也应与我们相近。一旦公平分配的原则被打破，出现不利于自己的情况，人们就会愤怒，就会采取行动，使公平分配的原则得以恢复。

（3）"利益最大化"学说。布劳从经济学的观点出发，认为冲突是交换关系中固有的。因为人们的动机是要用最小的代价获取最大的回报，所以人人都试图在关系中占取有利的地位。如果一方在关系中少受关系的约束，那么他就在这一关系中占有优势；在某一关系中投入大量资本或负有大量义务的一方，通常因不能建立其他的关系而处于劣势，并不得不满足优势一方的种种需求。假如劣势一方不愿意这样的安排，优势一方便不再提供资源，从而劣势一方一无所有。上面所描述的是权势。权势的不平衡本身并不构成冲突，各社会群体对公平交换均形成一套自己的准则，只有当有权势的一方破坏了准则，才有可能发生人际冲突。显而易见，权势的差异会增加冲突的可能性。

（4）"资源说"。资源说是由 E·福阿、G·福阿提出的，他们认为冲突有两个主要原因：第一个原因，在某一固定的资源供需双方中，当一方拒绝给予另一方资源，从而造成资源的短缺，这时冲突就会发生。第二个原因是资源的交换在人际传播的过程中发生了误解。资源的交换常常是通过人际传播的途径进行的。同时，也可以通过人际传播来表达某一资源的含义。当双方交换资源产生误解时，便发生了冲突。

上述种种学说分别从心理学、经济学、社会学、管理学等多种学科角度出发，对人际冲突的根源加以阐述，尤其从利益关系角度加以分析，自有其合理价值。但上述理论或多或少地忽视了人的内在心理因素对人际冲突的影响。人际冲突的原因相当复杂，有客观存在的分歧，也有主观臆想的矛盾;有直接原因,也有间接原因;有实际利益的冲突,也有价值理念的差异;有具体的冲突情境,也有不同冲突来源的交互作用。具体地说,主要有目标冲突、认知冲突、情感冲突、行为冲突、个性冲突,等等。

(一)目标冲突

人人都有自己的发展目标和目的。"你我相逢在黑夜的海上,你有你的,我有我的,方向"(徐志摩诗)。为了实现各自的目标,人与人之间经常会发生竞争,往往会导致冲突。"组织内部发生冲突的一个普遍原因是个人或职业目标或工作目的存在差异。如果在某个项目上与我们一起工作的人在目标上与我们不一致,那就肯定会发生冲突"①。例如,《水浒传》中武松、李逵与宋江因招安问题的冲突;《水浒传》第七十一回:"乐和唱这个词,正唱到'望天王降诏早招安,只见武松叫道:'今日也要招安,明日也要招安去,冷了兄弟们的心!'黑旋风便圆睁怪眼,大叫道:'招安,招安! 招甚鸟安!'只一脚,把桌子踢起,攧作粉碎。宋江大喝道:'这黑厮怎敢如此无理! 左右与我推去斩讫报来。'"②

多伊奇的"卡车运输实验"表明,在大多数情况下,两位被试者都不愿意合作,双方都试图抢先通过,结果中途相遇,互不相让。最后,其中一个人先倒退车子,并关闭自己控制的大门,迫使对方也倒退回去,然后双方都使用备用路线。由此可见,在目标的压力下容易激发对抗的心理③。心理学家谢里夫(M. Sheriftal,1961)的实验进一步论证了在竞争压力下,冲突是如何发生的。在这一研究中,当研究者安排两个独

---

①　杰纳兹,施奈德,等. 组织中的人际沟通技巧[M]. 时启亮,孙相云,译. 2版. 北京:中国人民大学出版社,2006:293.

②　施耐庵,罗贯中. 水浒传(下)[M]. 北京:人民文学出版社,2005:936.

③　郑雪. 社会心理[M]. 广州:暨南大学出版社,2004.

立的群体相遇,并进行一系列竞争性活动,如橄榄球、垒球等有奖竞赛时,两个小组在竞争中发生白热化的冲突。两个小组先是在竞技时相互叫对方小组的带有贬抑性的绰号,然后,冲突升级到"垃圾战"——在餐厅用厨具垃圾相互攻击对方成员,直到夏令营管理人员将这场战争制止。实验证明,两个人在竞争的情境中,往往形成紧张对立的情绪。

目标和目的差异,还集中表现在对有限资源的竞争。"在具有高度需要但数量有限的资源的场合下,通常会发生某种形式的冲突。"[①]纪伯伦在《战争与弱小民族》的散文诗中,以寓言形式写道:"草原上,一头山羊和他的小羊羔正在吃草;高空中,一只兀鹰却在盘旋,眼睛贪婪地盯着下面的羊羔。就在他将要俯冲攫取食物的时候,另一只兀鹰飞来了,在山羊和小羊羔上空飞来飞去,心里怀着同样贪婪的念头。于是两个敌手在空中厮杀起来,空中回响着他们惨怖的鸣声。"[②]国家与国家之间、群体与群体之间、群体内部的员工之间,也无不为争夺稀有的资源,诸如领土、空间、权力、地位、金钱、名誉……而展开各种形式的明争暗斗,甚至流血冲突。

因目标差异而导致的冲突,从根本上来说还是利益冲突。利益关系是考察人际行为包括人际冲突的最深刻的外在原因和客观基础。

(二)认知冲突

除需要、利益不同外,人际认知差异也是人际冲突发生的重要原因。认知冲突大致包括以下三方面的内容:

---

① 郑全全,俞国良. 人际关系心理学[M]. 北京:人民教育出版社,1999:363.

② [黎巴嫩]纪伯伦. 纪伯伦散文诗全集[M]. 冰心,伊宏,译. 北京:燕山出版社,2000:127-128.

1. 价值观、信念差异

这很容易导致人际冲突，尤其是由于宗教信仰不同而导致的个体乃至群体、民族、国家、文明之间的冲突难以计数。这类冲突相当程度上可以归结为文化差异的原因。

2. 态度、意见差异

如《西游记》的"白骨精"故事中，孙悟空、唐僧、猪八戒之间发生严重冲突，主要是因为三人对这件事情的态度、意见不一致所引起的。孙悟空认为这美女是"妖精"，要害师傅唐僧，"更不必理论，举棒照头就打"；唐僧则以为是孙悟空好杀成性，滥杀无辜，"是个无心向善之辈，有意作恶之人"，一反常态，大念"紧箍咒"；猪八戒也以为孙悟空"手重棍凶，把人打死"，肆意挑唆孙悟空与唐僧的关系。

3. 人际认知偏差

人与人之间认知很难保持一致、达到平衡。人际认知不平衡，或者说归因偏差也会导致冲突。《红楼梦》第二十九回描述贾宝玉与林黛玉的一次冲突，起因只是"道士"说了句"金玉良缘"的话，而引起了双方的误会。宝玉心内想的是"别人不知我的心，还有可恕，难道你就不想我的心里眼里只有你！你不能为我烦恼，反来以这话奚落堵我。可见我心里一时一刻白有你，你竟心里没我"。心里这意思，只是口里说不出来。那林黛玉心里想着："你心里自然有我，虽有'金玉相对'之说，你岂是重这邪说不重我的。我便时常提这'金玉'，你只管了然自若无闻的，方见得是待我重，而毫无此心了。如何我只一提'金玉'的事，你就着急，可知你心里时时有'金玉'，见我一提，你又怕我多心，故意着急，安心哄我。"①原来两个人本是一个心，但都多生枝叶，反而弄成两个心

---

①　曹雪芹,高鄂. 红楼梦[M]. 2版. 北京:人民出版社,1996:401.

了。结果两人就发生了激烈的冲突，弄得"一个在潇湘馆临风洒泪，一个在怡红院对月长吁"，这真是人居两地，情发一心！

认知冲突，从根本上讲是由于缺乏沟通。"在许多情况下，个人或工作上的冲突是由于缺乏沟通引起的。缺乏沟通在很多情况下不是故意的，而更多的是因为没有花时间讲清楚我们对某些事情的理解，是由于性别和文化的差异，或者语义上的错误而引起的。"①缺乏必要的沟通渠道，以及沟通中的语义理解错误、信息交流不充分等均会导致沟通障碍。在不少情况下，认知冲突是由于缺乏沟通引起的，因此，加强有效沟通是预防和解决人际冲突的极为有效的途径。

(三)情感冲突

情感冲突指的是个体之间因情感差异而导致的人际冲突。不少人际冲突并非源于双方的需求、利益冲突，也并非是认知的、态度的不一致，而是由于情感因素的差异。情感冲突的产生根源十分复杂，可能是很多因素交合的产物，其中主要源于爱情和嫉妒的成分。"在人类的各种情欲中，有两种最为惑人心智，这就是爱情与嫉妒。"②普希金在《欧根·奥涅金》中描述，一对好朋友——欧根·奥涅金与连斯基因为争夺女友，使他们决定以决斗方式了却彼此的恩怨。

> 曾几何时，他们曾共享悠闲，
>
> 共饮食、共操劳、气味相投，
>
> 多么友善！而现在，恶毒得

① 杰纳兹，施奈德，等．组织中的人际沟通技巧[M]．时启亮，孙相云，译．2版，北京：中国人民大学出版社，2006：293.

② [英]培根．人生论[M]．何新，译．北京：华龄出版社，1996：45.

他们像是世代的仇敌，

仿佛是在一场可怕的

迷离的梦中，他们不言不语

给彼此预备了残酷的死亡

……

首先，欧根一面不停地

向前行走，一面开始

把手枪静静地举起。

看，接着他们已经又走了五步，

而连斯基把左眼眯细

也正要瞄准——但立刻

砰的一声，欧根已经射击……

这一声是末日的钟响，

诗人无言的松开手枪①。

　　悲剧就这样发生了。在人类心中，也许没有比嫉妒更奇怪的感情了。一方面，它极其普遍，几乎是人所共有的本能。另一方面，它又似乎极不光彩，人人都要把它当做一桩不可告人的罪行隐藏起来。结果，"它便转入潜意识之中，犹如一团暗火灼烫着嫉妒者的心，这种酷烈的折磨，真可以使他发疯、犯罪乃至杀人"②。

　　由于情感是情绪的本质内容，情绪是情感的外部表现，因此情感冲突具有浓厚的情绪色彩，非理性的成分更大，尤其是消极的情绪。如马

---

　　①　[俄]普希金．欧根·奥涅金[M]．查良铮，译．成都：四川人民出版社，1983：196，198.

　　②　周国平．人与永恒[M]．2版．上海：上海人民出版社，1992：316－317.

家爵是一个非常情绪化的人,他是一个内心情感体验非常细腻、情绪反应相当强烈的人。他不擅长通过言谈来与人面对面地表达自己的情感,他也经常与别人发生摩擦,每月至少有 1～2 次与同学争吵,这些争吵的积累,也会在他的内心产生仇恨的膨胀。这种仇恨的膨胀被一次激烈的争吵所引爆,在缺乏正确引导、缺乏解决人际冲突技巧的教育下,他就会以自己的方式去解决。这种方式,在他的 15 岁日记中就有记载:"对付恶人,要用狠的手段,要彻底处理掉⋯⋯"因此,在他看来以杀人的方式解决人际冲突也就顺理成章。负向情绪的累积使人际冲突更容易呈现激烈的场面[①]。

(四)行为冲突

由于个体之间在兴趣、爱好、价值观、性格等诸多方面存在着差异,在行为上也往往表现出很大的不同,由此引发冲突也司空见惯。一个明显的例子是两个室友在生物钟上的差异,一个黎明就起床的早起者与一个可能一直睡到中午的"夜猫子"之间肯定会发生冲突。

人的行为中有一种天生的攻击性。许多实验证明,动物具有攻击性,由类人猿进化而来的人,也有一定的攻击性,这是造成行为冲突的重要原因。打架、斗殴等都是攻击性的一种表现。人们还常常把组织当做表现攻击性的场所,因此冲突就产生了。这种攻击性常常表现在一些群体内部或群体之间的有形冲突中,例如破口大骂、大打出手、相互指责,等等。尤其是在异性面前,在令人烦躁的环境中,人际行为冲突更呈现出一种好狠斗勇的情形,这是在人际交往中须时刻警惕的事情。要学会善于克制,遇事冷静,三思而后行,别做令自己事后后悔的

---

① 李玫瑾. 马家爵犯罪心理分析[J]. 中国人民公安大学学报,2004:110－115.

事情。

(五)个性冲突

还有一个常见的冲突根源是个人性格或个性方面的差异。性格与个性两者是相通的。如果一定要加以区分的话,那么可以说前者是从他人的角度观测出的人的生存状态,而后者则是从自身的角度,通过内视捕捉到的自己的存在状态。性格冲突在很大程度上决定了人际冲突的程度。

《三国志》中评论关羽和张飞"皆称万人之敌,为世虎臣。羽报效曹公,飞义释严颜,并有国士之风。然羽刚而自矜,飞暴而无恩,以短取败,理数之常也"。[①] 不失为中肯之词。

美国著名的特纳公司老板特德特纳说,他一生最大的憾事是"没能做一个像样的儿子"。老特纳当年是一个相当有知名度的广告商。他与儿子在很多年前便有许多思想上的隔阂,在许多方面都难以达成一致。知情人说,这父子俩只要单独在一起超过十分钟,便会争吵得不可开交,谁也说服不了谁,谁也不让谁,每次都搞得不欢而散。那时,年轻气盛的特纳总认为,有个性的人必须勇于坚持自己的主张,即使是亲生父亲也不例外。直到后来,有一次父子俩为是否卖出一部分名下产业而彻底对立,正在人们观望这对父子到底是谁占上风的时候,老特纳却突然饮弹自尽了。特德特纳深信,如果自己不是那么激烈地与父亲争论,以至于伤了他的自尊,而是先把自己的观点放一放,慢慢地用事实说服他,也许父亲不会死。自己能与对手求同存异,却为什么不能与父亲这样做?

---

① [晋]陈寿.三国志[M].上海:上海古籍出版社,2002:877.

一项心理学研究表明,许多心理上有严重疾病的人,一个最突出的表现是谈论任何问题时,都以"我"为主题词,"我"的出现频率极高。他们从不会站在别人的角度上换位思考。这种性格缺陷是许多犯罪人所共有的心理特征,也是诱发人际冲突的原因所在。尤其是一些城市富家的独生子女,在家过分受宠,个人中心主义严重,说话、为人处世我行我素,性格好强,总是"不愿吃亏",争执就有可能经常发生。

人际冲突的动因随人的心理变化,呈现变化莫测的趋向,上述五种类型是诱发冲突的根本性原因。当然,从社会心理学的角度上讲还有环境的因素,如从众的心理、情绪的感染、紧张气氛对人形成的压力等,有时在人际关系中也能起到催化作用。在进行人际冲突原因的分析时可以作为一种参照性的因素加以考虑。人际冲突的爆发有时是偶然的,但偶然中蕴涵着必然的因素。只有从偶然到必然,从个别到一般,综合分析各种心理因素,从联系的、发展的观点来看待问题,才能把握问题的本质。

五、人际冲突的管理

冲突管理指的是人们采取一定的行为来应对、处理冲突。冲突管理的能力和水平很大程度上决定和影响着人际冲突的结果,它对研究人际冲突具有重要意义,有利于维持和改善个人的身心健康,可以提高我们处理人际关系的技能,也有利于解决组织中的冲突。

(一)人际冲突的管理步骤

人际冲突是一件十分寻常的事情,因此,我们首先在认识上要把它看做正常的事情,理性地、充分耐心地、冷静地面对,并从容地加以处理。处理人际冲突的步骤大致如下：

1. 澄清并界定问题

有不少冲突，并非是由于客观存在的差异，而是由于主观想象中的矛盾或误解。因此，有必要先对问题的性质和根源作出界定。这样一方面有助于消除误会，另一方面也有助于对症下药，有的放矢地采取相应的措施。

2. 找出彼此的需求和愿望

双方将引发冲突的问题，予以澄清之后，必须进一步讨论每个人的需求或愿望，真诚地表达自己的需求或愿望，同时也必须要求对方表达他的需求或愿望。"彼此必须互以对方为重，不容专替自己方面着想。如果你老是为自己打算，为自己着想，将人家的心理、意思，都放置而不顾，这个绝对不行。……能替人家着想，就没有不通。通就能做，做更能通，越做越通，大家心情都顺了，就一切事没有不能做的。"[①]如果忽略这一程序，双方将无法获得真正满意的结果，彼此的争执也不会因此而终止。

3. 寻求可能的解决方案

当冲突的双方分别把自己的需求或愿望表达出来后，双方就必须一起努力来寻求各种可能的解决方法。

解决"不是表现在对冲突的压制上，而是表现在对冲突实施合理的控制上。……管制必须以广泛的原则为基础，能够为和平的改变和适应提供条件，能够适应新的环境"[②]。解决是欲望疏导，在尽可能的条件下满足双方的欲望。

---

① 梁漱溟．梁漱溟全集（第2卷）[M]．2版．济南：山东人民出版社，2005：73.
② ［美］库利．社会过程[M]．洪小良，等，译．北京：华夏出版社，2000：33.

4.达成共识

当把所有能想到的解决方法都列出来之后,双方就要仔细评估各种方法的优缺点,找出双方都能够接受的方法,达成共识,并进一步确认他们所同意的协定,以及确定对方具有的诚意,并加以执行。

5.评估和总结经验

当双方达成解决问题的共识之后,并非就"万事大吉"了。事实上许多协议因一方或双方无意和无法维持下去而宣告破裂,因此,必须跟踪协议的执行情况,再次进行协商。在这个过程中,双方都要总结经验,从中汲取有价值的教训,避免使人际关系进入恶性循环。

(二)人际冲突管理的策略

人际冲突处理策略反映个体处理冲突的倾向性。随着对冲突研究的深入,不同的冲突处理模式被提了出来。众多冲突处理策略模型中,以托马斯提出的五因素模型影响最为广泛。托马斯在满足自身利益和他人利益两个维度上,确定个体究竟用哪一种方式处理冲突策略。其中,要满足自己利益的愿望依赖于追求个人目标的武断或不武断的程度,想满足他人利益的愿望取决于合作不合作的程度。在此基础上托马斯(Thomas K. W. ,1976)提出解决冲突的五种策略(见图 5 - 3)分别是:①回避方式(avoiding),就是既不满足自身利益也不满足对方利益,试图不作处理,置身事外;②竞争方式(competing),就是只考虑自身利益,为达到目标而无视他人的利益;③迁就方式(accommodating),就是只考虑对方利益而牺牲自身利益,或屈从于对方意愿;④合作方式(collaborating),就是尽可能地满足双方利益,寻求双赢局面;⑤折中方式(compromising),就是双方都有所让步。五种人际冲突处理策略则分别代表了武断性和合作型的不同组合。具体地说:

图 5 - 3 托马斯冲突处理策略模式

1. 回避策略

这是一种逃避冲突的方式,即选择不作为的策略,对冲突不予处理。在对冲突的性质把握的基础上,对于双方来说暂时还没有找到合适的解决办法,或者是继续争执下去也不能澄清是非的情况下,选择回避策略对双方来说都是有益的。这种策略适合的情况有:

(1)这个问题很小,或者对你来说不是太重要;

(2)你感觉不可能满足自己的需求;

(3)情绪非常激动;

(4)其他人或许能够更有效地解决彼此冲突。

当然,回避问题并不等于解决问题,它只是权宜之计。"如果所面临的问题需要你全力以赴地去解决,采取回避是非常危险的"①。这时就不能以鸵鸟式的方法逃避问题,必须面对。

2. 迁就策略

这是一种向对方让步的做法。其具体的做法是牺牲自己的目标以

① 杰纳兹,施奈德,等.组织中的人际沟通技巧[M].时启亮,孙相云,译.2版.北京:中国人民大学出版社,2006:296.

适应对方的要求。这种策略适合的情形有：

(1)这个问题对你不太重要；

(2)对你来说人际关系远比你的目标更重要；

(3)为了表示你的"宽容"；

(4)在这个问题上你无法赢得胜利。

在一些场合，如果退让是必需的，那么迁就也不失为一种合理的处理冲突的策略。俗话说"退一步海阔天空"，讲的就是这个道理。但是，在处理冲突中过分迁就可能会对你不利，"马良被人骑，人善被人欺"，因此，迁就不应是无原则的。

3. 折中策略

这是一种双方"各让一步"的策略。冲突双方都放弃自身的部分利益，以便在一定程度上满足双方的部分需求。这种策略适用的情况有：

(1)双方势均力敌；

(2)时间紧迫；

(3)合作策略和竞争策略都不奏效。

这个策略在解决人际冲突中往往特别有效，但是在没有寻求合作可能的情况下草率地选择这个策略也许"得不偿失"。

4. 竞争策略

竞争策略有时也称强迫策略，即一方在冲突中不惜一切代价寻求自我利益的满足，而不考虑他人的需求，把自己的目标置于人际关系之上。这种策略适用的情况有：

(1)有苛刻的时间限制；

(2)对自己根本利益攸关；

(3)己方处于绝对优势地位。

这种策略对取得自己的利益最大化是有利的,但是要冒破裂人际关系的风险。

5. 合作策略

合作策略也称整合策略,指的是冲突双方均关注满足双方的需求,寻求彼此都能接受的解决途径,使彼此的目标都能达成。这种策略适用的情况有:

(1)有足够的时间处理冲突;

(2)双方都有采取合作的意愿;

(3)涉及的问题对双方都很重要。

这是一种最理想的策略,但也并不是所有的情况都适用,而且必须在沟通和谈判中花费大量的时间和精力。它受制于冲突双方对问题的了解程度,完全达到心理上欲求的满足是不易做到的。

上述各种策略都各有利弊,而且并不适用于各种情况。因此,必须根据具体情况采取不同的策略,并及时从一种策略调整到另一种策略。适合的策略就是最好的策略。

(三)人际冲突管理的原则

不管采用何种策略,在冲突管理中,为了有效地提高冲突处理的能力和水平,应该遵循以下原则:

1. 认清冲突的性质

人际冲突管理,首要的是要认清冲突的性质,从而采取相应的策略。冲突有原则性的和非原则性的。对于原则性的冲突,只能采取对冲策略,这是为了维护正义和原则所必需的,不能万事和稀泥,充当和事老。

1925 年 5 月,鲁迅与沈尹默等七位教授发表了支持北京女子师范大学学生正义斗争的宣言,教育总长章士钊命令解散该校,并要求免除鲁迅的教育部金事职务。不到十天,鲁迅就向平政院即行政法院,投寄控告章士钊的诉讼状。1926年初,这场官司经平政院裁决,鲁迅胜诉了。他说,在黄金世界还未到来之前,人们行进中,总不免碰见凶兽和羊这样两种性质的动物,于是显示出勇敢和卑怯的大区别来。可惜中国人对羊显凶兽相,而对于凶兽则显羊相,如此卑怯,中国一定完结。"我想,要中国得救,也不必添什么东西进去,只要青年们将这两种性质的古传用法,反过来一用就够了:对手如凶兽时就如凶兽,对手如羊时就如羊。那么,无论什么魔鬼,就都只能回到他自己的地狱里去。"①

　　如果是非原则冲突,则尽可能宽大为怀,息事宁人,"大事化小,小事化了","难得糊涂"。清朝时候,郑板桥的家人和邻居因一道墙的归属问题发生争执,还打起了官司。于是,郑板桥的家人就想求助于在外地为官的郑板桥。可是郑板桥没有出面干涉这件事,只是给家里写了一封信,力劝家人放弃争执。信中有这样两句话:"千里求书为道墙,让他三尺又何妨,万里长城今犹在,谁见当年秦始皇。"郑板桥的家人收到回信后,就听了他的话,不再与邻居争了,把状子也撤了回来。这样一来,邻居倒觉得不好意思,两家终于握手言和。

　　因此,对于具有建设意义的冲突要积极地鼓励,使冲突双方在沟通交流中受益,增进彼此的理解;对于具有破坏性的冲突要积极地预防,当冲突破坏范围扩大时,要及时地加以阻止,进行正确的引导、利用,使其向良性的方面转化。

2. 控制好自己的情绪

　　人际冲突中消极的情绪会妨碍问题的解决,当人受制于情绪的控

---

① 鲁迅杂文全集[M]. 郑州:河南人民出版社,1994:150.

制,往往很难冷静地坐下来面对事实。所以要调整好自己的心态,控制好自己的情绪。为了防止事态的进一步恶化,对于冲突的各方来说,要控制好愤怒的分寸。英国哲学家培根说过,"若要使当场发作的愤怒不造成严重危害,有两个要点须特别注意。一是泄愤之言辞不可过于尖刻,尤其是不可指名道姓地恶语伤人,须知泛泛而骂亦可解恨。同时发怒者不可揭人老底,因为那样会使众人都回避与你交往。第二个要点是不可因一时愤怒而断然抛开自己的职责;总之不管你怎样表现愤怒,都不要做出无可挽回的事情"①。作为调节冲突的中间人来说,要及时控制处于严重情绪对立的双方,对他们过激的行为进行"冷处理"。因为愤怒中的人容易为情绪所左右,想逞强示勇,借以在心理上压倒对方。对愤怒情绪的双方进行隔离,使他们冷静下来,重新回到沟通协商上来。

苏轼在《留侯论》中就精辟地分析处于愤怒情况下,真正的智者如何控制自己的情绪。他指出:"匹夫见辱,拔剑而起,挺身而斗,此不足勇也。"而真正的强者,"必有过人之节,……无故加之而不怒,卒然临之而不惊"。应对挫折、困难的挑战保持良好的心态,做到宠辱不惊,波澜不兴,不以物喜,不以己悲。要做到颓势不倒,处逆境不躁,心若止水才能明察秋毫。

3. 直接沟通

直接沟通能避免误会。在直接沟通中,可让双方充分地表达彼此的需求或愿望,通过协商,寻求能让双方平等的解决策略。"两人之间的真正冲突,既不用遮掩也不用相互指责,它是内心深层世界的真实体验,不是破坏性的,这种冲突可以导致明确的结论,使人净化,从而使双

---

① 　[英]培根. 培根随笔集[M]. 曹明伦,译. 北京:人民文学出版社,2006:184.

方获得更多的知识和力量"①。有时候"一场争论可能是两个心思之间的捷径"②。

4. 运用幽默

幽默的作用在于人际关系紧张之际,来一出意外的下文,易其紧张为和缓;于是脑际得一快感,而发为笑,康德谓"笑是紧张的预期忽化归乌有时之情感"。人在轻松愉悦中意识到自己言论、行为、思想等的过激,明白自己的偏见、固执所暴露出的无知和愚钝,从而在心理上自觉地抛弃自己错误的意识,很自然地使人际关系恢复正常。

幽默作为一种化解冲突的办法,有它适用的场合。一般来说,冲突不涉及原则性,解决与否不涉及双方实质性的利益关系,主要有认知上的偏差、情感中的小摩擦、行为中的无意识冲撞等。对此,幽默确实是化解矛盾的开心果。但另一方面,冲突如果是涉及原则的利益、立场等,幽默的出现则给人一种不负责任、轻浮、滑稽的感觉。因此要区分不同的场合,灵活地运用。

5. 以合作代替竞争

合作是解决冲突的最有效的方式,它会使冲突的解决富有建设性。以合作代替竞争,能避免双方陷于输赢竞争情境。那么"怎样才能合作呢? 在这里有一句顶要紧的话是:'气要稳,心要通。'怎样才能把心稳得住? 就是要注意当下,在眼前问题上事情上下工夫;不能这样就是气不稳……再说心通,不独自己要通,尤要与人家的心相通;不与人家的

---

① [德]E·弗罗姆. 爱的艺术[M]. 陈维纲,等,译. 成都:四川人民出版社,1986:117.

② [黎巴嫩]纪伯伦. 纪伯伦散文诗全集[M]. 冰心,伊宏,译. 北京:燕山出版社,2000:87.

心相通,则无由合作。"[1]

有一个"姐妹争橘"的故事能更好地解释双赢策略。两个小姑娘为一个橘子争吵。一个想喝橘子汁,另一个想用橘子皮做蛋糕。最后,她们把橘子分成两半,一个人只能拿自己的那一半橘子做自己想要做的事情。其实,在这种情况下完全可以达到双赢,即把全部的橘子果肉给其中一位,而把全部的橘子皮给另一位,两位各得其所,资源利用得到最大化。每个人都在最大范围内得到自己想要的,并且没有造成对方的损失,从而实现了真正的双赢。这种互惠的办法,无疑会成为双方今后合作的很好基础[2]。

如果双方的需要是一致的,那么是否存在彼此合作的可能?

谢里夫(M. Snerifetal,1961)的夏令营实验揭示,如果双方找到一个更好的、能最大限度满足两个人需求的共同目标,那么冲突就自然化解。谢里夫让两个发生冲突的群体一起进行一系列的共同活动,如玩撒豆游戏,一起用餐,一起看电影短片等,并没有减少两个群体间的冲突。但当活动变为需要两个小组合作完成一个对双方都有意义的共同目标时,冲突被成功地消除了。"两方一起修野营基地给双方供水的蓄水池、一起协力将卡车拖出泥潭等目标共同的活动,致使双方从冲突走向了合作与融合。共同面对一些目的性、限制性较强,而任务靠一方的努力并不能完成、必须通过双方合作才能实现目标的行为,使得两个群体真正消除了敌意。"[3]这就是把彼此心理对抗的行为转化为谁离开谁都不能单独存在的情境,你中有我,我中有你,共同的需要使彼此心心相通。

① 梁漱溟. 梁漱溟全集(第 2 卷)[M]. 2 版. 济南:山东人民出版社,2005:72.
② 金盛华. 社会心理学[M]. 北京:高等教育出版社,2005:413.
③ 金盛华. 社会心理学[M]. 北京:高等教育出版社,2005:412.

6. 宽大为怀

"至于人与人的关系,我的想法是:对待一切善良的人,不管是家属,还是朋友,都应该有一个两字箴言:一曰真,二曰忍。真者,以真情实意相待,不允许弄虚作假。对待坏人,则另当别论。忍者,相互容忍也。日子久了,难免有点磕磕碰碰。在这时候,头脑清醒的一方应该能够容忍。如果双方都不冷静,必致因小失大,后果不堪设想。"①

据说唐朝有一个姓张的大官,家庭和睦,美名远扬,一直传到皇帝的耳中。皇帝赞美他治家有道,问他道在何处,他一气写了一百个"忍"字。"'忍'之一字,天下之通宝也,如与人相辩是非,这其间著个'忍'字,省了多少口舌……凡世间种种有为,才起念头,便惺然着忍。如马欲逸,应手加鞭,则省事多矣。但忍中有真丹,又是和之一字。以和运忍,如刀割水无伤。和者,众人见以为狂风骤雨,我见以为春风和气,众人见以为怒涛,我见以为平地,乃谓之和耳"(清儒张培仁的《妙香室丛话》)。

双方面对冲突所引起的愤怒、怨恨等消极的情绪,都会本能地产生报复、攻击的心理。只有占据优势的一方放弃争执的念头,体恤到处于劣势地位者的郁闷心理,冲突很快就会平息下来。

松下幸之助就有过这样的经历。他说:"大约十年前,有一次我为了生意上的事和人争执得很凶。后来有人出面调解,那人词意恳切地说:'松下先生,这次你就输了吧! 你如果想赢,当然是可以赢的,但你必须体恤属下的立场。为了属下,这次你非输不可。一个领导者,身居负责地位的人,有时不得不为部下牺牲自己。'这几句近十年常常在我心中萦绕,这个人的确说得不错,站在负责人的立场,最重要的是必须

　①　季羡林. 季羡林谈人生[M]. 北京:当代中国出版社,2006:18.

有慈悲为怀的心肠,否则不是和兽类、牲畜没有两样吗？请各位不要忘记,也要拥有这样一颗心!"[①]

包容他人是一种宽大为怀的思想,它更注重人与人之间的关系。楚庄王班师夜宴,酒席上有人趁灯灭之机,抓住楚庄王许妃的手,许妃扯下那人帽子上的缨带,悄悄告诉庄王,谁知庄王突然下令:今夜狂欢,大家一律解下缨带,开怀畅饮,然后传令点火。庄王若无其事地直到席散。后来唐狡为庄王拼命征战。楚庄王的胸怀避免了一场君臣之间的冲突,机智地缓解了矛盾,赢得了部下的信任。

7. 介入调停

上述原则都是在冲突双方力所能及的范围内,通过自我主动地寻求和解的良策。但是有时候,冲突的程度已超出两个人能力的范围,双方心理的对抗已达到僵化的程度,此时,就需要有外力的介入,通过第三者的调停来促进双方的和解。

调停是指通过与冲突双方没有直接利害关系的第三者的介入,来解决矛盾。第三者的身份是中立的,他应具有以下的特点:①德高望重,为人公平;②经验丰富,富有耐心;③必须有一定的权威性。

调停的主要承担者是冲突双方都认可的具有调解能力的个人,还可以是具有一定社会影响力的仲裁机构。调节者的主要作用在于:第一是为冲突双方营造沟通合作的氛围,让他们明白彼此之间互相依赖,有着共同的利益;第二是帮助他们以合作性的谈判来解决冲突。

调停的目标在于使双方都能回到问题上来,进行磋商。第三者以暗示、诱导等方式使双方明白彼此的分歧所在,弄清楚造成问题的根

①　松下幸之助.创业的人生观——松下成功之道丛书之一[M].秦艺初,等,译.北京:军事谊文出版社,1987:39.

源,以便在互相沟通理解的基础上寻求解决的策略。在反复调解无效的情况下,依据冲突双方的要求,按照实际情况作出相对公平的裁决。

在时间比较紧迫、需要立即处理两人的冲突时,第三者的作用往往是有效的。但它只是一种权宜之计,只是解决了表面的分歧,很少能顾及双方复杂的心理背景。因此,要真正使冲突双方达到心理上的相通,还需要双方彼此进行沟通交流,促进彼此感情的共通。

第六章　人际沟通

在当今社会生活中，人们除了睡眠之外，大多数时间都处于与人联系、沟通信息、交流思想和情感的过程中。无论在正式还是非正式的场合，人们几乎无时无地不在沟通。根据 F·但斯和 C·拉森（1979）的观点，人际沟通有三种功能：一是连接功能，在一个人和他所处的环境之间起一种连接作用。二是精神功能，通过人际沟通，人们能参照他人的想法而更好地决策。三是调节功能，通过人际沟通可以协调人们之间的行为。有效的人际沟通无论对个体的工作、生活，还是对组织的决策、管理都具有十分重大的价值，有助于实现很多重要目标。它是释放和缓解压力、正确决策、营造良好的人际关系、提高团队凝聚力的一条重要途径。良好的人际沟通能力也是现代职业人士必备的条件之一。因此，研究人际沟通的整体图式、基本形式、有效沟通的原则以及基本技能就显得十分重要。

一、人际沟通的图式

（一）人际沟通的内涵及其特点

沟通（communication），又译为传播，原指个体与个体、个体与群体、群体与群体之间信息传递、信息交流和信息共享的过程。现在被用来泛指"人们分享信息、思想和情感的任何过程"①。在传播学中,沟通被分成很多种类,诸如自我沟通、人际沟通、团体沟通、组织沟通、大众沟通、跨文化沟通等,它们的传播的主体、对象、手段、范围、规模、影响等不尽相同。人际沟通只是其中的一种类型。

何谓人际沟通?国内社会心理学界有一种十分流行的说法,即认为它是"社会中人与人之间的联系过程,即人与人之间传递信息、沟通思想和交流情感的过程"②。有的甚至把它等同于"人际交往"、"人际关系"。这种定义过于宽泛,实际上是把人际沟通与沟通等同,从而混淆了人际沟通与其他沟通类型的界线。事实上,人际沟通(interpersonal communication),又称人际传播,指的是个体与个体之间的信息、思想和情感的交流过程,或者说是我和他人、个人与个人之间的传播,它与组织传播(组织与其成员及外部公众的沟通交流)和大众传播(职业传播者通过大众传播媒介如报纸、杂志、广播、电视等,将大量复制的信息传播给分散的目标公众的一种传播活动)都属于社会传播,但又具有显著的区别。上述三类"社会传播"的特点比较如表6-1所示。

人际沟通并不等同于所有的社会上的人与人之间的联系与沟通,它有特定的内涵,与其他沟通类型相比,其主要特点有:

1. 私人性

人际沟通的主体是个体,具有显著的私人色彩。这与组织传播、大众传播是不同的。虽然,组织传播、大众传播的主体往往也是以个体形

---

① [美]桑德拉·黑贝尔斯,里查德·威沃尔. 有效沟通[M]. 李业昆,译. 北京:华夏出版社,2002:5.

② 全国13所高等院校《社会心理学》编写组. 社会心理学[M].3版. 天津:南开大学出版,2003:236.

式出现,但是他(她)只是组织的代言人,并不代表自己,具有组织性质。当然,组织传播也经常借助于人际沟通的形式,为便于沟通,他(她)也往往以私人的面目出现,以至组织内外也广泛地存在着人际沟通现象。

表 6 - 1　三类社会传播的特点比较①

	人际传播	组织传播	大众传播
手　段 （媒介）	人自身（谈话、表情、动作等）	人自身＋机械化、电子化媒介	机械化、电子化媒介（报刊、广播、电视等）
规　模	少数人	特定、较多数人	不特定、多数人
空　间	小	中	大
周　期	不规则	较规则	规则
角　色	随时交替	有所规定	固定
反　馈	灵活	有点困难	十分困难
信息（表达）	不规范	较规范	规范

2. 亲切感

由于人际沟通所采用的手段一般是人自身,包括谈话、表情、工具、书信等方式,比较直观、生动、自由,富有情感色彩,较为亲切,容易打动对方。

3. 能动性

人际沟通一般是在现场面对面地进行的,发信者和接信者经常互换角色,表现为双向沟通的特点。因此,它不是简单的信息运动,而是信息的积极交流和理解。在沟通中有双方主观能动的参与,信息反馈迅速,能及时地发现和消除沟通过程中出现的问题和障碍,大大提高沟

① 张国良,等. 传播学原理[M]. 上海:复旦大学出版社,1995:12.

通的质和量。

4. 范围小

人际沟通规模至少两个以上,下限明确,但上限模糊,只要没有组织参与,即使参加者再多,也仍属于人际沟通范围。如个体面对大众讲演,人数也不少,但总体来说,人际传播的范围比较狭小,无法与组织传播和大众传播的人数规模相提并论。

由于人际传播的这些特点,决定了它在沟通过程中具有自身的独特地位,是最常见、最普遍渗透人类生活一切方面的一种最基本的沟通方式。

(二)人际沟通的要素与图式

沟通,实际上就是传播。因此,我们可以借用传播学的有关原理加以分析。

所谓沟通的要素,是指沟通过程中的具体环节。这些环节相互联结,缺一不可,否则整个沟通过程就无法实现,或者无法顺利进行。

那么沟通的要素有哪些? 对这个问题,学界的看法不尽一致。美国社会心理学家拉斯韦尔(Harold Lasswell)提出了著名的传播过程中的"5W 模式",即 who(谁);say what(说什么);through which channel(通过什么渠道);to whom(对谁说的);with what effect(产生什么效果)。但是这只构成了单向沟通的模式。由于人际沟通一般是双向沟通,双向沟通比单向沟通多了一个环节,即反馈。此外,整个沟通过程还要经过信息的编码与译码,受到一定环境的影响,受制于特定的语义系统,遭受各种噪音的干扰。因此,人际沟通的过程主要由下列要素构成:发信者、接信者、信息、渠道、编码与译码、反馈、噪音、环境等。整个人际沟通过程的图式如图 6-1 所示。该图表明整个沟通过程中的各个要素是如何相互作用并发挥影响的。

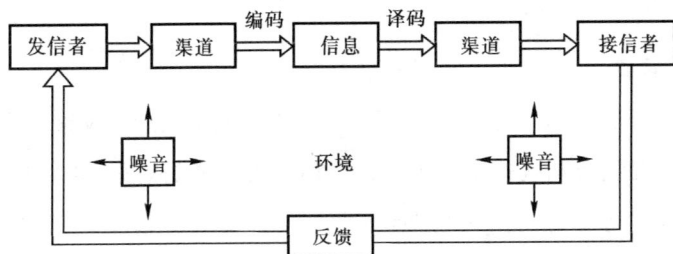

图 6-1 人际沟通过程图示

1. 发信者、接信者

发信者,即信源,指信息发布者。接信者,即信宿,是指接受并利用信息的人。在大多数情况下,人际沟通不是一个单向沟通过程,而是双向沟通过程,因此,在大多数沟通情境中,人们既是发信者,又是接信者,即在同一时间既发送又接受。

2. 信 息

信息指传播的内容本身,由发信者和接信者共同分享的知识、思想和情感组成。

3. 渠 道

渠道指信息传递的途径,或者说是发信者和接信者发送和接收信息的手段。实际上就是沟通双方所借助的媒介与符号(包括语言符号和非语言符号)。

4. 编码与译码

编码是发信者发送信息的方式;译码是接信者把信息译成语言所表达的思想内容,还原为原来的信息。人际沟通只有在沟通双方掌握统一的编码和译码体系条件下才能实现。这不仅是指双方应有相同的词汇和语法系统,而且要对语义有相同的理解。否则,彼此就不能达成真正的沟通与理解。

5. 反馈

反馈是指发信者和接信者对信息的相互间的反应。反馈对沟通至关重要,发信者和接信者均可根据反馈检验沟通的效果,并据此调整、充实、改进沟通行为。一般来说,交流中包含的人越少,反馈的机会越大。

6. 噪音

噪音是指干扰和阻碍沟通的任何现象,是阻止准确解释和理解信息的障碍。它可分成三种形式:外部噪音、内部噪音和语义噪音。外部噪音来自于环境,阻止听到或理解信息。内部噪音发生在发信者和接信者的头脑中,这时他们的思想和情感集中在沟通以外的事情上。语义噪音是由人们对词语情感上的反应而引起的。

7. 环境

环境是沟通发生的场合。环境对沟通有着重大的影响。正式的环境适合正式的沟通,非正式的环境则适合非正式沟通。在很多情况下,当环境发生变化,沟通也会发生变化。

完整的沟通是由上述因素相互作用所构成的一个总体图式。上述要素构成了人际沟通的基本要素和环节,对沟通效果产生的影响极大,因而也就成为了传播学研究的中心内容。

用传播学原理去解释人际沟通的图式,从一般意义上来说是适用的。但是,由于人际沟通的特殊性,它不仅是信息的简单传受,更有思想、情感的复杂成分能动地参与其中,而且主要是个体之间在特定情境下的面对面的沟通,这就使传播学在解析人际沟通过程中暴露出不少缺陷和不足。因此,一些社会心理学家引进了语义学中有关特殊情境下的语境和语义等原理来考察人际沟通,这是个值得重视的问题。

二、人际沟通的原则

有效的人际沟通原则,指通过双方的沟通行动取得预期效果的原则。人与人之间经常会处于一种不平衡状态,存在着种种障碍,这就使沟通不仅是可能的,而且是必要的。在传播学中有两句响亮的口号:"人不得不传播","传务求通"。有效的人际沟通,是协调人际关系的重要途径,也是组织管理的重要目标与手段。

美国著名的公共关系专家卡特利普、森特在他们合著的被誉为"公关圣经"的著作《有效的公共关系》中提出了有效沟通的"7C原则":

(1)credibility:可信赖性,即建立对传播者的信赖。

(2)context:一致性(又译为情境架构),指传播须与环境(物质的、社会的、心理的、时间的环境等)相协调。

(3)content:内容的可接受性,指传播内容须与受众有关,必须能引起他们的兴趣,满足他们的需要。

(4)clarity:表达的明确性,指信息的组织形式应该简洁明了,易于公众接受。

(5)channels:渠道的多样性,指应该有针对性地运用传播媒介以达到向目标公众传播信息的作用。

(6)continuity and consistency:持续性与连贯性,这就说,沟通是一个没有终点的过程,要达到渗透的目的,须对信息进行重复,但又必须在重复中不断补充新的内容。这一过程应该持续地坚持下去。

(7)capability of audience:受众能力的差异性,这是说沟通必须考虑沟通对象能力的差异(包括注意能力、理解能力、接受能力和行为能力),采取不同方法实施传播才能使传播易为受众理解和接受。

上述"7C 原则"基本涵盖了沟通的主要环节,涉及传播学中控制分析、内容分析、媒介分析、受众分析、效果分析、反馈分析等主要内容,极具价值。这些有效沟通的基本原则,对人际沟通来说同样具有不可忽视的指导意义。

要实现有效的人际沟通,首先要弄清楚人际沟通的主要障碍所在,这样才能有的放矢地开展沟通活动。

虽然,影响人际沟通的障碍众多,但总体来说,可归纳为以下四个方面:

(1)个人因素。个人因素指发信者与接信者的个性差异造成的障碍。如沟通者和被沟通者的知识水平、性格特征、观念态度、兴趣要求的不同,就易导致沟通障碍。

(2)人际因素。人际因素指发信者与接信者在互动过程中的障碍。这主要取决于沟通双方的相互信任程度以及共同经验范围的大小。

(3)信息因素。信息因素指由于信息的组织方式和表达方式不同,造成的沟通障碍。

(4)环境因素。特定语境下的语义是不一样的,特殊的环境对沟通影响也很大,特别是组织结构因素及文化环境、心理环境差异容易导致沟通障碍。

要实现有效沟通,必须消除上述沟通障碍,可以从以下几个方面来做努力:

(一)树立沟通者的良好形象

人们在选择、接受、理解信息时,深受发信者特性的影响。人们听别人说话时,不仅从语言本身来理解其含义,而且还要看说话者的资历、地位、才识和声望等。黑格尔指出,同一格言,小孩子说出来,与老年人说出来,其内容是不同的。如"人生是多么艰辛啊"一语,如果出自三岁小孩之口,就显得十分好笑,但如果出于饱经沧桑的老人之口,人们便会从中感受到丰富的人生与社会内涵。"改善传播效果的一个重要条件是树立传播者自身的良好声誉和形象。"①甚至一个人的服饰打扮都会对传播效果产生微妙的影响,这是由于它与个人的形象密不可分。心理学家曾做过一个研究,以服装店作为实验场所,让售货员一部分佩戴西服领带售货,一部分穿西服不系领带售货,结果两组营业额大不相同,穿着配领带的一组营业员的营业额比另一组高 60%。我国早期革命活动家彭湃同志在刚创办第一个农会时,到乡下宣传,穿着西装革履,一副阔少爷气派,尽管他讲的革命道理很透彻,可工作却总开展不起来。后来经别人提醒,他换上了农民打扮,讲起农民话,经过努力,才把广大的农民组织了起来。沟通者的良好形象本身就是一种说服力。如果沟通者形象不好,人们就难以对他产生信任,不仅他说的假话没人听,就连他说的真话也没人听,因而也就失去了作为传播者的基本条件。

　　良好的传播者必须具备三个条件:权威性、客观性、亲近性。所谓权威性,即传播者对所谈的问题具有专门的知识,是这方面的权威。所谓的客观性,即指传播者态度超然,持论公正。所谓亲近性,即指传播者宅心仁厚,与人为善,能设身处地地为对方着想。斯宾诺莎说:"心灵非武力所能征服,唯有仁爱与德量可以征服之。"就是说,只有襟怀广大、度量宽宏的人,方能服人之心。总之,沟通者必须在沟通对象心目

---

　　①　廖为建.公共关系学简明教程[M].广州:中山大学出版社,1993:107.

中是可信赖的。人们接受信息易受权威的、亲近的人和第三者的影响，因为这些人不受他人利益的束缚，态度超然，比较客观，易被接受。

传播者为实现有效传播，在与人沟通前的自我沟通必不可少。传播学中称之为"个体自身传播"或"个人的自我交流"，即交流的主体与客体均为自我。个人在与别人交往之前往往需要进行自我交流，内心"预演"，以自信、和善、亲切和充满人格魅力的形象出现于他人面前。自我沟通是人们进行一切沟通活动的前提和基础。

(二)注意沟通对象分析

有效的沟通，离不开对象分析。正如毛泽东在《反对党八股》一文中所说的"如果真想做宣传，就要看对象，就要想一想自己的文章、演说、谈话、写字是给什么人看，给什么人听的，否则就等于下决心不要人看，不要人听"。他还批评了当时一种现象："在延安城墙上，曾经看见过这样一个标语，'工人农民联合起来争取抗日胜利'。这个标语的意思并不坏，可是那工人的工字第二笔不是写的一直，而是转了两个弯子，写成了'工'字。人字呢？在右边一笔加了三撇，写成了'亻'字。这位同志是古代文人学士的学生是无疑的了，可是他却要写在抗日时期延安这地方的墙壁上，就有些莫名其妙了。"[①]这就是无的放矢，不看对象。有效的传播必须了解受众的需要、态度、知识、经验、能力、背景、信仰、价值观、习惯等，讲的内容必须与听者的需要和利益有关，尽量扩大沟通双方的共同经验范围，使用最易为受众接受的方式，有的放矢地进行传播。否则，就必然出现"对牛弹琴"，"事不关己，高高挂起"，"言者谆谆，听者藐藐"等可笑可恼的场面和结局，自讨没趣，自取其辱。

---

① 毛泽东选集(第3卷)[M].2版.北京：人民出版社，1991：836.

(三)完善信息制作和表达方式

为了实现有效沟通,还要强调较好的信息组织形式和表达形式。为此,我们必须先了解听众对哪些信息感兴趣。"兴趣的发生,大都是随着人对于价值的认识为转移的。兴趣之所趋,即价值之所在。价值所在的地方,也就是足以引起人的兴趣的地方。"①人们往往对与自身利益密切的信息,与自己角色、志趣、经验相关的信息,新奇的信息,刺激性强的信息,社会禁锢的信息特别感兴趣。沟通中要选择听众感兴趣的信息。其次,信息的制作,尽量简洁明了,使之易于传播,易于接受,易于记忆。此外,还可以借助手势语言和表情语言,以增强沟通的生动性和形象性,使对方印象深刻。完善信息制作和表达方式,主要要把握两大原则:一是要抓住根本。马克思说:"理论只要说服人,就能掌握群众,而理论只要彻底,就能说服人。所谓彻底,就是抓住事物的根本。"二是要大众化。以广大民众喜闻乐见的形式表达出来。毛泽东指出:"许多同志爱说'大众化',但是什么叫做大众化呢? 就是我们的文艺工作者的思想感情和工农兵大众的思想感情打成一片。而要打成一片,就应当认真学习群众的语言。"②

(四)强化双向沟通意识

所谓双向沟通是针对单向沟通而言的,它不是信息的单方面传递,而是沟通双方信息的互相传递、互相理解的互动过程。双向沟通与单向沟通相比,具有两个明显的效果:一是可以提高信息互动的质和量;二是可以最大限度地及时消除沟通中存在的障碍。因此,为了达到有

---

①　贺麟. 文化与人生[M]. 北京:商务印书馆,1988:253.
②　毛泽东选集[M].北京:人民出版社,1991:851.

效沟通的目的,沟通双方必须具有积极反馈意识,并根据反馈信息及时地作相应的自我调节。在这个方面,美国课堂教学上的一些做法,值得借鉴。在美国高校的课堂上,学生们表面看来显得比较自由散漫,甚至可以任意离席,出去上厕所,打电话,可以一边听课,一边喝饮料,吃面包,甚而还把脚跷在椅子上。教师也可以坐在桌子上讲课,一边讲一边嚼口香糖,讨论时往往把桌子围成一圈。不管是什么样的名教授在授课,只要有需要,学生可任意打断教师讲课,提出他认为重要的问题要求解答,这是受到鼓励的。如果我们剔除其秩序混乱的消极一面,就其教学方法来说,则是积极的。这就是双向沟通的教学方法,能激发学生的思考力、创造力,因为启迪智慧毕竟比单纯的传授知识要重要得多。

(五)注意环境气氛的影响

　　沟通活动总是在一定的具体场合、情境气氛中进行的。有效的沟通不可忽视具体场合和情境气氛的影响作用。《孙子兵法·地形篇》中说:"地形者,兵之助。"在人际沟通中也要注意利用环境因素增强沟通效果。美国美洲银行总部的会客大厅,会令每一个来访者受到强烈的震撼。这个会客厅足有一个足球场那么大,铺满了昂贵的红地毯。但偌大的空间,仅在会客厅的一头放了几排沙发。强有力的空间感,足以使来客留下"这是家实力雄厚的银行"的印象。环境能够形成一种感染力,在不知不觉中改善人们的心态和观念。心理学研究还表明,在自己熟悉的环境中,人能获得一种稳定感,从而产生一种心理优势。懂得运用环境力量的人,能把事件不知不觉地引入到他所希望的状态。情景不同,场合不同,沟通的形式就不同,沟通的效果也会有差异。要注意沟通内容须与环境保持一致。以前八宝山革命公墓门前写有一副对联:经济搞上去,人口降下来。内容虽然不错,但写在那种场合,就会令人啼笑皆非。沟通环境分为时空环境、组织环境、文化环境、心理环境等。上述各种环境气氛在沟通活动中是相互交叉，共同起作用的。

三、人际沟通的方式

要进行有效的人际沟通，就必须选择恰当的沟通方式。要选择合适的沟通方式，就须了解人际沟通方式的分类。根据不同的标准和依据，可把人际沟通分为各种类型，主要有：

(一)正式沟通和非正式沟通

按沟通的组织渠道，可把人际沟通划分为正式沟通和非正式沟通。

正式沟通是指通过一定的组织结构和渠道所进行的有明确目的的人际沟通。例如请示汇报、各种会议、上级找下级谈话，等等。非正式沟通是指正式渠道以外的信息交流和意见、情感沟通。如私下议论、朋友聊天、传播小道消息。它是人与人之间自发的、经常性发生的沟通。

正式沟通具有一定的规范(规范性)，沟通双方较严肃(严肃性)，所以信息传递较为准确(准确性)，但运用不当易流于形式主义，理性有余而感性不足。如果说正式沟通是组织化的、程序化的，那么非正式沟通则是私人化的、非正规化的。非正式沟通较为随意自由，无拘无束，自然亲切，往往能更多地流露与表达人们的真实思想、情感、动机与需要，而且传播速度较快。在许多情况下，它成了正式沟通的重要补充。非正式沟通同正式沟通一样，也是现实生活中不可缺少的一种人际沟通形式，但处理不当也会起到传播流言、挑起人际纠纷等不良后果。

(二)直接沟通和间接沟通

根据是否借助于一定的中介进行沟通，可以把人际沟通划分为直接沟通和间接沟通。

直接沟通是指双方面对面地运用语言和非语言符号系统传递信息、交流意见、交流思想感情。间接沟通是需要经过中介环节（如中间人、中介物等）才能实现的人际沟通。

直接沟通中信息、情感交流比较充分，易获得真实信息，因为直接接触，两人既可以交谈，又可以察言观色，相互之间存在着较充分的思想和情感交流的空间。间接沟通虽然影响力不如直接沟通，但作为一种辅助形式，也十分有效。中间人可以建立一种情感联系，通过中间人，沟通双方就可以建立某种关系。中介物（如礼品、鲜花等）也可促进关系的建立，增进相互之间的沟通。总之，合理地使用中介物、中间人常常可以使人际沟通顺利进行，有助于建立和改善人际关系。

（三）单向沟通和双向沟通

从沟通有无反馈来看，可将人际沟通划分为单向沟通和双向沟通。

单向沟通就是信息只向一个方向流动而无反馈，如报告、演讲、讲话，其优点是信息传递速度快，传递信息集中，条理性强，不易受干扰；其缺点是难以得到反馈，无法真正明了沟通的效果。当然，纯粹的单向沟通是少见的，如报告、讲演中，听众也会有语言和非语言的反馈。双向沟通，即相互沟通，指沟通双方既是发信者，又是接信者，如讨论、谈话、谈判等。双向沟通能及时获得反馈信息，使双方在心理上互相作用，获得准确信息，互相启发，并可根据反馈信息及时调整沟通策略。其缺点是沟通易受到干扰，比较费时间，难以有条理，影响信息传递的速度。

美国心理学家莱维特（H. J. Learitt）曾对单向沟通和双向沟通的效率作过比较研究，研究结果表明：第一，单向沟通的速度比双向沟通快;第二,双向沟通比单向沟通来得准确;第三,双向沟通中,接信者对自己的判断比较有信心,知道自己对在哪里,错在哪里;第四,双向沟通中,因为随时会受到信息接受者的询问、批评或挑剔,发信者感到心理压力很大;第五,双向沟通容易受到干扰,并缺乏条理性。因此,两者各有优点和缺点,不能一概而论。在人际沟通中应采取单向沟通还是双向沟通,要因人因事因场合而定。

宜采用单向沟通的情形有:

(1)工作任务紧迫;

(2)沟通对象文化知识水平低下;

(3)传播者经验不足,对疑难问题难以解答。

宜采用双向沟通的场合有:

(1)工作任务不紧迫,需要准确传达信息;

(2)处理陌生的、重大的问题;

(3)巩固和发展双方的人际关系;

(4)面对文化知识水平较高的受众。

(四)工具理性沟通和价值理性沟通

从沟通的功能看,人际沟通可分为工具理性沟通和价值理性沟通。

工具理性沟通是把沟通作为工具,用来实现人们之间传递情报、表达思想观点、传播知识经验等目的,以影响对方的认知、态度,进而改变其行为。价值理性沟通是指把沟通本身作为目的,用来满足人们某种心理需要,比如,表达某种苦闷的心情,消除内心的紧张心理,消磨时光、驱散孤独的闲聊,满足好奇心的探问等。

在人际关系中,工具理性沟通和价值理性沟通都是不可或缺的。人际沟通主要作为一种工具理性,能影响他人的思想行为,争取合作,协调行动,意义固然重要。但价值理性沟通作为一种无目的性的目的,对生活在快节奏、高效率的紧张环境中的人们来说,更是不可或缺的。它是释放心理压力、缓解紧张的有效途径,其价值并不亚于工具理性沟通,甚至更为重大。周作人在《喝茶》一文说:"喝茶当于瓦屋纸窗之下,清泉绿茶,用素雅的陶瓷茶具,同二三人共饮,得半日之闲,可抵十年的尘梦。喝茶之后,再去继续修各人的胜业,无论为名为利,都无不可,但偶然的片刻优游乃正亦断不可少。"①现代人在人际沟通中的一个重要误区,在于过于注重工具理性沟通,忽视价值理性沟通,甚至把后者视为可有可无的累赘,以至"有事有人,无事无人",在人际沟通中,过于急功近利,缺乏累积,难以达到良好的沟通效果。

(五)语言沟通和非语言沟通

根据沟通使用符号媒介来分,人际沟通可分为语言沟通和非语言沟通。

语言沟通是以语言为信息传递渠道的人际沟通。语言的形式有两种,即口头语言和书面语言。口头沟通简便易行,迅速灵活,适用性、应变性强,但局限性也较多,它要受到时空条件、沟通双方的语言能力、生理素质和心理素质诸多限制。书面沟通有许多优点,不受时空限制,便于保存,信息具有准确性,可表达口头语难以表达的深层思想情感,但它对文字及主客体文字能力的依赖性很大,不易适应变化了的情况。不管如何,语言沟通对于人的思想、意见的交流起着决定性作用,它是人际沟通的主要渠道。

非语言沟通是指通过非语言符号进行的人际沟通。在人际沟通

---

① 周作人作品精编[M]. 桂林:漓江出版社,2004:111.

中,人们大量应用非语言符号表达自己的情绪情感、态度兴趣和思想观念。据研究,"高达93％的沟通是非语言的,其中55％是通过面部表情、形体姿态和手势传递的,38％通过音调"①。因此,它也是人际沟通中一个不可或缺的沟通方式。非语言沟通相对于语言沟通,具有丰富性、隐含性、形象性、直观性等特点,能发挥语言沟通无法起到的作用,主要表现在:

(1)非语言沟通直接代替语言信息。美国著名记者约翰·根宝在《回忆罗斯福》中有这样一段关于罗斯福总统的描写:"在短短的20分钟里头,他的表情有:稀奇、好奇、伪装的吃惊、真情的关切、担心、同情、坚定、嬉笑、庄严,还有超绝的魅力,但他可不曾说过一个字。"真是不置一辞,尽得风流。

(2)非语言信息强化语言信息。不论何时,人们传递自认为重要的一些事情,都可用非语言的信息去加强它们,如提高嗓门,使用坚定的手势,从座位中站立起来,等等。非语言方式和语言方式一起使用时,如果两者保持一致,能够对语言所传递的信息起着强化作用。

(3)非语言信息补充语言信息。古人有"言不尽意"的说法,无法用语言充分表达的思想情感,可借助非语言表达,增深语言的含义,可谓"一切尽在不言中"。

(4)非语言信息调整语言信息。非语言信息对语言具有修饰、限制作用。它可表示对言语的支持、否定或加重、减弱。如同样一个语句或词汇,用不同的语调表达,其意思就十分不同,甚至截然相反。

在人际沟通过程中,语言沟通与非语言沟通无时无刻不在同时进行。因此,要真正沟通心理,表情达意,就必须自觉地把两者有机地结

---

① ［美］桑德拉·黑贝尔斯,里查德·威沃尔．有效沟通[M]．北京:华夏出版社,2002:91.

合起来。史载,韩信攻克齐地,欲自立为王。使人言汉王(指刘邦)曰:"齐伪诈多变,反覆之国也;南边楚,请为假王以镇之。"汉王发书,大怒,骂曰:"吾困于此,旦暮望若来佐我,乃欲自立为王!"张良、陈平蹑汉王足,因附耳语曰:"汉方不利,宁能禁信之自王乎! 不如因而立之,善遇,使自为守。不然,变生。"汉王亦悟,因复骂曰:"大丈夫定诸侯,即为真王耳,何以假为!"春,二月,遣张良操印立韩信为齐王,徵其兵击楚①。

(六)上行沟通、下行沟通、平行沟通、混合沟通

按照沟通者的地位和信息流动的方向,还可把人际沟通分为上行沟通、下行沟通、平行沟通和混合沟通。

上行沟通是指下级向上级汇报情况、反映意见。这是上级了解下级的思想、情绪与动态的重要渠道。只有上行沟通的渠道畅通,上级才能真正客观、全面地了解情况,作出正确的决策。但是,上行沟通中也可能遇到障碍,如下级对上级报喜不报忧,欺上瞒下,阿谀奉承,隐瞒真相,就会导致严重后果。这就需要上级广开言路,兼听兼明,切忌被群小包围,闭目塞听,偏听偏信。

下行沟通,是指上级对下级传递信息,如上级主动找下级谈话、向下级传达指示、下达工作任务等。一般来说,重要领导人物向下级传达任务具有重要性和较强的影响力,应该好好利用这种效应。下行沟通对于群体和组织目标达成具有重要意义,但下行沟通也可能存在很多障碍,如层级传播链节过多容易导致信息被截留、内容流失、信息失真等现象,容易产生流于形式、官样文章等弊端。因此,下行沟通时应尽量减少层级传递环节,并且精心准备,坦诚沟通。

---

① 司马光.资治通鉴[M].长沙:岳麓书社,1990:110-111.

平行沟通,即平级人员之间的沟通,如组织各部门负责人之间的碰头会和协调会,员工之间的讨论等。由于平行沟通的渠道不畅,各部门之间、员工之间经常会发生矛盾和冲突,导致内讧。因此,加强平行沟通对于组织内部工作的协调和平衡,减少矛盾,具有重要价值。经常有人说,国人存在着严重的"窝里斗"现象,说"一个中国人是条龙,三个中国人是条虫"等等,确有其事。但国语中同样有"人心齐,泰山移"、"二人同心,其利断金"的说法。人同此心,心同此理,关键在于管理机制与沟通的效应。

组织内部的人际沟通,采取的方式十分多样,各种沟通方式也往往混在一起,又称"混合沟通"。海尔集团兼并安徽黄山电视机厂不久,原电视机厂就有职工开始闹事,最后终于罢工了。原黄山电视机厂的职工认为:第一,他们忍受着一套严格的企业管理制度的束缚,丧失了原先计划经济时代的自由,要为自由而战;第二,海尔没有给他们相应的经济利益。所以,他们要"革命",要罢工了。原来,黄山电视机厂是一个国有企业,企业的经营运作模式还是计划经济的,而海尔的运作模式是市场经济的,这样就必然产生了两种经济体制下不同企业文化的摩擦与碰撞。面对一些人闹事、罢工的严峻局面,海尔集团老总张瑞敏派人组织黄山电视机厂的职工"无限期"地进行大讨论,什么时候讨论清楚了再工作。讨论什么呢? 在市场经济条件下,首先要职工弄懂一个基本道理:即使是"国企"的"主人翁",是不是也得听"上帝"的? 谁是企业的"上帝"? 那就是广大的消费者。企业生产的产品不能像计划经济时代一样,我们生产什么,人民就要消费什么。张瑞敏提出了谁为我们发钱的问题,"我们的工资是客户发给的,不讲求质量,不生产出好产品来,就不能得到市场的认可,也就没有人给我们的职工发工资"。"无限期"讨论只进行了三天,电视机厂的大多数职工便认为,像从前那样,企业就无法参与市场竞争,就无利可图,就活不下去,最终非垮台不可。最后职工喊出了"我们要吃饭! 海尔不能走!"的口号,并主动复工。这是个经典的企业内部沟通的案例。1999 年,美国哈佛大学将海尔兼并黄山电视机厂的典型实践写入他们的企业管理教科书案例。

　　人际沟通的分类还有很多,上述的几种方式则是常见的类型。了解这些不同沟通类型的特点,针对不同的沟通对象、事情特质、情景场合,采取适当的沟通方式,或综合应用多种方法,切实提高沟通效率,达到有效沟通的目的,这是沟通者必须注意的问题。

四、人际沟通的技能

　　人际沟通能力是当今职业人士尤其是现代管理者必须具备的素质之一。能力是知识与经验(或训练)的集合,它虽然有天赋的成分,但主要还是靠后天习得的,在实践中不断积累,在训练中得到强化。人际沟通能力既是一种素质,又是一种技能,可以从训练和实践中不断得到培养、提升。这里主要从心理学角度简述几种主要的人际沟通技术。

(一)面谈(游说)

　　面谈(游说),是一门古老的说服、劝导艺术。春秋战国时期,苏秦、张仪等舌辩之士,以三寸不烂之舌,胜十万雄狮,鼓动风潮,创造时势,合纵连横,演绎出一幕幕轰轰烈烈的历史活剧。据史书记载:"张仪已学而游说诸侯。尝从楚相饮,已而楚相亡璧,门下意张仪,曰:'仪贫无行,必此盗相君之璧。'共执张仪,掠笞数百,不服,醳之。其妻曰:'嘻!子毋读书游说,安得此辱乎?'张仪谓其妻曰:'视吾舌尚在不?'其妻笑曰:'舌在也。'仪曰:'足矣。'"①在现代社会,交谈是人际沟通的主要形式之一,几乎随时随地进行着。然而,喜欢交谈并不等于善于交流,伶牙俐齿并不能保证沟通成功,甚至会给人留下"巧言令色,鲜矣仁"的不良印象。要善于交谈,除了学会一般的语言和非语言的表达技巧之外,还必须了解和运用有关心理原则与方法。

重要的面谈需要做些准备。首先是要了解你的谈话对象,包括交谈对象的关心所在、理解接受能力及其他情况。为了让对方愿意听,不光要考虑自己说话的内容,也应该考虑说话的方式。针对不同对象使用不同的说话方式,甚至使用不同的语言。其次,要明确谈话的目的。谈话是为了沟通和解决问题,因此,只有确定谈话的目的,才能确定谈话的策略,选择谈话的话题。其三,选择合适的时机。成功的交谈是在合适的时机同合适的对象讨论合适的话题。因此,必须高度重视对时机的选择,不要在对方很忙或者根本心不在焉的时候讨论重要的话题。此外,还要注意自己的仪表修饰。没有人愿意与自己讨厌的对象进行交流,人的仪表修饰对人际沟通也很重要。在人际沟通中除保持仪表整洁,还应尽量保持精力充沛,情绪愉快。

在正式谈话过程中有下列技巧,能使沟通顺利进行,取得良好的效果:

1. 进入谈话正题前的"暖身运动"

有经验的谈话者在开始进入谈话主题前,总会谈些表面上与谈话主题无关的"废话",诸如谈谈天气,拉拉家常,讲讲趣闻等,这些虽然属于"闲聊"的话题,但在沟通中往往是不可缺少的,它也属于整个沟通活动的前奏或一部分,因此它就不是可有可无的"废话"了,或者说这是一

---

① 司马迁.史记[M].兰州:甘肃民族出版社,1997:553-554.

种"不是废话的废话"。想要在谈话一开始就进入正题是不大顺畅的，因为那样会使交谈冷峻得令人难以接受。1984年美国总统里根访华前夕，根据顾问的设计步骤，他先与一位复旦大学毕业的留美学生接通了电话，告诉他将访华的消息，问有什么需他转告母校的。这位留学生在毫无思想准备的情况下，突然接到里根总统的电话及其所问的问题，顿时心慌意乱，紧张得说不出话来。里根总统知道"此路不通"，立即掉转话头，亲切地问："你来美国有多长时间了？生活过得惯吗？……"对方顺着里根总统的问话，从这些日常小事谈起，心绪逐渐平静下来。里根总统乘势又很自然地把话题转回到原来的话题上，这位学生也很高兴地请总统转告他对祖国人民、对母校师生的问候，通话终于取得了预想的结果。

这些属于"暖身运动"的话题，虽然不是什么有意义的谈话内容，诸如天气如何之类，不谈这些，也不会影响要进行的正式谈话。但没有这类"废话"，谈话会显得生硬、冷峻，就像干什么事情没有一个准备一样。同时，这还是个披沙拣金、挖掘共同话题、营造良好沟通氛围的过程。经由这类话题，谈话就能自然地推进到主题上，引起对方说话的欲望。

2. 寻找对方感兴趣的话题

心理学研究显示，情感引导行动。积极的情感，譬如喜欢、愉快、兴奋，往往产生理解、接纳、合作的行为效果。而消极的情感，如讨厌、憎恶、气愤，则会带来排斥和拒绝。因此，与人沟通也一样，都要善于找到对方的兴趣所在，只有这样，才能更利于达到沟通的成效。

与人交谈时，话题选择是关键。除了引起人们的兴趣，你还有责任去引发他们参与谈话。如果你发现要使你的交谈对象开口畅谈十分困难，可能是因为他还害羞，或者是还没触及他们的兴趣所在。打动人心的最佳方式，是谈论与他切身利益有关的、他最感兴趣和最珍爱的事物。据记载,孟子从庄暴口中得悉梁惠王爱好音乐,于是"他日见于王,曰:'王尝语庄子以好乐,有诸?'王变乎色,曰:'寡人非能好先王之乐也,直好世俗之乐耳。'曰:'王之好乐甚,则齐其庶几乎! 今之乐,由古之乐也。'曰:'可得闻与?'曰:'独乐乐,与人乐乐,孰乐?'曰:'不若与人。'曰:'与少乐乐,与众乐乐,孰乐?'曰:'不若与众。'"(《孟子·梁惠王章句下》)至此,孟子才开始阐述国王应与民同乐的道理。这是一种很好的沟通技巧。

要劝导他人改变态度,最主要的是从他们的利益着手,找出其感兴趣的兴奋点,打动其需求神经。专家们提出实现和他人兴趣一致的三个步骤:

(1)找出别人感兴趣的事物;

(2)对他感兴趣的题目应该先获得若干知识;

(3)对他表示出你对那些事物确实感兴趣。①

3. 把说什么与怎么说结合起来

语言是人际沟通的主体,因此,说什么自然重要。但是,从人际沟通角度来说,怎么说比说什么更重要。把说什么与怎么说结合起来,这是语言沟通的极致。

美国杰出的科学家,也是非凡的公共关系专家西尔多·冯·卡门曾经讲过一个耐人寻味的小故事。那故事说,一个耶稣会教士和一个多明我会修道士同在一所神学院学习,两个人都是烟瘾极重的"烟枪"。由于烟瘾难熬,他俩决定去跟院长商量商量。多明我会修道士见到院长,直截了当地请求院长允许他默祷时也能抽烟,结果遭到严词拒绝。可是,当他回来后竟发现那位耶稣会教士正在怡然自得地抽着一支大

---

①　方守基.双赢沟通[M].北京:中国华侨出版社,2004:71.

雪茄,不由得大为惊讶。修士愤然嚷道:"既然禁止我抽烟,怎么又允许你抽呢?""那么,你是怎么要求来着?"教士问。"我要求默祷时允许抽烟。"修士说。"朋友",抽烟的教士说,"毛病就出在这里。你应该这么说,'我抽烟的时候是否也能默祷呢?'这样非但不会禁止,反倒会受到鼓励"。

冯·卡门认为这则故事的寓意在于:一个人在生活里能得到什么,不仅仅取决于要求,而且还取决于提出要求的方式。沟通不仅要注意内容本身,还要注意表达的方式。

4.学会有效倾听

西方有句俗语说:人长着两只耳朵却只有一张嘴巴,就是为了少说多听。沟通过程就是由说和听构成的。人们往往将善于交谈与高谈阔论、侃侃而谈联系在一起,却忽视了倾听在交谈中的重要性。据说,美国有个大学生毕业时去一家报社求职,社长接见了他,开始与他谈得很投机,已准备聘用他了。后来,社长谈起了一次他在假期滑雪的经历。大学生以为这与正事无关,就去想别的事情,走神了。末了,社长问他对这次滑雪经历有何感想,那大学生回过神来,因根本没听内容,只得敷衍地说:"好,好极了!"社长很生气,说:"我在这次滑雪过程中摔断了一条腿,好极了?"那位大学生的工作也因此告吹了。

在人际沟通中,聆听是一种"白魔术"。做一个好的"听众",才能把握沟通的主动权。倾听在交谈中的作用有三:一是倾听是敬人的一种表示,会使对方产生无限的心理满足。专心诚意地听别人讲话,意味着你能给予别人的最大尊重。二是倾听能够激发他人的谈话兴趣,满足其自尊的需要。三是通过有效聆听有利于准确捕捉信息,在理解和判断的基础上,决定相应的沟通策略。因此,我们在交谈中不妨先藏美于后,以谦恭礼让的姿态把讲坛留给对方,这会融洽交谈的气氛,对方也自然会对你产生好感,从而大大提高沟通过程的愉悦性和沟通的有效性。

卡耐基在《人性的弱点》中说道:"千万不要忘记,那个正在与你谈话的人,只会对他自己、他的需要、他的问题最感兴趣,这要比对你及你的问题胜过上百倍。"如果你要使别人喜欢你,就要:"做一个善于倾听的人,鼓励别人谈论他们自己。"①善于交谈的人,首先必须是一个善于倾听的人。如果说话是一门艺术,倾听同样是一种智慧。良好的谈吐有一半要靠倾听,不是单用耳朵,还包括所有感官;不仅用头脑,还得用心,做到虚心、专心、耐心、会心。所谓虚心,即是要表示出真诚,真心地对对方的谈话表示出兴趣。专心,即要集中精神,认真倾听对方的发言,通过听其言、观察其举止来了解对方真意。耐心,就是说听别人讲话要沉稳、有毅力,通过耐心沉稳的倾听,为自己赢得沟通创造优势。会心,即是说在倾听中保持敏捷的反应,要鼓励、引导对方把话说下去,可以采用提问、赞同、适时插话、复述对方话头、发表简短评论及使用非语言因素等方法,作出及时反馈。在交谈中,一个漫不经心的动作和细节,如一个不耐烦的眼神,一个不经意的哈欠和伸懒腰的姿势,都可能毁掉整个交谈基础。

5. 力避引起争论

卡耐基指出:"你赢不了争论。要是输了,当然你就输了;如果赢了,还是输了。为什么? ……你使他自惭。你伤了他的自尊。他会怨恨你的胜利。"②在交谈中,要力避引起争论,因为当一个人一旦说出一

---

① [美]戴尔·卡耐基. 人性的弱点[M]. 汝敏,编译. 北京:民主与建设出版社,2004:135-136.

② [美]戴尔·卡耐基. 美好的人生·快乐的人生[M]. 肖云闲,冯明,编译. 北京:中国文联出版公司,1987:5.

个"不"字,他所有的人格尊严和神经都已经高度动员起来,要求把"不"坚持到底。事后他也许会觉得这个"不"说错了,但他必须考虑到宝贵的自尊心而坚持说下去。因此不要随意否定别人,不要说:"你错了。"反驳,只会制造敌人,引起强烈的反感。

辩论只是在特定的场合中使用的沟通技术,诸如在辩论赛、谈判、法庭辩护、学术讨论、论文答辩等场合使用。在交谈中,应该尽力避免辩论,正如卡耐基所说的辩论无胜者。争辩不适合于人际沟通,但在现实生活中,有些人却经常不分场合地争论,甚至在日常的谈话和无关紧要的闲谈时也要与人争个高下,弄得大家都不愿与他交谈。

在交谈中由于人们的思想观点、立场原则等各不相同,出现意见分歧是不可避免的,对此正确的策略:一是不在枝节问题上纠缠,如果不是原则立场上的分歧,不予争辩;二是真诚交流探讨,绝对尊重对方发表不同观点的权利,同时提出自己的观点,进行讨论;三是努力寻找双方的共同点,最终达成一致。

6. 引起共鸣

沟通的始初动因和最终目的是促使交谈双方在思想上和感情上达成一致,因此共鸣要贯穿沟通过程的始终。实现这样的沟通关键在于,要仔细斟酌交谈的内容,进而感染并打动对方。这可以从以下两个方面进行努力:一是寻找共同的话题,不要以自我为中心,力求超越自我;二是让对方作出正面的反应,"在一开始交谈时,立即就让对方说:'是的,是的',他就会抛掉争执,并很乐意接受你的建议"①。这被称作是"苏格拉底妙法":他所问的问题,都是对方所必须同意的,他不断地得

---

① [美]戴尔·卡耐基. 美好的人生·快乐的人生[M]. 肖云闲,冯明,编译. 北京:中国文联出版公司,1987:44.

到一个又一个同意,直到他拥有很多的"是,是"。他不断发问,直到最后,几乎在不知不觉之中,他的对手发现自己所得到的结论,正是他在几分钟之前所坚决反对的。

(二)应聘

在当今社会中,我们每个人或多或少都有了这样的机会:选择自己的职业。特别是高校毕业生毕业时面临的职业选择更是机会众多。这就不得不面临一个重大的问题——应聘。这是一种特殊情境下的人际沟通,其成功与否直接关系到以后一生的发展与前途,不得不慎重对待。

要在应聘中脱颖而出,除自己本身应该具备足够的职业素质外,"推销"自己的技能也不能忽视。

做好应聘工作必须有充分的准备。要充分利用各种途径,掌握用人单位的信息、应聘岗位的职责,做到心中有数,然后根据自身的条件做好必要的准备,为自我推荐的成功打下基础。在准备过程中,要准备自荐书的相关资料:一是个人简历;二是教育程度;三是工作经历;四是获得过的各种奖励。自荐书还须附上必要的材料,如学历证明、发表过的文章、科研成果、获奖证书、名人推荐信等,这样更容易得到用人单位的了解和重视。

在正式应聘过程中,专家们认为,求职面试的内容可以归纳为六个关键问题,事先可作一定准备。

1. 你是谁,你的真实情况如何

这是考官首先要知道的事情。你应该一开场就给人以良好的印象,在三分钟之内简明地陈述自己所受过的教育、工作经历,并引申到你认为能够胜任的工作上去,把自己有能力、有自信的形象留给考官。

2. 你为什么来到求职人才市场

考官有时为免受蒙骗,突然警觉地提出这个问题。你要迅速、直接地回答这个问题。如果是因为换单位工作,别隐瞒自己离开原来工作单位的原因,一个现成的解释易被接受:"原单位的工作不是太理想。"

3. 你的特点、特长是什么

回答自己的特点、特长,尽可能具体一些,并须与自己谋求的职业有关,不要炫耀与你正在谋求的那份工作无关的才能和成就。同时也不要把特长范围说得太窄,也别说你没有业余爱好,因为实际的需要有可能更广泛些。

4. 你能为我们做些什么

考官想知道你对其单位及工作职责是否关心、了解。对此你应该事先通过各种渠道收集、查阅你所应聘的单位的有关资料信息,选择一、二个你能适应、适合并能做好的工作项目和岗位。

5. 你希望得到多少报酬

一般在面试中不要主动谈及报酬问题。如果考官要你谈,不要报很低的价,这样会降低身价,但也不要不切实际地漫天要价。你可以巧妙地提一个有别于市场标价的范围。

6. 你还有什么要补充的

应聘面试结束时,考官常常会问这样的问题。这正是你了解单位、展示自我的大好时机,不要轻易放弃。通过巧妙的对话,还可揣摩出考官对你是否满意。

参加面试应聘特别要注意以下三点:一是服装整洁、修饰得体,以最佳形象出现在用人单位面前。二是回答问题时要注意礼仪,重视表达方式,以充分的自信给对方留下深刻印象。三是在面试前设法多了解一些用人单位的情况,以便在面谈时能够提一些建设性建议和双方都感兴趣的问题,这样既能显示自己的才能,又能拉近与对方的距离,易为用人单位所接受。

(三)发言

发言,如会议发言,从广义上说也是一种演讲,但它不同于那种事先经过精心准备的正式演讲,一般时间较短,有临时性、广泛性和不确定性等特点。

人们往往对发言这种沟通技能的作用不很重视,这不能不说是一个认识误区和缺陷。例如不少人在开会时总是抱着消极态度,不踊跃发言,作壁上观,充当听众的角色。这种态度对自己发展很不利。如果长期如此,会使人觉得你是一个缺乏主见与能力的人,或者会使人无视你的存在,错失诸多良机。

要善于利用会议上的发言,向他人展示自己的才能,为自己今后的发展打下基础。要发言,必须讲自己深思熟虑的创见,而且要有条不紊,简洁明了,给他人留下深刻的印象,这样才能不鸣则已,一鸣惊人。

在正式会议上发言,事先应对会议内容有所了解,先做些准备,使自己的发言能有的放矢,切中要害。在会议上,应仔细倾听与会者的意见,认真思考,形成自己的主见,打好腹稿,寻找时机发言。在正式会议上的发言,不同于私下闲谈,表达必须简明精炼,有条不紊。发言中,意见应富有建设性,少些否定性论调,即使不得不提到,也要用委婉语言和口气表述,这样人们会觉得你的发言比较中肯,不带倾向性,更易让人接受,即使有不同意见的人听后,也不会觉得你是在向其挑战,从而避免了无意中树敌。

(四)讲演

1. 正式讲演

正式讲演是较为常用的一种口头人际传播的方式和宣传艺术。讲演与交谈、发言不一样:一是传播面较宽,一次讲演面对的是有一定数量的观众,比人际传播的其他方式的受众相对要广泛些;二是传播信息相对集中,以讲演人传递信息为主,中心确定,重点突出,从而可把所有传递的信息有系统或有重点地加以传播;三是经过充分精心准备,可在一定的时间内有条不紊、最大限度地传递信息。上述特点也是讲演较之其他人际沟通形式的优势所在。我们不但要了解讲演的这种优势,而且要在人际传播中加以利用,从而达到有效沟通的目的。

讲演的成功与否,以及成功的程度如何,涉及的因素相当复杂。除了讲演人本身的素养,讲演当时所处的环境,对象特点,讲演内容的适合性外,讲演前的准备是否充分,临场技巧的发挥是否正常,语言表达方式是否适当,都会对讲演的成败发生直接影响。在讲演过程中,由于各人情况各不相同,或者情境有别,具体技巧也千差万别。不过,大多数是围绕着制造气氛、设计悬念、激发情感、诉诸理性这些方面展开的,因而有些共同的基本技巧可以加以利用。其基本技能有:

(1)充分准备。

任何一次讲演成功与否,首先取决于准备的充分程度。"所谓的'准备',就是把'你的'思想,'你的'念头,'你的'想法,'你的'原动力集合在一起,……准备就是思考、沉思、回忆及选择最吸引你注意力的事物,然后修饰它们,将它们整理出一个形态,是你自己思想的精工制造品"①。这种准备包括如下步骤和内容:一是充分了解、准确把握听众特点、兴趣,结合讲演的目的、任务,确定讲演的题目和内容以及讲演的角度、方式,寻找切入点和突破口。二是准备讲演稿。在方法上可分为打腹稿、列提纲和写出讲稿全文三种。面临重大的讲演或初登讲演台的讲演者,应写出讲演稿,并仔细推敲。对于有经验的讲演者来说,一般打个腹稿,列个提纲也可。选择哪一种方法,应视讲演的重要程度、讲演者的经验水平而定。但不管如何,讲演者对讲演内容应十分熟练地加以把握。三是讲演前的自我演习。这要根据各人情况,因人而异,有经验的讲演者也可省略这个步骤。但对讲演内容、重点、要点乃至细节设计都必须娴熟于心。

当然,上述这些只是"临战"前的准备,实际上,平时的不断实践和积累的训练经验,对讲演成功来说,是一种更为重要的准备。

(2)凤头高扬。

俗话说:"良好的开端是成功的一半。"开场白很重要,它是听众对你产生第一印象,并且激励他们去听的关键。如果一开始就不能引起听众的注意,你可能就再也不能吸引他们了。良好的开头,至少可以有两方面的作用:一是设置悬念、引起兴趣、制造气氛、控制场面;二是为所要讲述的内容铺平道路,引导听众深入讲演内容。一些领导人及讲演者,往往在讲演开头讲些自谦之词,诸如"没有好好准备","对这方面的内容没有研究"之类的套话、空话,实为讲演之大忌:一是开头不能引人入胜;二是破坏了自身的权威性。这就会对讲演效果产生严重的不良影响。由于首因效应的作用,讲演的开场白不仅令人印象深刻,而且会影响到听众对整个演讲的印象,因此,有经验的讲演者都几无例外地

---

① 胡旋.卡耐基成功之道全书[M].2版.沈阳:沈阳出版社,1996:448.

对演讲的开场陈述作出精心的设计和安排。常用的方式有：

①开门见山式。一开始讲清主题是什么，展示题目的重要性，并介绍要讲述的内容要点。目的是使听众对题目产生兴趣和产生急切地想听下去的愿望，并使听众对讲演的内容整体上有个初步的了解和把握。一般而言，这种开头适合于严肃、庄重的场合，其讲演主要以内容的质量和分量取胜。

②设问式。这也是讲演中常见的开头方式，一开始设置重要问题使听众专注于它。这种开场白可以使听众很快进入角色，由被动地听讲变成主动地思考。使用这种开头方式的演讲能否取得成功，取决于两个条件：一是所提问题必须具有新鲜感，使听众感兴趣；二是讲演者本身对这些问题有深入的研究和完满的解答。

③倒叙式。讲演一开始就把重大事情的结果展示在听众面前，以吸引听众注意，然后再叙述来龙去脉及其警示作用。使用这种方法成功的关键在于事情结果本身要有振聋发聩的震撼力。

④幽默式。演讲时用幽默法导入，可以融洽讲演者与听众之间的氛围，拉近两者的心理距离，使听众能在轻松愉快的气氛中进入角色，接受讲演内容。研究表明，带有幽默的讲演可以产生更好的效果。因此，讲演者经常使用幽默开头。

⑤就地取材式。即讲演者利用讲演场合偶尔发生的、与讲演内容有关的素材作为开场白，就能有效地缩短讲演者与听众的心理距离，引发听众热烈兴趣，产生共振。

此外，还有各种各样的其他开头方式，但万变不离其宗，讲演开场白设计要以新奇的方式导入，引发听众的强烈兴趣，从而架起讲演者与听众沟通的第一座桥梁。开场白力求简短，如果拖得太久，会引起听众厌烦和逆反心理。

（3）高潮迭起。

讲演过程中,应该掀起几次高潮,并使它的前后相互连贯,错落有致,波澜起伏,激荡人心。所谓讲演的高潮应是思想内容的高度升华,情感和理性随着激越的语句,喷薄而出,赋予演讲以充沛的生命力和强劲的活力。对高潮的安排应有精心的设计,高潮之间应有一定时间的间隔,这样在起伏波动中,才会显现昂然生机和巨大热力。

（4）余音绕梁。

如果说良好的开头是成功的一半,那么有力的结尾能把讲演推向顶峰。受近因效应的影响,人们对讲演的结尾印象也十分深刻,因此,讲演者对结尾的设计也要十分注意。好的结尾当如撞钟,留有余韵,耐人寻味,强化整个演讲的效果,给听众留下深刻圆满的最后印象,使人久难忘怀。讲演结尾的方式很多,常见的有:

①陈述重点式。这是一种很普遍的结尾方式,结束语对讲演内容作一简洁的概括总结,一则加深听众的印象,二则又一次强化了主题。例如松下幸之助在一次社训的讲演结尾是这样的:"我已讲过六条,其重要性是不一样的,唯有第一条和第二条是公司生存发展中最致命的:即松下永远以质量战胜一切竞争者;松下的凝聚力高于一切。这两条将成为我们的法宝和座右铭,也是我要求全体员工切记的。"

②引用名言警语式。心理学家曾作过这样的测试,在讲演结束语中引用权威人士的名言警句激励人们,比一般性的结尾,对人心理撞击度可提高 $21.34\% \sim 37.06\%$。一段切题的引用语能够使所说的事情增加权威性,并且它也能帮助总结主要观点。使用引用语（包括诗词）作为讲演结尾关键在于:所引语句必须与所述内容相吻合;引用语要高度凝练、精辟。

③价值升华的方式。当你作讲演,尤其是鼓动性的讲演时,目标常

常是鼓励听众采取某种行动。因此可在听众情感激发的基础上,运用富有激励力和感召力的语句向听众发出呼吁。这种方式适用于不仅要"使人信",而且要"使人激"、"使人动"的目的明确的讲演。美国独立战争前夕,著名政治家和演说家帕特里克·亨利在弗吉尼亚州议会中所作《不自由,毋宁死》的著名讲演中的结尾是这样的:"回避现实是毫无用处的。先生们会高喊:和平! 和平!! 但和平安在? 实际上,战争已经开始,从北方刮来的大风都会将武器的铿锵回响送进我们的耳鼓。我们的同胞已身在疆场了,我们为什么还要站在这袖手旁观呢? 先生们希望的是什么? 想要达到什么目的? 生命就那么可贵? 和平就那么甜美? 甚至不惜以戴锁链、受奴役的代价来换取吗? 全能的上帝啊,阻止这一切吧! 在这场斗争中,我不知道别人会如何行事,至于我,不自由,毋宁死!"①

(5)语言与非语言相结合的艺术。

讲演主要是一种有声语言的艺术。讲演应选择什么样的语言? 有的认为应选择口语,有的认为应使用书面语。其实,成功的讲演语言应是书面化的口语。它一方面需要具备书面语的准确、严谨、规范;另一方面也需具有口头语言的通俗、生动、灵活、自由。一般来说,讲演应该口语化,但它必须经仔细推敲,千锤百炼,简洁明了,以最少的语词负载最大的信息量。讲演是一种面对面的人际沟通艺术,除了运用有声语言的种种功能外,还可借助表情、神态以及特定情景作为补充、衬托,从而使沟通显得更加生动、活跃,有助于双方情感的交流。讲演信息的载体,不只是语言本身,还有人和物。讲演时,讲演者处于众目睽睽之下,一言一行、一举一动尤其引人注目,其仪表、风度、举止、表情、衣着、打

---

　　① 苏格拉底,等. 历史上最伟大的演说辞[M]. 2 版. 天津:天津社会科学院出版社,2004:194.

扮等都具有了特殊的意义,必须慎而又慎。有时,讲演尽管内容很好,但仅仅因为外观形象上的"一着不慎"而功亏一篑,这是必须注意的一个问题。

2. 即席讲演

即席讲演,也属于讲演的一种形式,它是在无充分准备或无准备的情况下,临时被邀作简短的讲话,等等。一些人尤其是领导人对此不很重视,即席讲话往往套话连篇,言之无物,甚至言不由衷,离题万里,从而失去了展示自己风采、推广自己所代表的组织形象以及沟通情感、结交朋友的诸多良机。从某种意义上讲,即席讲演就某些方面而言比任何经过精心准备的正式演讲更为重要,它更能体现一个人口语表达水平的高低,也更能反映一个人机敏的思维能力和快捷的应变能力。

怎样才能表现出即席讲演的水平呢? 以下几个方法技巧,可以帮助你在突然被人邀请说几句话时,流畅地表达自己。

(1)快速确定意核。

所谓意核,就是要讲的主旨。由于场合、气氛、主题不同,选择的讲话主旨也要不同。讲话主旨要集中,一般只有一个意核,"所有的故事只有一首主题歌"。既然是即席讲话,就应该从当时当地的情景寻找话题:一是场合,你可以从场合本身寻找话题;二是听众本身,可以从听众本身寻找话题;三是他人的发言,可从别人发言中寻找话题。此外,也可以谈与场合有关的自己感兴趣的问题,以及自己真实的感想,等等。总之,即席讲演要紧扣主题,尽可能与场合的气氛和谐一致,切忌东拉西扯,离题万里。

(2)迅速组合材料。

围绕意核,加以分解,确定具体讲几层意思,并据此组织材料。先讲什么,后讲什么,要做到心中有数,层次清楚,有条不紊、内容充实。

（3）讲出见地。

即席讲话虽然没有较多的时间作充分准备，但不等于说就可以草率处之。其实，即便就是一两分钟的演讲，也应有新的见解，争取引人入胜。因此，在别人讲话时，要留心听。对别人的意见或观点，要认真思考。轮到自己发言时，或另辟蹊径，或充分发挥，提出自己的新观点、新见解，千万不要重复别人讲过的内容。若真的那样，听众将会反应冷淡，自己也自讨没趣。

（4）适时适地。

成功的即席发言是真正的即时即兴，它应表达出讲演者对听众和当时所有情景发自内心的所感所想，使之与场景气氛协调融洽。在喜庆场合不讲丧气话，在庄重场合不说过多的玩笑话，一般而言，即兴讲演应庄谐结合，力求营造轻松而愉快的气氛。既然是即兴演讲，就要注意掌握话题的范围及深浅，讲话时间切忌过长。"最成功的即席演讲，都是真正的当场演说。它们所表达的，是讲者对听众和场合的感想，它们适时适地，如同手和手套密切相合。"①

（5）一气呵成。

讲话时，思维要敏捷，通过察言观色来体察听众的反应和场上的气氛，并对要讲的内容、语气、节奏等作出相应的调整，真正做到心到口到，一气呵成。

要做好即席讲话，平时应有充分准备，注意积累各方面的知识素材，这样无论在什么场合都有话可说。同时，在去参加有关集会和活动之前，应考虑到自己有没有作即席讲演的可能，如果有可能，就需要做好心理准备，这样到时就能沉着镇定、侃侃而谈，否则可能会出现慌张，

---

① 胡旋. 卡耐基成功之道全书[M]. 2版. 沈阳:沈阳出版社,1996:461.

语无伦次，不知所措，陷入窘境。

（五）谈判中的沟通技巧

一提起谈判，人们就自然而然地联想到双方在谈判桌上的巧言令色、唇枪舌剑。其实，除了这种正式意义上的谈判之外，在现实生活中，谈判几乎无处不在，它比人们意识到的内容要广泛得多。在生活和工作中，矛盾和分歧层出不穷，会使你不由自主地一直处于谈判状态，不仅和你的上司、下属需要谈判，和你的同事、合作伙伴、竞争对手也需要谈判。"世界就是谈判桌。"谈判是一种寻找可能性的艺术，你可以为寻找某种可能性的任何事情进行谈判。因此，掌握谈判中的沟通技巧对你的成功具有很大意义，它也是沟通的一种特殊形式。

1. 现代谈判的理念

要掌握谈判中的沟通技巧，必须理解现代谈判的理念。传统意义上的谈判，一般均被视为一方压倒另一方的较量和博弈，人们往往把它比作一场"战争"或"棋赛"，结果是胜败分明。这种谈判理念早就过时了，与现代谈判理念相差甚远。

美国著名的谈判学专家尼尔伦伯格认为："只要人们是为了改变相互关系而交换意见，只要人们是为了取得一致而磋商协议，他们就是在进行谈判。"[①]在真正的现代意义上的谈判中，双方不应是敌对的，而是可能经过共同努力、达成一致协议的合作伙伴。尼尔伦伯格把现代谈判称为一种"合理的利己主义的过程"。现代谈判的基础是追求共同的利益，目标是消除矛盾分歧、取得一致，它是一种"施"与"受"兼而有之的过程，其结果应该是"双赢"的结局。

---

① 杰勒德·尼尔伦伯格. 谈判的艺术[M]. 曹景行,陆延,译. 上海:上海翻译出版公司,1986:2.

2. 现代谈判的原则

现代谈判的理念决定了在现代谈判过程中,我们应该把握以下四个基本原则:

(1)目标坚定。

谈判是很容易受情绪影响的。在谈判之前,必须确定自己的目标底线。谈判中要使双方达成目标,必然会有妥协、让步,但目标底线是不能改变的。谈判既是为寻求双方共同利益而进行的合作,又是为获取己方最大利益而进行的斗争,这是不可忘记的谈判的根本原则。

(2)双赢沟通。

谈判一旦成立,双方的利益是相互依赖、互相制约的。这种相互依存性越强,双方越体现出互惠性。因此,无论双方实力大小强弱,都要坚持互利原则。希望对方如何对待你,自己就该如何对待对方。谈判中最忌讳的是一方运用权利不尽义务,而另一方只尽义务而不享受权利,形成以上压下、以大欺小、以强凌弱的局面。那样的做法,只会搬起石头砸自己的脚。有时在谈判中甚至使用急躁、强制、要挟、欺骗等手段,这些都不是谋求解决问题的良策。

(3)决不动怒。

在谈判过程中,针锋相对的情况时有发生。有时会非常生气,忍不住想拍案而起,怒责对方。这时候千万要克制,保持冷静。其实通常只要发挥一下想象力,变通一下,就能使这些障碍消于无形。谈判往往在冲突中达到共同目标,只要有一线希望,友好协商都会促使谈判得到好的结果。"让我们大家都好好想一想",恐怕是最明智的选择。

(4)寻求一致。

谈判双方最终要达成协议,必须在双方妥协的基础上,寻找双方都能接受的公共领域,或中间地带。中国前驻美大使章文晋曾谈到基辛格秘密访华谈判中的这样一个插曲,颇能说明问题。

　　1971 年 7 月,基辛格秘密访华。会谈最后,进入双方声明的字句谈判。当时他们为声明准备了一篇稿子,内容很简单,头一句只说他到北京和周恩来等人会谈,这当然没什么问题。第二句是关键字句。他们草案的内容是:"中国政府向尼克松发出访华邀请,尼克松表示乐于接受。"我们不接受这种句子,我们希望改成:"尼克松愿意访华,我们提出邀请。"美方不同意。这时候,留下黄华和他谈,我去向周恩来汇报。第二天早上,会谈再度进行,基辛格有点儿着急了。因为他中午就得离开。在华期间又不能和美国通话。如果声明没谈成,就得吹了。这时,周恩来也急了,马上召我去汇报。他一看草案,就说:"这问题很简单,在美方字句前加上'获悉'两字,把句子改成:'获悉尼克松总统愿意访华,周恩来总理代表中国政府发出邀请。'"基辛格很高兴,马上同意,吃了午饭,搭机离华。

3. 谈判过程中的阶段性策略与沟通技巧

　　遵循上述四个原则,再掌握谈判中的阶段性策略和技巧,我们就能充裕应付各种棘手的问题。目前谈判学领域关于谈判阶段的划分分歧很大,我们认为根据谈判的实际进程和演进特点主要可以分为五个阶段,各阶段的策略大致如下:

　　(1)准备阶段。要想在整个谈判阶段把握主动,充分的准备至为关键。"凡事预则立,不预则废"。谈判之前,必须先了解一切与谈判有关的信息,围绕谈判内容以及预料到的可能出现的争端等问题,做多渠道、多角度、多种方案的准备,制订谈判的计划,包括确定谈判的目的类型、目标底数、谈判议程和进度、谈判的地点和人员组成等。

　　(2)开局阶段。这个时期是谈判的初始阶段,主要工作包括双方相互认知,对谈判议程作出安排,双方交流彼此的观点,明示立场。在这个阶段,如果想使谈判最终达成协议,创造一种良好的会谈气氛就显得十分重要。它会成为一种基调,贯穿谈判的始终。如果一开始就形成冷冰冰的气氛和冲突的局面,对谈判的顺利开展和取得成功会造成严重不利的影响。因此,如果双方初次接触,且涉及重大的利害关系,就应该在建立信任的气氛上多花些时间,我们甚至可以把一些棘手问题先筛选出来,放到以后去谈,以免在会谈一开始就形成一种不良气氛。

(3)交锋阶段。开局阶段以后,谈判双方的对立状态日趋明朗,渐渐进入交锋阶段。在这个阶段,谈判双方都会列举事实和数据,陈述各自的理由,希望对方理解和接受自己的要求。而对方也会列举事例加以反驳,坚持自己的立场。双方会发生冲突,甚至激烈辩论,巧言令色、唇枪舌剑。一般来说,这个阶段双方各持一端,差距悬殊,这是正常现象,无须过于在意。交锋阶段的沟通要注意以下问题:

①发言与聆听。发言要简洁明了,不使用唠叨、含糊、歉意等缺乏自信的语言,其中提问是保证交流的清晰、澄清谣传和纠正信息扭曲的通用方法。尽量少说多做,在谈判中聆听十分重要,一方面表现出对对方的尊重,另一方面可有效地获取一些有用的信息,摸清对方的真实意图。

②论辩。它是彼此为证明自己的观点正确,为了说服对方而在语言上的直接对抗。这在谈判中势不可免。《战国策》中说:"夫辩者,将以明是非之分,审治乱之纪,明同异之处,察名实之理,处利害,决嫌疑。"人际沟通应尽量避免争辩,但在原则问题上,为捍卫根本利益和真理价值,不得不辩。荀子说:"以仁心说,以学心听,以公心辩。"(《荀子·正名》)这应该成为论辩的重要准则。首先要敢辩。即理直气壮地为己方申辩。敢辩是论辩成功的先决条件。其心理基础是自信,事实基础是资料充分,理论基础是立论精当。其次要巧辩。摆事实,讲道

理,以理服人,以情动人。具体地说:一是揭其要害,置其窘境。二是针锋相对,逐条反驳。三是识其诡辩,归谬反诘。再次要善辩。这是刚柔相济的辩术。原则问题寸步不让,非原则问题,恰当让步,通情达理,善设台阶,显示高姿态。

③提议。要抓住有利时机,提出建议,并鼓励对方提出新建议和最佳方案。

④小结。当会谈的进展受到阻碍时,当你不能确定说过了什么和同意了什么时,当你觉得结束本轮会谈的时机已到,小结可帮助你理清提议的内容和协议的条款,为下一轮会谈铺平道路。

(4)妥协阶段。紧接交锋阶段而至的,必然是妥协阶段。这个阶段至为关键。如果要谈判取得成功,双方都得作出让步,谈判也是一种妥协的艺术,让步的艺术。它能消除双方的歧见,最大限度地缩短达成协议前的距离,最终达到"皆大欢喜"的结局。在这个阶段谈判的沟通中主要应注意以下问题:

①让步的策略。既要坚持原则,又要互换角色,照顾双方的需求和实际,作出适当的让步。让步时,不要在原则问题上让步,可在具体问题上让步;不要作无谓的让步;每次让步都要以对方作出相应让步为代价;让步不要一下子让得太快、太大。

②注意台上与台下的配合。谈判一般都有两条线,一是台上的正式会谈,二是台下的私下会谈。后者是前者的必要补充,它能有效地沟通双方的信息,为达成正式协议作出重要贡献。韩国历史上"槿惠卡特会谈"就是成功的案例。

1974年8月,现任韩国总统朴槿惠的母亲遇刺,朴槿惠担当起"第一夫人"的角色,第一夫人的任务中有一项重要任务就是接待国外贵宾。

1979 年为了筹备美国总统吉米·卡特的访韩事宜,青瓦台比任何时候都要忙碌。当时因为驻韩美军撤退一事,韩美关系处于相当敏感的时期,甚至还散发着一股紧张感。

在敏感时刻迎接如此重要的贵宾,更不能疏忽任何一个小细节。卡特总统给人的第一印象就像个友善的隔壁大叔,第一夫人罗莎琳女士则温柔婉约,浑身散发着女人味。

父亲和卡特总统的会谈从一开始就因聊起驻韩美军撤退一事而擦出火花。父亲不停地提起驻韩美军除了对韩国之外,对整个东亚和世界和平扮演着多么重要的角色。卡特总统则拒绝父亲所提出的冻结驻韩美军撤退事宜,同时也强烈质疑我国的人权问题,让整个会谈散发着浓浓的火药味。

在会谈中两位最高领导人谁也不愿退让一步,导致会场没有任何人敢出声。卡特总统甚至回绝国宾礼遇,决定到美八军驻地的宿舍就寝,这已表现出他有多么不悦。

对于身为青瓦台女主人的我来说,这是一个非常尴尬的状况。一句话、一个行为都有可能造成两国反目成仇,因此我如履薄冰般地小心谨慎。父亲和卡特总统正在打冷战的时候,我和罗莎琳女士认真地聊了一下。当时卡特总统和龙山美军部队士兵们慢跑的画面,引发我国国民关注,而我就以慢跑为例,向第一夫人表达了韩国和美国的差异。

"看到卡特总统慢跑的模样,我国的国民们开始对慢跑产生了兴趣。""是吗? 总统会这么健康,都是因为每天坚持慢跑。他不管去哪个国家,早上一定都会出去慢跑。"

"连我看了都觉得应该会对健康有很大帮助。有一定体力且健康的人,相信一口气跑好几公里都不成问题,但是对刚开完刀身体不适的人来说,过度的运动会不会反而带来负担呢?"

"说得没错,生病的人要是太急着慢跑,反而会对身体造成伤害。"

卡特总统在当日的晚宴上,从总统夫人那里听到了我说的那番话。后来整场晚宴中他不停地向我提出问题、回答问题,以至于有人称那次的晚宴为"槿惠卡特会谈"。之后卡特总统的态度大变,大家都感到非常惊讶。甚至最重要的驻韩美军撤回事宜,最后也决定取消了。父亲比任何时候都要开心地对我说:"槿惠这次立了大功,做得好。"经过这次的契机,让我明白了其实国家间的外交也是由人来进行的,为了守护自己国家的利益,一个领导者的外交能力是多么重要。我坚信只要能给对方信赖感,找出适当的说话方式,就有无限可能来创造出令人满意的结果①。

(5)结局阶段。谈判的结局一般有三种:成功、中止、破裂。大多数谈判,基本上都是到了谈判的最后关头和最后期限(即"死线"和"限线")才达成协议的,因为在最后期限到来时,谈判双方都会感受到某种强大的心理压力,往往会迫不得已地改变自己原先的主张,以尽快求得问题的解决。因此,在本阶段,要善于运用"最后期限"的策略。最后时刻会对谈判双方都造成一定的压力,在这种情况下,高明的谈判者会利用这种压力,采取灵活的态度,作出一些小的让步,给对方造成机不可失、时不再来的感觉,以此来说服对方。

4. 成功谈判的标准

谈判不仅仅是谈判双方和多方谋求共同利益的一种努力,也是为获取和捍卫各自利益的一场智力竞赛,它需要有效的沟通。不管如何,作为一种成功的谈判,一般具有三个重要的量标:一是目标标准,指的是谈判双方各自的目标是否最大限度地得到实现;二是效率标准,指谈

---

① 朴槿惠.绝望锻炼了我:朴槿惠自传[M].蓝青荣,译.南京:译林出版社,2013.

判的效率如何,即使谈判最终达成了协议,但是如果耗时过长,效率不高,使双方丧失了很多有利的宝贵时机,同样不能算是一种成功的谈判;三是人际关系标准,即谈判后双方的关系是否良好,成功的谈判后,应使双方保持良好的人际关系,从而为以后进一步合作创造有利的条件和基础。如果谈判的目标虽然实现了,但双方的人际关系恶化了,就不能算是有效的沟通。以上三个量标相互联系、相互制约,构成一个整体。谈判中这三个指标中任何一个指标没有实现或有所欠缺,均不能被称为是成功的谈判。

第七章　人际交往

人际交往是指社会上人与人之间相互作用和相互影响的一切行为过程。如果说人际关系是一种状态，那么人际交往则是一种行为。人际交往奠定了一切人际关系的基础。"由于他们的需要即他们的本性，以及他们求得满足的方式，把他们联系起来（两性关系、交换、分工），所以他们必然要发生相互关系"。[①] 离开了人际交往，一切人际关系就无从建立，人际交往的质和量决定着人际关系的程度和水平。

一、人际交往的准则

假如人生是一座雪峰，那么社交就是助你攀登的冰镐；假如人生是一条河流，那么社交就是载你远航的船只；假如人生是一部厚书，那么社交就是记录你成功的密码。如果你不想成为一个默默无闻的人，如果你不想成为一个怀才不遇的人，如果你不想成为一个不受欢迎的人，那么人际交往则是你的一门必修课。

时下流行的社交策略和技巧的书籍大都存在着一种唯技术主义的

---

①　马克思恩格斯全集(第 3 卷)[M]. 北京：人民出版社，1960：514.

倾向,这是令人担忧的。如有的标榜所谓"借力绝招",诸如"向富人借力的路条,向男人借力的桥梁,向女人借力的手腕,向上司借力的暗道",总之,都是些"教你如何踏着巨人的肩膀向上攀升的秘籍",把他人统统作为可资利用的对象、工具。更有甚者,公开鼓吹女人的"眼泪是最佳武器"。诸如此类,令人眼花瞭乱。我们承认人际交往的确存在着很多技巧、方法,需要手腕、策略,但是,这些策略与技巧如果缺乏其中真义,就会适得其反。人际交往,不能只讲技巧,不讲原则,否则,它就成了无源之水,无本之木。人际交往技巧繁多,并不拘泥于某种格式。但是,万变不离其宗,正所谓"真义入神,以致用也"(《易经》)。人际交往必须遵循一定的原则,如果背离了这些准则(真义),纵使技艺再高强,虽可得逞于一时,但终难持久。尤其是"小人处高位,虽高必崩"。因此,人际交往中不能过于急功近利、功利世故,否则,就会误入歧途,"雾失楼台,月迷津渡,桃源望断无寻处"。成功的人际交往的奥秘就在于"守正用奇,随机应变"八字箴言。

　　那么,人际交往应遵循哪些原则呢?西方社会心理学家提出了很多人际交往理论,如以斯金纳为代表的强化理论,以霍曼斯与布劳为代表的社会交换理论,以海德为代表的平衡理论,等等,对我们均有诸多启迪。"蓬莱玉女回云车,指点虚无是正路"(杜甫诗)。从心理学角度上说,人际交往应遵循以下四个原则:

(一)双向原则

　　人际交往是一种双向的互动活动和行为。中国有句古语:"来而不往,非礼也;往而不来,亦非礼矣"。礼尚往来乃是人之常情,人际交往也是如此。心理学认为,人的行为是由需要和动机引起的。需要是个体在社会生活中必需的事物在人脑中的反映,是人的活动的基本动力。

人的活动总是被某种需要所驱使的,需要一旦被意识到并驱使人去行动时,就以活动动机的形式表现出来。需要越强烈、越迫切,由它所引起的活动也就越有力。人们在人际交往中,总是希望从交往对象中获取相互的需要满足,即回报。斯金纳认为如果人们作用于环境的结果使他的需要得到满足,那么这种行为的频率就会增加,这就是正强化刺激。假如人们在交往中,付出得不到应有的回报,这种交往就会被弱化,甚至中断。

人际交往常常受着回报法则的支配。《战国策·中山君飨都士大夫》记载:中山君设宴款待都邑的士大夫,司马子期也在被请之列。由于就餐时没有分到羊肉羹,司马子期为此发怒,去到楚国,劝楚王攻打中山。中山君被迫出逃,有两人持戈跟随。中山君问此两人:"你们来干什么?"两人回答说:"臣的父亲有一次饥饿将死,君曾赐一壶食给他吃。臣的父亲临死时说:'中山君若有事变,你们必须以死相报。'所以我们来为君死。"中山君叹息道:"给与不在乎多少,在于别人是否相当困厄;施怨不在于深浅,在于是否伤了人心。我因一杯羊肉羹而亡国,而因一壶食得两个壮士。"这则故事的主题是报恩与复仇,从心理学上说,则是一种回报心理。

霍曼斯认为,在正常的人际交往过程中,人们常常会遵循趋利避害原则,总要花费一些时间去选择那些能够获得较高报酬、奖励,即有价值的社会交往行动。当然,霍曼斯所讲的价值不仅仅指经济价值,也包含了社会价值乃至伦理道德价值因素在内。人际交往中的回报有物质的,也有精神的,主要包括三个方面:一是物质互利,如互通有无,共同获利;二是精神互利,如心理慰藉,知识互补;三是物质—精神互利,包括交往双方在物质上和精神上双双获利,或一方在物质上获利,另一方在精神上获益。只有这样,人际交往才会是愉悦的、顺畅的、和谐的、成功的。"到你们的田园中去,你们就会知道采集花蜜是蜜蜂的乐趣,而对于花朵,为蜜蜂提供蜜也是乐趣。因为花朵对于蜜蜂是生命的源泉,蜜蜂对于花朵是爱的使者,对于两者,蜜蜂与花朵,奉献与接受的欢乐既是需要,也是无比情愿。"[①]当然,人际交往中的这种相互满足不应建立于损害国家、社会、组织及他人利益的基础之上,否则就成了损人利己、损公肥私的庸俗关系了。

人际交往中的双向原则要求人们通过交往来满足自我,也满足他人。如果缺乏这种双向意识,给双方或其中一方带来痛苦的体验,那么双方的人际关系也就走到了尽头。

双向原则在实践中的具体应用,则要求人们尽可能多地满足对方。如果你想拥有好人缘,那么就尝试尽可能多地帮助他人,给他人带去更多的快乐。"为善最乐",这不是纯粹的道德说教,从人际交往心理的角度上说确是金科玉律。法国作家彭沙尔指出:"爱别人,也被别人爱,这就是一切,这就是宇宙的法则"。人们在帮助一个人时,往往是无私的,无需回报的,但受帮助的人总会千方百计地用各种方式回报他,即所谓"滴水之恩,涌泉相报"。人们也会因此体验到真正的快乐。这就是孟子所说的"独乐乐",不如"与人乐乐","与少乐乐",不如"与众乐乐"。仁者最乐,仁爱为快乐之本。"人类最高尚、最纯洁、最普遍且与快乐最不可分的情绪,就是'爱'或'仁爱',也可以说是同情心或恻隐之心。"[②]

(二)平等原则

平等是一个包含多重内涵的概念,也是人类社会的一个永恒主题。

---

① [黎巴嫩]纪伯伦. 纪伯伦散文诗全集[M]. 冰心,伊宏,译. 北京:燕山出版社,2000:30.

② 贺麟. 文化与人生[M]. 北京:商务印书馆,1988:110.

它包括政治平等、经济平等、法律平等、性别平等、人格平等,等等。这里所说的平等是指人与人之间的人格平等。

法国著名学者皮埃尔·勒鲁指出:"平等是一项原则,一种信仰,一个观念,这是关于社会和人类问题的并在今天人类思想上已经形成的唯一真实、正确、合理的原则。"①同样的,平等是一切正常的人际交往的基础和准则。它意味着人与人之间没有人身依附关系,相互是独立的;它意味着人与人之间的关系上处于同等重要的地位,一视同仁,不分亲疏厚薄。上级对下级,老师对学生,家长对孩子都应该有这样一种人格平等意识。

人格平等,是尊重他人与尊重自我两者的统一。正如边沁所言,我们将任何人都当一个人来看待,没有一个人比另一个人更重要。尽管在现实社会中,人是生而不平等的,由于社会机遇和自然天赋等因素不同而导致的不平等现象是普遍存在的,反映在人们的心理,则表现为厚此薄彼的人格不平等心理。在人际交往中,最能导致人际关系发生倾斜的莫过于忽视了人格平等。那种财大气粗、以势压人、恃才傲物、居高临下的架势,以及人微言轻、仰人鼻息、低声下气、摇尾乞怜的姿态,都会严重损害本来可以在平等原则上建立并发展的良好人际关系。

从领导学的角度看,作为领导者贯彻平等原则主要表现为"等距离原则"。熟悉毛泽东领导风格的人们都知道,有关毛泽东与其他众多领导人的交往,主要限于互通情况和议论工作,很少发展过深的私人感情(除了他与陈毅的关系有些与众不同)。对此,曾任毛泽东秘书的林克分析说,这是毛泽东"有意约束自己的结果。这又与中国共产党的历史和现状直接有关"②。在中国共产党武装夺取全国政权的漫长岁月里,

---

① [法]皮埃尔·勒鲁.论平等[M].王允道,译.北京:商务印书馆,1988:68.
② 林克.我所知道的毛泽东[M].北京:中央文献出版社,2000:143.

共产党与执政的国民党处于敌对状态,是通过武装割据的形式生存的。这些割据的地域分散在国内数处,彼此隔绝,只是在中央的宏观指导下,各自独立作战,谋求发展壮大。毛泽东曾借《水浒传》来描绘这种情形,说群英聚义梁山前,有好多山头,如清风山、桃花山、二龙山等。夺取全国政权后,中国共产党和中央人民政府的领导者,可以说来自各个不同的根据地,不同的野战军,也就是各个"山头",同时既有长期进行武装斗争的人,也有长期在国民党统治区从事地下工作的人。为了团结来自不同"山头"的领导成员们一起工作,作为中共领袖的毛泽东,就十分注意尽量避免同某一位或几位党、政、军负责人发展超出同志关系的私人情谊。同志就是志同道合、目标一致的战友。除此之外,若在相互关系中掺入过于浓厚的个人感情,就容易显示亲疏之分,造成不一视同仁的错觉,会使事情复杂化,不利于党、政、军高层领导者之间的精诚合作。因此,尽管人总是有感情的,但是工作第一、等距离原则应是作为领导者遵循的一个准则。

(三)信用原则

人离不开交往,交往离不开信用。从心理学上来说,信用意味着尊敬、重视、真诚、可靠,因此它是人际交往的重要基础。信用对人际交往来说,同样是一条必须遵循的准则,它不仅关乎个人的良好形象,而且也体现出对他人的尊重,表露出对他人的诚意。

孔子十分强调人际交往中的信用,说"人而无信,不知其可也。大车无輗,小车无軏,其何以行之哉"(《论语·为政第二》)。"朋友信之"(《论语·公冶长第五》),"民无信不立"(《论语·颜渊第十二》),曾子每日三省其身,其中之一就是"与朋友交而不信乎"(《论语·学而第一》)。在我国社会生活中,也非常强调"一诺千金"、"一言既出,驷马难追",十分鄙薄"轻诺寡言"、"巧言令色"之徒。这是我国深厚的文化传统资源，值得我们开挖利用，弘扬光大。

人际交往的信用原则主要包括两个方面：一是"言必信"；二是"行笃敬"。"美言不信，信言不美。"信用意味着表里一致，言行一致，始终如一，一以贯之。而信用原则的基础与核心则在于一个"诚"字。《中庸》中说："诚者，物之终始；不诚无物。是故君子诚之为贵。""诚者，天之道也。诚之者，人之道也。""唯天下至诚，为能尽其性；能尽其性，则能尽人之性；能尽人之性，则能尽物之性；能尽物之性，则可以赞天地之化育；可以赞天地之化育，则可以与天地参矣。"精诚所至，金石为开。与人交往，必须以真诚交换真诚。此所谓"不诚无物"也。

在商业领域的交往活动中，作用最大的莫过于信用。无论实力多么强大，财力多么雄厚，只要你想求生存、求发展，在流通领域占据一席之地，皆须信用当先。美国富兰克林有两句名言："时间就是金钱"，"信用就是金钱"，时下国人只广泛引用前一句，令人费解。

在政治领域，政治家的信用则是其立身之本。政治家与政客之间的区别在于，前者是有原则的，讲求信用；后者则没有原则，毫无信用可言。政治家为推行变革，必先取信于民。中国古代史上商鞅"城南立木"的典故就体现了这一点。据载：商鞅为推行变法，"令既具，未布，恐民之不信，已乃立三丈之木于国都市南门，募民有能徙置北门者予十金。民怪之，莫敢徙。复曰'能徙者予五十金'。有一人徙之，辄予五十金，以明不欺。卒下令"[①]。商鞅此举堪称"政府公关"的典型案例。

(四)包容原则

从心理学上来说，每个人都希望自己被他人接纳。即希望自己完

---

① 司马迁.史记[M].兰州：甘肃民族出版社，1997：536.

完全全地被人接受，希望能够轻轻松松地与人相处。但是，人上一百，形形色色。在这个世界上，正如找不到两片完全相同的叶子一样，同样找不到第二个与你一模一样的人。百人百性，这就使得在人际交往过程中不可避免地会产生误会、摩擦，甚至倾轧、争斗。这就需要有一种缓冲来化解这些误会、摩擦、矛盾、对立，这个有效的缓冲器就是包容。契诃夫说：有教养不是吃饭不洒汤，是别人洒汤的时候别去看他。有一个相似的美国俗语说：犯过错不是稀奇事，稀奇的是别人犯错的时候别去讥笑他。"别去看他"和"别去讥笑他"是一种做人的风范，是以宽容给别人一个补救的机会。

包容原则，要求人们要心胸宽广，容纳异己。肯定别人是不同的个体，像接受自己一样接受他人。不仅吸收他人的优点和长处，也能容纳他人的缺点。古语中说："人非圣贤，孰能无过。"这话本身前提虚假，未必正确，在这个世界上也根本不存在没有过失的所谓"圣贤"。因此苛求对方十全十美的确有悖情理。正如鲁迅所说，如果用放大镜去看美女的时候，也会发现脸上的疙瘩，香水掩盖下的汗液，长的体毛……要接受别人，关键在于有一颗包容的心。《圣经》中告诫人们"勿以眼还眼"，"有人打你的右脸，连左脸也转过来由他打"，"要爱你们的仇敌，为那逼迫你们的祷告"（《马太福音》）。如果从"宽容"精神去理解，自有它的文化价值所在。这与我国古代哲人讲的"宽则得众"、"以德报怨"有异曲同工之妙，"善者，吾善之；不善者，吾亦善之；德善。"（《道德经·四十九章》）

宽容是一种胸襟、一种美德。宽容别人的缺点和不足，宽恕他人的错误和失误，"与人为善"，"宽大为怀"，恰恰显示出你的自信，显示出你的优势，显示出你良好的交往素养。对曾经有过错误或损害过自己的人，一个都不宽容，反映了与人交往的狭隘心态，这会成为人际交往的巨大障碍。宽容不仅是人际交往中的一个重要原则,往往也是"化敌为友"的重要途径。据史书记载,当初曾受胯下之辱的韩信,功成名就后,"招辱己少年令出胯下者,以为中尉,告诸将相曰:'此壮士也。方辱我时,我宁不能杀之邪? 杀之无名,故忍而就此。'"①

　　对于领导者而言,宽容也是一种领导艺术。李斯在《谏逐客书》中说道:"泰山不让土壤,故能成其大。河海不择细流,故能就其深。王者不却众庶,故能明其德。"宽容是成功的领导者必备的一种心理品质与雅量。梁漱溟在谈到蔡元培先生的为人时,不无深情地说道:"他的器局,他的识见,为人所不及……因其器局大,识见远,所以对于主张不同、才品不同的种种人物,都能兼容并包,右援左引,盛极一时。后来其一种风气的开出,一大潮流的酿成,亦正孕育在此了。"蔡元培先生一生并未以学问、事功见长,他的成就在于就任北大校长之时,以兼容并包的胸襟,网罗了一大批真才实学之士,自由争论,百家争鸣,开出一种风气,酿成一大潮流,影响到全国,收果于后世。而"其伟大在于一面有容,一面率真。他之有容,是率真的有容;他之率真,是有容的率真。更进一层说:坦率真诚,休休有容,亦或者是伟大人物之所以伟大吧!"②这才是真正的儒者气象。

二、人际交往的障碍

　　人人都希望在人际交往中如鱼得水,左右逢源,得心应手。但事实上人们在实际交往中往往并不如人愿,会遇到很多隔阂、矛盾甚至对

---

①　司马光. 资治通鉴[M]. 武汉:岳麓书社,1990:115.
②　梁漱溟文集(第六卷)[M]. 2版. 济南:山东人民出版社,2005:347,352.

立、冲突,存在着诸多障碍。因此,如何克服人际交往中的障碍,也就成为人们必须面对和解决的重要问题。

人际交往中存在着诸多障碍,概括来说,大致分为文化习俗障碍、心理障碍、社会地位障碍三大类型。

(一)文化习俗障碍及其超越

各个地区、民族、国度都有其不同的语言和文化风俗习惯。人际交往首先遇到的是语言与文化习俗的障碍。为克服文化习俗方面的障碍,我们就必须具备跨文化交流的意识,这种意识主要包括多元共生意识、平等对话意识和求同存异意识。

1. 多元共生意识

人类发展的历史告诉我们,人类只拥有一个地球,地球却拥有无数民族,而每一民族又都拥有自己的语言与文化。目前,世界上各民族使用的语言有四五千种,使用人口较多的也有 200 种,而文化(一般人类学家认为的文化概念——一个民族的生活方式,一个民族经过学习而获得的行为模式、态度)同样百花齐放,异彩纷呈。这种多元共生的现实,要求在跨文化交际中,要有多元共生意识。首先,我们要明确,语言作为一种文化现象和传播媒介,极具民族性。在一切社会现象和自然现象中,只有语言和遗传代码是人类祖先传给后人的两种最基本的信息。因此,各民族的语言无不打上其深深的民族烙印,在语言、词汇、语法结构和文化意义上呈现出巨大的不同。这种不同表明了各民族在对世界、对自身的困惑、探究和理解的无穷进程中,彼此的着眼点、兴奋点不同。例如汉语对不同的亲属关系用不同的词来表示,而英语则用相同的词来表示。但在动物方面,汉语造词似乎更注意事物的共性,喜欢概括,例如鸡、公鸡、小鸡、肉鸡;牛,公牛、母牛、小牛、犍牛、奶牛、菜牛、水牛等,都充分体现了对于某一动物品种的坚定把握,无论大小公母,甚至被阉割的,是什么动物只承认次要的或定语上的差别,而英语则完全不同。以牛为例:牛 OX 或 cattle,菜牛 beef cattle,公牛 bull,母牛 cow,奶牛 milk cow 或 dairy cattle,水牛 water buffalo,小牛 calf。再如,当我们在说"天"时,如果后面注为"heaven",无论你愿意不愿意,在西方读者的头脑里出现的是中国人头脑里极少可能出现的超越的造物主形象,以及灵魂(soul)、罪孽(sin)、来世(afterlife)等概念。所以,在某种意义上讲,"天"与"heaven"在语音上、字形上的差异是表面的、微小的,而其文化意义上的差异才是深层的、巨大的。这种种不同正是构成世界上众多语言的决定性因素。然而,不管世界上语言有多少种,彼此间又有多少不同,它们的本质是一样的,都是一种交际工具。其次,在文化观念上,我们要明确,由于各民族的文化无不带有鲜明的民族性和国度性,因此,我们在跨文化交际中,既要避免汉文化优越论,也要防止发达国家尤其是英语语系国家文化优越感的膨胀。我们要明白:这是个多元共生的世界,我们谁也不能以本国、本民族的文化标准去衡量其他国家和民族的文化。因为只有这样,我们才能使跨文化交际顺利进行,否则,必然会引起不同文化类型间的冲突乃至彼此间的伤害。

2. 平等对话意识

既然我们生活在一个众声喧哗、语言杂多的世界,我们就必须学会在平等对话中达到有效的沟通。因为"在可见的将来,不会有普世的文明,有的只是一个包含不同文明的世界,而其中的每个文明都得学习与其他文明共存"[①]。例如当西方人在谈论中国人吃狗肉是野蛮的、奇怪的时候,我们决不能附和其观点,而应该向他们说明,各民族由于不同

————————

① 刘庸. 文化的喧哗与对话[J]. 读书,1994(2).

的地理环境和生产力方式,决定了各民族的饮食习惯。汉民族历来是个农耕民族,对他们来说,狗在家庭生产中是没有什么作用的。所以,汉民族对狗一直采取鄙视的态度。这在一连串的成语俗语中(比如狼心狗肺、狗仗人势、猪狗不如等)可明显体会到。然而,由于牛是农耕中不可缺少的主要劳力,汉民族对牛赋予极高的赞誉。鲁迅先生就曾写过"俯首甘为孺子牛"的诗句,直至今天,人们还常用"像老黄牛一样"来形容一个人的勤劳能干。牛,在汉民族心目中,是诚实勤劳、只求奉献、不图回报的象征。所以,当西方民族视牛为美味佳肴之时,汉民族中却有相当数量的人是不吃牛肉的。这仅仅是因为他们觉得牛辛苦了一辈子,再吃其肉实为罪过。这种心态与西方人视狗为朋友,不吃狗肉是一样的。当西方人了解了这样的文化传统后,只要不是极端的文化偏执论者,他们是会对原先的想法进行反思的。任何一种跨文化交际,除了枪炮殖民统治外,都是靠双方互相了解、互相宽容、互相适应后才能进行。

3. 求同存异意识

在这样一个多元共生的世界里,我们在跨文化交际中,不仅要有平等对话的意识,也必须要有求同存异的意识。因为不同文化间总是存在明显的、微妙的差别,不可能达到天下一统。例如,有位日本留学生在作文中写道:"今天的听力课是听地球有多少岁。听完之后,老师提问题。我们班上有个美国人(她是基督徒)就说:'上帝创造了世界'。但老师和她的看法不一样,二人进行了针锋相对的辩论。我被美国学生坚定不移的信念而深深感动,并对她怀有尊敬之意。我是一个日本人,在这种情况下,我们日本人只会害羞地笑,而不表示自己的观点。"通过这段文字,我们不仅看到了教师教学很活跃,同时也看到了不同国家、不同信仰的人们之间一场小小的文化冲突。宗教,作为一种社会意识形态、一种社会文化现象,在人类文化史上一直占有十分重要的地位。宗教的最主要特征之一,就是人对某种自然力量的信仰和崇拜,如基督教的"上帝",伊斯兰教的"真主"等。当一个留学生在为他们信奉的神说话时,我们虽然不能调侃和评价,但如果有价值的话,我们同样拥有介绍自己信仰的权利。双方没有必要把自己的思想观念强加给对方,可以"和而不同",关键在于具有跨文化交际中的求同存异意识。"万物并育而不相害,道并行而不相悖","海纳百川,有容乃大",这不仅是优秀的中国文化传统精神,也是我们在跨文化交际中应持的正确态度。

(二)心理障碍及其克服

这里使用的心理障碍与病态心理学的心理障碍是有区别的。在病态心理学中,心理障碍是一种病态心理,如人格分裂、幻听、幻视等。这里所说的心理障碍属于正常的人际交往中的范畴,即凡是比较严重地影响人际交往的心理因素,都在心理障碍之列。诸如人际交往中的羞怯心理、自卑心理、自傲心理、猜忌心理、嫉妒心理、报复心理,都属于自我意识障碍,是人际交往中的不良心理因素,是导致人际疏远的力量。如何纠正这些不良心理倾向,克服人际交往中的心理障碍,是促进人际关系发展的重要课题。这里我们只就几种常见的心理障碍进行分析。

1. 羞怯心理

羞怯心理就是人们在交往时所产生的害羞、畏惧心理,一般有以下表现:见生人害羞脸红,说话紧张失常,行为局促不安,怯于与人交往。

羞怯心理,人皆有之,只是程度不同而已,因此它也是一种正常的情绪和情感反应。美国斯坦福大学著名的社会学家秦姆巴杜教授,曾历经六年时间对数以万计的对象进行了心理调查,统计结果表明:40%

的美国人都认为自己有怕羞的弱点。令人吃惊的是,其中包括前总统卡特和卡特夫人、英国的查理王子、电影明星凯瑟琳·丹纽佛、卡罗·伯纳特和巴勃拉·华尔特斯、运动员弗兰特·林恩……许多名人在公众场合并不显得怕羞,然而他们内心也在隐隐约约地遭受怕羞心理的煎熬。

　　羞怯是一种普遍的情绪反应,有时候也能使一些人平添魅力,如少女脸红,更显现出一分清纯,一分天真,些许谦虚,些许谨慎,往往比较令人喜欢。但人们喜欢怕羞的人,主要是因为与害羞相联系的谦逊、稳定、涵养等品质,并不是害羞本身。秦姆巴杜教授通过对七千人的调查表明:认为自己怕羞是长处的人毕竟是极少数,75％以上的人肯定地认为怕羞是一种当然的心理弱点。在人与人的交往中,害羞使人与人之间的结识与交往变得十分困难,交朋友就更不容易了。这是一种与外界疏远的力,这种力阻碍了我们去了解自己足够的潜力,也妨碍我们享受与别人交往的快乐,它能置人于消沉、忧虑和孤独的境地之中,使人错失诸多良机。整体而言,羞怯心理对于人际关系的发展无疑是一种障碍,如果这种心理特别严重或者形成了恶性循环,那么它的危害就更大。

　　羞怯心理产生的原因很多,心理学家对此做过多方面的研究。美国德克萨斯大学的阿德诺·巴斯提出羞怯心理有原发性与继发性的区别。原发性羞怯心理很大程度上取决于生理条件,继发性羞怯心理在童年后期或长大成人时开始形成,完全来自于社会经验,是成长过程中受环境影响的产物。社会心理学家乔纳森·奇克认为,羞怯心理还与文化教育传统有关。羞怯的人很多,在日本大约占 60％,而在以色列大约只占 30％。日本人普遍羞怯的一个原因,是由于他们接受一种"羞怯教育",即受到很多不许给自己家族丢脸的清规戒律的束缚。因此,人们变得谨小慎微,害怕失败,不敢担风险。与此相反,以色列的孩子很少由于失败而受责备,却常常由于成功而受到高度赞扬,这样,人们就变得越加自信和爱冒风险了。秦姆巴杜教授认为,害羞心理存在的根本原因在于,对于安全的过分追求——只求太平,不想冒一点风险。他们常常担心自己的一举一动被别人否定,思考多于行动。羞怯心理的形成有其生理基础(即遗传因素),但起主要作用的还是后天的社会经验,大致可将它分以下四个类型:

(1)气质性羞怯。抑郁质的人,生性孤僻,害怕与人交往,常常怀有一种胆怯心理,经常顾虑重重,特别敏感。

(2)挫折性羞怯。比如,在某一次交往场合中受到一次较大的挫折,受到了刺激,会产生一种恐惧的情感,随之形成条件反射,从而产生害怕与人交往的羞怯心理。

(3)自信性羞怯。由于过分自卑和过于自尊,往往把"把握性"看得太重,没有冒险精神。他们由于不敢用生活做试验,又害怕别人发现自己的弱点,于是就形成了一种心理上的自我保护、自我封闭。

(4)能力性羞怯。一些人由于实践少,交往能力得不到应有的锻炼,使人在交往实践中缺乏应付自如的能力,久而久之,积淀为一种心理定势,于是丧失了社交的勇气。

羞怯心理产生的原因很复杂,心理调节时应对症下药。如果情况很严重,社交羞怯心理甚至变成了社交恐惧感,那么应该找有关专家咨询,采取相应的心理治疗,诸如"情景极化疗法"、"劝说脱离法"、"系统脱敏法",等等。如果属一般性的社交羞怯感,则完全可以通过自我调节得到纠正。生理上的害羞现象牵涉到非常敏感的神经系统,有先天性羞怯的人通常通过某种松弛训练,如做深呼吸运动,转换一下现状,变换一下姿势,说几句俏皮话等,可以克服由于紧张而产生心跳过速、胃肠不适和脸红等现象。后天性羞怯始于青少年时期。这种羞怯完全出于社会经验不足,是由一个人生长环境所引起的。克服这种羞怯心理,关键在于增强社会经验。但无论是先天性还是后天性羞怯,都需要接受一些社交训练,如练习如何接近陌生人,学会怎样开始与别人交谈、怎样进行、怎样结束,在实践中,增强社交经验、知识和能力,锻炼自己积极的意志品格。

2. 自卑心理

自卑感主要是一种自己轻视自己的消极心理。怀有自卑感的人往往自惭形秽,怀疑自己的知识与能力,缺乏自信,总认为自己不行。在人际交往中则表现为:过多地约束自己的言行,以致无法充分地表达自己的思想感情;对有关自己的议论特别敏感,会产生极强的情绪体验;被迫应用众多的心理防御机制,甚至表现出一种极度的自尊、狂妄自大、目中无人等,以作为心理补偿。

奥地利心理学家阿德勒认为,自卑感起源于人在幼年时期由于无能而产生的不胜利和痛苦的体验。事实上,自卑心理形成的原因是多方面的,大致说来有生理的、社会的、心理的三个方面的原因。

(1)就生理因素而言,生理方面的缺陷容易导致自卑。比如患有残疾、身材矮小、长相丑陋或智能低下等。生理缺陷不可避免地在人们心里投下一些阴影,他们对自己的缺陷特别敏感,也因此而影响其自尊和自信程度。带残疾的人多有一种隐忍狠僻,顾己不顾人。

(2)就社会因素而言,如家庭出身卑微,社会地位低下,交往中遭受挫折的经历,社会比较中的心理落差,等等,都会导致自信的丧失,产生自卑感。

(3)就心理因素而言,自卑感的产生与性情气质有关。一般社交自卑感严重的人,大多性格内向。心理学家发现,性格内向的人,多愿意接受别人的低评价而不愿接受别人的高评价。在与他人比较的过程中，他们也往往习惯于拿自己的短处与他人的长处相比。气质类型也与自卑有关，如抑郁质和粘液质类型的人，较之胆汁质和多血质类型的人，更易形成自卑心理。

　　自卑心理的产生主要是社会化的结果。它取决于社会化过程中个体能否形成正确的自我意识。事实上有自卑感的人在很多方面不一定就差，也许比那些狂妄自大、自鸣得意的人要强得多，但由于众多因素而导致其自我认识不足，过低估计自己，并因此产生消极的心理暗示。当人们在交往中面临一种新局面时，都会首先自我衡量是否有能力应付，如果自我认识不足，常有一种"我不行"的消极自我暗示，就会抑制自信心，增加紧张，产生心理负担，在社交中就会放不开手脚，从而限制能力的发挥，导致交往失败。这种结果又会形成一种消极的反馈，无形地印证自卑的人消极的自我认识，使自卑感成为一种固定的消极自我暗示。这样一种恶性循环，使自卑感进一步加强，成为精神生活中长久潜伏的暗流，从而形成一种"自卑情绪"。

　　人人都有自卑感，就像患感冒一样，几无例外。有自卑感并不表明一个人有问题或者不正常。由于自信心不足产生的自卑感有两方面的作用：一方面是激励作用，产生心理补偿的要求，包括直接补偿与间接补偿。心理自卑会产生对优越的渴望和对卓越的追求。人感到自卑，就会在某些事情上增加努力以期望获得成就。一个人由于感到自卑才推动他去完成某项事业，争取更大的成就，它无疑是积极的刺激物。正如阿德勒所指出的那样："没有人能长期地忍受自卑之感，它一定会使他采取某种行为，来解除自己的紧张状态。""自卑感本身并不是变态的。它们是人类地位之所以增进的原因……事实上，依我看来，我们人类的全部文化都是以自卑感为基础的。"①另一方面,并不是自卑感愈重,人就愈奋力向前,沉重的自卑感有时也能摧垮一个人。它能使人心灰意冷,以至达到万念俱灰、万事皆休的地步。在这种情况下,自卑就成了阻碍一个人积极成长的障碍和破坏力量。严重的自卑感具有扩散性和感染性,笼罩着人的学习、工作和人际关系等各个方面,给工作、学习和生活造成极大的危害,成为人际交往的障碍,丧失很多发展良机。

不管如何,在社会交往中,心理自卑,必然会导致行为退缩,对建立与发展良好的人际关系弊多利少,应设法加以自我调节。其方法一般有以下几个方面:

(1)悦纳自我。人必自恋而后他人恋之。自卑是一种轻视自我的心理倾向,要从根本上克服自卑,就必然从正确地认识自我入手,找出自己的优点,发挥自己的长处,改正缺陷,增加才干,从而树立自信,超越自我。尺有所短,寸有所长,不要总是拿自己的短处与他人的长处相比,也没有必要事事与他人比较。要记住,在这个世界上,只有你是独一无二的,这就是你的优势。人人都有自己的长处和短处。要扬长避短,把握自己的优势,按照自己的方式去交往、去生活。记得有一次去公园散步,一位老者在练吹笛子,很不流畅,时断时续,听了令人不悦,急欲趋而过之。一曲刚练完,听见了一阵热烈的掌声,感到奇怪,回头看见是从一只录音机里发出来的,不禁开心而笑。我们每个人都应该首先为自己喝彩、鼓掌,悦纳自我,最为关键。

(2)积极的自我暗示。自我暗示有两种:一种是消极暗示,一种是积极暗示。消极暗示不仅扰乱人的心志与行为,也能破坏人体的生理机能,甚至导致各种疾病。积极暗示可增进和改善人的心理、行为,矫

---

① 　[奥]A·阿德勒.自卑与超越[M].黄光国,译.北京:作家出版社,1986:46,50.

正某些病理状态。正确运用积极暗示，能稳定人的情绪，增强人的信心，激发人的潜力，从而保证工作的顺利实现。比如在与人交往时，多想想自己的优点和长处，就能增强自信，起到多种镇定作用。在与他人相处时，如果感到紧张、胆怯，可在心里默念："我是沉着的，我是镇定的，我一定能表现得很好……"同时作深呼吸，尽可能使自己肌肉放松。

（3）实践疗法。交往中具有自卑感的人，经常是性格比较内向的人，而且缺乏社会交往的临场应变能力与经验。因此克服社交自卑最有效的办法是多参加社会交往实践，锻炼自己的性格，尤其是有意识地与性格开朗、乐观、豁达的人交往，这对于克服社交自卑感更有益处。

3. 嫉妒心理

嫉妒心理是人类由来已久的一种情感，古今中外对嫉妒的阐述俯拾皆是。

古希腊斯多噶说："嫉妒是对别人幸运的一种烦恼。"

黑格尔指出："嫉妒便是平庸的情调对于卓越才能的反馈。"

斯宾诺莎认为：嫉妒实质上是"一种恨"，"乃是恨之表现在对于他人坏事感到快乐，对于他人好事感觉痛苦的情绪罢了"。

日本学者本明宽说："所谓嫉妒心就是指当自己本来所需要的物品、爱情、地位、权力等被他人所夺去或拒绝的，对阻碍者所发生的愤怒感情的意思。"

我国古代思想家王逸则说："害贤为嫉，害色为妒。"

如此等等，不一而足，但对嫉妒内涵的理解却是一致的。嫉妒是由于别人在某些方面优于自己而产生的由焦虑、悲哀、羞愧、愤怒、怨恨、敌意等组成的复合情感。日本学者诧摩武俊指出："所谓嫉妒，就是自己以外的人，占了比自己优越的地位，或者是自己所宝贵的东西被别人夺取，或将被夺取的时候所产生的感情。这种感情是一种极欲排除别人优越的地位,或想破坏别人优越的状态,含有憎恨的一种激烈的感情。"①

　　嫉妒心理的形成发展有个过程。最初阶段的嫉妒往往潜藏在人的潜意识中,难以为人觉察。如与同事相处,原本关系不错,对于同事取得了高于自己的成就、地位、利益与荣誉等,也为他高兴,向他表示祝贺,但心中每念及此,总有一种淡淡的酸楚感,这就是嫉妒心理在作祟。它对人的心理激活作用很微弱,一般不会产生什么严重后果,但它的存在却极为广泛。第二阶段的嫉妒是由上述微弱的嫉妒心理发展而来的。它不再停留在潜意识和意识层面,而且伴有明显的外部表现,自觉不自觉地表现在言行上面,或对他人进行挑剔、诬陷,或散布对他人的流言蜚语,使被嫉妒者感到痛苦,而嫉妒者则因此求得心理平衡和满足。第三阶段,也是程度最强烈的阶段。随着时间的推移以及诸多不平衡心理因子的介入而烈性发作起来,嫉妒者可能丧失理性,做出蠢事。

　　嫉妒心理尽管强烈程度各有差异,表现形式多种多样,作用影响也不尽相同,但总体上看都有共同的特性,主要有:

　　(1)潜隐性。这一特性体现在主体表面上(甚至内心里),不承认自己对他人存在嫉妒心,总是要有意识或无意识地掩盖这种嫉妒感。嫉妒心理可以深藏于一个人的内心,不为任何人所觉察。这是由于嫉妒有时不是理性所能控制的,它不完全是人们的意识活动,往往与潜意识行为有关。此外,日常的人们总是把嫉妒者看做是心胸狭窄、心怀鬼胎的人,这种意识受到社会压抑,一般人们都耻于承认自己有嫉妒心理和行为。因此,它总是处于潜隐状态,很少赤裸裸地表现出来,而是以迂

---

①　[日]诧摩武俊.嫉妒心理学[M].胡一夫,译.长沙:湖南人民出版社,1987:1.

回曲折的形式流露出来。

(2)对等性。嫉妒的对象大多是与自己年龄、文化程度、地位、境遇相类似而在某些方面优于自己的人。如文人相轻,同行是冤家等,这就是引发嫉妒者嫉妒的条件。对于那些条件不同的对象,一般不易产生嫉妒。

(3)攻击性。嫉妒心理往往导致攻击行为,诸如中伤、怨恨、诋毁、攻击等。因为,嫉妒是一种憎恨的情感,憎恨经常会带来爆炸性的破坏力,因此,它是动态的、攻击性的情感,只是攻击的指向性各不相同,有的指向自身,有的指向嫉妒对象。其表现形式也多种多样:或消极沉沦,萎靡不振;或咬牙切齿,恼羞成怒;或铤而走险,害人也毁己。

至于人为什么会产生嫉妒心理,情形也很复杂,心理学家们对此也作出过多种不同的解释。主要有两个因素:一是挫折反应。从心理本质上来说,嫉妒就是一种挫折。人们在遭受挫折过程中,必然会产生愤恨等情绪,甚至会产生攻击行为。这正如王安石所说的"嫉生于不胜"。二是平等思想。诧摩武俊认为:"嫉妒原是与平等思想有着不可分离的关系的。原本认为应该是平等的,或认为自己应在更高的位置上,但对方竟居于优越地位,这时,嫉妒就发生了。现代社会可说是基于平等思想的嫉妒的温床。"①每个人都有想超越他人的欲望,但由于个体能力的差异性和现实社会机遇不同等因素的影响,这种超越的欲望不一定能得到满足。得不到满足,就是一种挫折。如果不能正确估计自己的实力和环境条件,就会产生相对剥夺感,这就是嫉妒产生的思想根源。

一般认为,嫉妒是人类几乎无可救药的一种恶习和弱点,古今中外的不少思想家几乎用尽最恶毒的语言加以抨击,把它比作魔鬼而予以

---

① ［日］诧摩武俊. 嫉妒心理学［M］. 胡一夫,译. 长沙:湖南人民出版社,1987:5.

诅咒。莎士比亚说:"嫉妒是绿眼妖魔,谁作了它的俘虏,谁就要受到愚弄。"弗兰西斯·培根说:"嫉妒亦是最卑劣最堕落的一种感情,因此它是魔鬼的固有属性。"①的确,嫉妒产生的危害性是人所共知的。首先,嫉妒有自伤性。嫉妒心理强的人,由于内心妒火中烧而长期心理失衡,会导致中枢神经系统、内分泌系统功能紊乱从而使机体发生病变,影响身心健康。当嫉妒心理表现为嫉妒行为时,嫉妒者往往也遭受报复,搬起石头砸自己的脚,以害人始,以害己终。对此,巴尔扎克曾经一针见血地指出:"嫉妒者比任何不幸的人更为痛苦,因别人的幸福和他自己的不幸,都将使他痛苦万分。"其次,嫉妒有他伤性。这是对嫉妒行为而言的,嫉妒心理往往外化为嫉妒行为。而嫉妒行为总是要给嫉妒对象造成不同程度的伤害,否则,嫉妒者就达不到自己的目的。这类例子真是不胜枚举。如庞涓与孙膑共学兵法于鬼谷子。后庞涓被魏惠王任命为将军,因嫉妒孙膑的才能,将孙膑骗到魏国,处以膑刑。后来庞涓被孙膑战败而死,落得个可悲下场。秦国宰相李斯早年和韩非都是荀子门下的得意弟子,而且交谊颇深,但李斯自知自己的学识与才干不及韩非,深为嫉妒,公元前 132 年当韩非自韩入秦之后,李斯深怕韩非受到秦始皇的信任和重用,便一再向秦王进谗言,最后害死了韩非。其三,嫉妒有社会危害性。自伤和他伤的结果是危害了社会。嫉妒还会造成社会组织的窝里斗等内耗现象,给组织事业与人际关系带来严重影响。但是,人们在大谈嫉妒的危害性一面时,往往忽视了另一面,即大多数人都会一度经历过嫉妒,这是一种普遍存在的心理感觉,可以说,没有人不嫉妒。嫉妒虽是一种不良心理,但也非常富有人情味,有一定程度的嫉妒心理,才算是一个活生生的人。此外,嫉妒往往包含着向上的本

---

① [英]培根. 培根随笔集[M]. 曹明伦,译. 北京:人民文学出版社,2006:27.

能冲动,在一定条件下可以得到升华,转化为工作、学习的巨大内驱力。嫉妒的情感,与抑制力、判断力、社会性良知、教养因素在人的内心里是互相牵制的,如果能够恰当地保持它们之间的平衡,就会产生积极作用,如推动竞争、进取、改革等。

当然,嫉妒心理的内容因人而异,表现形式和程度也千差万别,但从本质上来说,它是一种不健康的心理状态,对正常的人际交往和良好的社会生活存在着程度不同的危害,须正确面对并设法解决。主要的调适方法有:

(1)消极打消法。这种方法主要在于避开嫉妒源。当你嫉妒某人时,总是因为他人在某些方面的优势深深吸引了你,而自己在此方面又恰恰处于劣势,这一差异正是你产生嫉妒感的刺激源。可有意识地将注意力调节到自身的优势和对方的劣势上,你可发现自己在另外一些方面甚至很多方面优于对方。如果你有意识地把自己的注意中心调节一下,你会使得原先失衡的心理获得一种新的平衡,这种平衡无疑会稳定你的情感。

(2)达观消除法。即要学会在不利的环境下保持达观。所谓达观,就是舍弃无用的意念。我们必须正视人的才能、机遇等各有差异这一现实,尽量使自己面对现实,并学会欣赏他人的成就。

(3)积极排除法。理想的消除嫉妒的办法,是靠自己的努力去取得比嫉妒对象更高的地位,这是一种积极的策略。人们之所以嫉妒某人,很大程度上是因为他人的这种优势在某些方面给他造成了一定的威胁,消除了这种威胁,也就达到了根本消除嫉妒感的目的。因此,作为嫉妒者更重要的是学会发挥自我优势,扬长避短,开拓自己的潜能,将压力变成激越的追求,不断提高自己,力求改善现状,最终扑灭心头燃烧的嫉妒火焰。

4.猜疑心理

猜疑心是一种由主观推测而产生的不信任的情感体验。在人际交往中,人们总免不了带有猜疑心理现象,只是程度不一而已。如果说羞怯心理大多存在于与陌生人交往中,自卑心理大多存在于与地位、才能高于自己的人际交往中,嫉妒心理大多存在于与自己相似或相近的人际交往中,那么猜疑心理则大多存在于恋人、夫妻等关系非常亲密的人以及有重要利害关系的人之间。

猜疑心理主要是人们在认识和思考问题时因缺乏充分证据而引起的猜测。培根指出:"猜测的根源产生于对事物的缺乏认识。"①主要原因有:

(1)猜疑对象本身的可疑行为。这是引起猜疑的一个直接诱因,俗语说无风不起浪,捕风捉影也并非空穴来风。

(2)他人有意无意散布的流言蜚语。人言可畏,流言足以杀人。很多人际猜疑产生于人们听信流言,或中了他人的离间计。如果两人之间已存有猜疑之心,流言和离间无疑会起着火上浇油的作用。

(3)猜疑者缺乏理性认识与冷静的态度。这是猜疑不断升级的一个主观原因。

人们往往是不知道事情真相才进行猜疑的。这种情感体验一旦形成并得以蔓延,以后的相关信息便会被逐一纳入错误的轨道,陷入恶性循环而无法自拔,最终可能导致一系列错误判断与相应行为。

猜疑也是人际交往中的一个心理障碍,其危害也是显而易见的。第一,猜疑会导致人际信任危机。猜疑心重的人常常疑心重重,或是无中生有,结果会认为人人都不可信,人人都不可交。第二,猜疑会导致

---

① [英]培根.人生论[M].何新,译.北京:华龄出版社,1996:59.

对他人的误会。这正如培根所说:"猜疑之心犹如蝙蝠,它总是在黑暗中起飞。这种心情是迷惑人的,又是乱人心智的,它能使你陷入迷惘,混淆敌友。猜疑易使君王变得暴戾,使做丈夫的产生嫉妒之心,使智者陷入重重困惑。"①第三,猜疑会酿成人间悲剧。莎士比亚在其名著《奥赛罗》中揭示的一幕就是由猜疑而引起的悲剧。在现实生活中,这种人间悲剧也是屡见不鲜的。

要想克服社会交往中的猜疑心,主要还应建立知己知彼的基础。如果一个人对他人的品质特征、处世方法等有深入的了解,他就不易无端地猜疑他人。但是,一旦出现猜疑的信号后,不妨试着采取如下方法:

(1)自我控制法。暗示自己要冷静、要理性、要制怒。重要的是让理智控制情感。自我控制法对防止由于激进的感情冲动做出不理智的行为,是十分有效的方法。

(2)收集证据法。对流言和传闻只能抱着参考的态度,要督促自己去寻求证据,努力弄清事情的真相。如果确实找不到充足的证据,不妨存疑,不宜诉诸行动。

(3)直接面谈法。如果可能的话,可以以诚恳的态度,鼓足勇气与对方坦率地交换意见,进行开诚布公的交谈,以此解除误会或证实猜疑,这是最为简洁和行之有效的方法。

(三)社会地位障碍

由于人们在组织、社会中扮演的角色、所处的地位不一样,因此关心的重点、接纳的内容以及认知视角、思维习惯、行为方式、理念态度等

---

① [英]培根.人生论[M].何新,译.北京:华龄出版社,1996:59.

都会产生很大的差异,"隔行如隔山","不在其位,不谋其政",当属自然现象。经常影响人际交往的社会地位障碍中最主要的有职务与职业这两种因素。一方面,如果领导者居高临下、自视其高、官僚主义、命令主义作风严重,下属自然会对他敬而远之,甚至产生逆反心理;另一方面,下属也往往慑于领导的权威,怕见领导,有的清流人士则以清高自命,拒领导于千里之外。这样就会阻碍上下沟通的渠道,导致人际交往障碍。

对于因社会地位导致的障碍,上下级除了要加强双向交流、心理换位外,起主要作用的当属领导者。一位成功的领导者必须具备关怀他人的情操、要有耐心去扮演一名倾听者以及面对失败要有承担责任的勇气等领导技巧。

三、人际交往的技巧

人际交往是一门学问,也是一种艺术。它要讲原则,也要讲究技巧。原则与技巧的关系,就是内容和形式、体和用的关系。"工欲善其事,必先利其器"。人际交往技巧形形色色,多种多样,无论在理论上还是在实践上人们都取得了丰硕的成果,几乎人人都有自己的切身体验,人人都可成为专家。从心理学上来说,人际交往的技巧主要应把握以下原理:

(一)根本的心理法则

成功的人际交往艺术,源于一条最根本的心理法则——利用人性。要利用人性,首先必须了解人性本身的特点。人性是一个复杂的矛盾综合体,其最根本的特点,或者说人性中最根深蒂固的渴求是什么?

美国著名的成人教育专家卡耐基列举了大部分人需要的东西：

(1)健康与生命的保障。

(2)食物。

(3)睡眠。

(4)金钱和金钱可以买来的东西。

(5)长寿。

(6)性满足。

(7)儿女的幸福。

(8)被重视的感觉。

以上这些需要都不难满足——除了最后一项。

心理学家威廉·詹姆士指出："人类本质中最殷切的需求是渴望被肯定。"

杜威说："人们最迫切的愿望，就是希望自己能受到重视。"

弗洛伊德认为，人人都"渴望伟大"。

上述说法说明了一个真理：人们无不渴望自己是个重要人物，希望具有重要性。这是人性中最根深蒂固的渴求。人们对这种渴求的急迫程度，并不亚于极度饥饿的人对食物的需求。人人都有自我表现的强烈欲望，诸如小孩希望成为大人，少男希望成为少女心目中的白马王子，少女希望成为少男心目中的白雪公主，青年人都好炫耀自己的知识、才能，甚至爱吹牛，老人喜欢好为人师，商人爱夸耀自己的财富，官员爱显示自己的权势……这一切都是这种人性本质特点的具体表现。"人对寻求'被重视的感觉'的渴望是长存不灭的，正是这种渴望，区分了人与动物，也造就了我们今天的文明。"①

————————

①　方守基. 双赢沟通[M]. 北京:中国华侨出版社,2004:134.

卡耐基把这种人性中最本质的需求称作是人性的弱点。其实,这并不完全是人性的弱点,它也是人性的优点。驱动人们积极向上的原动力渊源于人性中本质的欲望与需求。不管是人性的优点,还是人性的弱点,它都是人性的最深刻的本质存在,也是最根本的特点。人们只要把握了人性的这种本质需求并设法加以满足,实际上就把握了人际魅力的汹涌源泉。卡耐基指出,人际交往的一条重要规则是"引起别人内心迫切渴望的需要","能做到这点的人,就可以掌握拥有全世界。不能的人,将孤独一生"。"人类行为有一条重要的法则,如果你遵循它,就会为自己带来快乐;如果你违反了它,就会陷入无止境的挫折中,这条法则就是:'尊重他人,满足对方的自我成就感。'"①

(二)受人欢迎的秘诀

明白了人性中最殷切的需求,我们就能揭示在人际交往中受人欢迎的秘诀。人人都希望自己具有重要性,渴望被肯定。这种人性中最为根本的需求表现在:

(1)人人需要别人欢迎。一个人如果受人冷落,必然大失所望,由失望而演变为怨恨。因此,我们应该本着助人为乐的精神,以真诚的态度接受别人,使他感觉到自己是受欢迎的。有些人自卑感重,起因便是感觉自己不受欢迎,不被接纳。当你满足了他们的受欢迎感、受接纳感,你就成了他心目中的恩人了。

(2)需要别人的注意。人们每做一件事,往往都想引起别人的注意,如奇装异服、出语惊人等。

(3)需要别人的恭敬。任何人都需要别人的恭敬,做任何事情都可

---

① 胡旋.卡耐基成功之道全书[M].2版.沈阳:沈阳出版社,1996:71,98.

以表现恭敬。只要你表现真挚，恭敬的言行永不嫌多。

（4）需要别人的赞赏。每个人都需要别人的赞赏，所以应尽可能在任何场合，以诚挚、恰当和热忱的方式表示你对他的赞赏，这会使你获得意想不到的效果。善于发现他人的长处，并加以赞赏，这是一种美德。

（5）需要别人的感激。每个人都需要得到他人的帮助，对此我们应当学会感激。人人都喜欢他人的感激，人们获得感激之后，好感就油然而生。

美国著名的人际关系专家莱斯·布吉林在《人际交往的艺术与技巧》一书中发现了受人欢迎的三大秘密，这就是接受（acceptance）、赞成（approval）和重视（appreciation），简称"三 A 法则"。

（1）接受。每个人都希望自己完完全全地被接受，希望能够轻轻松松地与人相处。肯定别人是个不同的个体，像接受自己一样接受他人，让他们保持自己的本色。不仅接受他人的优点，对他人的缺点也能容纳，不要以为人都完美无缺，不要披上道貌岸然的外衣去评判别人，不要在有条件的前提下接受别人。

（2）赞成。赞成比接受更进一步。比较起来，接受是消极的，即使他人有某些缺点和不足，我们还是要接受他。但是，赞成则是积极的，即不仅容忍他人的错误和缺点，而且还要在他人身上发现长处和积极的东西，加以肯定。

那么，怎样去赞成他人呢？关键是善于挖掘别人的优点，这些优点也许是微不足道的，但是你要善于发现它，并且真诚地让他人感到你喜欢并钦佩这些品质。

（3）重视。重视则比赞成更进了一步，它意味着价值的提升。人们总是喜欢和那些看重自己的人为伍，而对贬低自己的人避而远之。因

此,人们都要求别人能够重视自己的价值,让人家知道你对他们的高度
评价。把每个人都当做高贵的人物来处理,不要怠慢人家。

　　正如布吉林在《人际交往中的艺术与技巧》一书中反复强调的那
样,受人欢迎的"三 A 法则"是建立在"满足他人需求"这一宗旨之上
的。他说,要做一个富有吸引力的、受人欢迎的人,应从大自然的花儿
那里受到启迪。蜜蜂是需要花蜜的,花儿只提供蜜蜂食物满足其渴望,
蜜蜂就都高高兴兴地飞来了。一个人如果具有了能够提供他人的三个
"基本食物"(即接受、赞成、重视),那么,他就是一个受人欢迎的人。

　　美国加州有个"完美妇女学校",以玛娜贝鲁·摩根所提倡的"四
A"为其教育宗旨。所谓"四 A"的第一个 A 是 accept,就是接受、认可
对方的观点。这包括能认真聆听对方的讲话,促使对方多说话,而自己
甘当一个好听众。第二个 A 是 adapt,就是尽量使自己适应对方的性
格,配合对方的要求,以动作来表示,大概就是点头赞同、随声附和等。
第三个 A 是 admire,就是赞赏、钦佩对方的优点,而且越具体越好,时
常表露出羡慕对方的神情,使其更具自尊心。最后的 A 是 appreciate,
就是要学会感激,事情无论大小,只要对方用了力就得表示谢意,同时
赢得对方再次相助的可能。经过该校训练的妇女,平添了不少聪慧、
甜美。

　　以上提到的"三 A 法则"和"四 A"原则,实际上是相通的,正所谓
"人同此心,心同此理"。

　　其实,要满足人性中的这种渴求并不困难,几乎不花一文就可以做
到。但是,由于人们没有真正意识到它的价值,或许也是因为这些事做
起来过于微不足道而往往被人们忽视,致使这种巨大的资源被掩盖或
被浪费了,使人们与快乐的人生、美好的人生失之交臂。"渴望被肯定"
这种需求不断地啮噬着人的心灵,懂得满足人类这种欲望的人,便可将

别人掌握于手中。

满足人性中的本质欲求,技巧很多,比如力行赞美,展示真诚的微笑,记住他人的名字,对别人表示出诚挚的关切,如此等等,不一而足。总之,这些技巧都围绕着一条核心的内容——提升他人的价值。这不仅对人际交往十分奏效,而且对激发人们潜在的高贵品质也功不可没。当然,在使用这些策略时,也要把握"度"。"反者道之动","极高明而道中庸"。如赞美,让我们尽量去发现别人的优点,并出自真诚地赞赏他们。献出你的真诚的、慷慨的赞美,每天都可以创造奇迹。但力行赞美要发自内心,恰到好处,符合实际,背后赞美比当面赞美的效果要好,间接赞美比直接赞美更能令人悦纳。如果夸大其辞,或言不由衷,其效果就会适得其反。

(三)使他人保住面子

与人际交往的根本心理法则相联系,一方面我们要努力提升他人的价值,满足他人的成就感,创造愉悦的心理环境和氛围,使自己在人际交往中大受欢迎,如鱼得水,左右逢源;另一方面,千万不能伤害他人的面子,伤害他人的自尊。这是一个问题的两个方面,两者密不可分。心理学家席莱说:"我们极希望获得别人的赞扬,同样的,我们也极为害怕别人的指责。"另一位世界著名的心理学家斯金纳以他的实验证明,在学习方面,一只有良好行为就得到奖励的动物,要比一只因行为不良就受到处罚的动物学得快得多,而且更能够记住它所学的。进一步研究显示,人类也有同样的情形。我们用批评的方式,并不能够使别人产生彻底的改变,反而常常会引起愤恨。

鲁迅先生在一篇杂文《说"面子"》中指出:"'面子'究竟是怎么一回事呢? 不想还好,一想可就觉得糊涂。它像是很有好几种的,每一种身份,就有一种'面子',也就是所谓的'脸'。这'脸'有一条界线,如果落到这线的下面去了,即失了面子,也叫做'丢脸'。不怕'丢脸',便是'不要脸'。但倘使做了超出这线以上的事,就'有面子',或曰'露脸'。"一些外国人"他们以为这一件事,很不容易懂,然而是中国精神的纲领,只要抓住这个,就像二十四年前的拔住了辫子一样,全身都跟着走动了"①。这段文字的确很深刻,把国人的"面子观"刻画得入木三分,淋漓尽致。中国有句俗语叫"死要面子活受罪",从心理学上来说,就是人们为了维护自尊的需要可以为之忍受巨大的痛苦煎熬,甚至付出极大的代价也在所不惜。事实上,爱面子也是人类普遍的心理属性,只是由于文化背景不同,其表现形式也有不同而已。卡耐基在其名著《美好的人生·快乐的人生》中指出:"让他有面子!这是多么重要,多么极端重要呀。而我们却很少有人想到这一点!我们残酷地抹杀了他人的感觉,又自以为是,我们在其他人面前批评一位小孩或员工,找差错,发出威胁,甚至,不去考虑是否伤害到别人的自尊。然而,一两分钟的思考,一句或两句体谅的话,对他人态度作宽大的了解,都可以减少对别人的伤害。"②

在人际交往中,要获得对方的好感,并有助于树立良好的社交形象,就必须十分关注、留意他人的"面子",处处维护他人的自尊与感情,要注意避免由于自己的某些不慎而使他人陷入难堪的境地。《红楼梦》第四十回、四十二回中描写大观园一次行酒令时,林黛玉口不择言,对了"良辰美景奈何天","纱窗也没有红娘报"等几句《牡丹亭》、《西厢记》中的词句。要知道这些书籍在古代中国被视为"淫书"一类,出于千金

---

① 鲁迅杂文全集[M]. 郑州:河南文艺出版社,1994:741.

② [美]戴尔·卡耐基. 美好的人生·快乐的人生[M]. 肖云闲,冯明,编译. 北京:中国文联出版公司,1987:118-119.

小姐之口自然有失大雅。当时众人并不知觉,唯有薛宝钗知情,但她当时并未声张,"宝钗听了,回头看着她"。第二天吃过早饭,众人回园至分路之处,宝钗便叫黛玉道:"颦儿跟我来,有一句话问你。"黛玉便同了宝钗,来至蘅芜园中。进了房,宝钗便坐了笑道:"你跪下,我要审你。"黛玉不解何故。宝钗笑道:"你还装憨儿,昨儿行酒令你说的是什么?我竟不知那里来的。"黛玉一想,方想起来昨日有失检点,拿《牡丹亭》、《西厢记》说了两句,不禁红了脸,便上来搂着宝钗,笑道:"好姐姐,原是我不知道随口说的。你教给我,再不说了。"宝钗笑道:"我也不知道,听你说的怪生的,所以请教你。"黛玉道:"好姐姐,你别说与别人,我以后再不说了。"宝钗见她羞得满脸飞红,满口央告,便不再追问,因说了些自己小时也读过此类书籍、最怕读了这些杂书移了性情就不可救了之类劝勉的话,说得一向以尖刻著称的林小姐也不由得低头吃茶,心下暗服,只有答应"是"了。

从心理技巧方面来说,使他人保住面子,应注意掌握以下技巧:

1. 勿当众揭露他人的错误

心理学研究表明,谁都不愿把自己的错误或隐私在公众面前"曝光",一旦曝光,就会感到难堪和恼怒。因此,在人际交往中,如果不是为了某种特殊需要,一般应尽力避免接触这些敏感区,避免使对方当众出丑,必要时可委婉地暗示对方已知道他的错误或隐私,便可造成一种对他的压力,但不可过分,只需点到为止。

一些领导人往往不分场合地当着第三者或众人的面批评员工的过错,这是十分容易招致对方怨恨的做法,其批评得越正确,就越使对方无地自容,在众人面前颜面尽失。领导人也许会很快淡忘曾经作过的批评,然而,受批评的员工对他的怨恨将可能延续一辈子,因为这样就会使对方觉得批评者的本意不是为了他好,只是为了显示自我而侮辱自己。要知道,批评的目的,只是为了改进工作、提高业绩,并不是为了伤害他人的自尊和感情,也不是为了显示自己的正确和权威。建设性的批评只有一个目的——帮助他人。因此,要十分注意讲究批评的艺术,批评应在私下进行,采取个别谈话的方式;批评之前,可先谈些亲切褒扬的话,使对方容易接受;批评别人之前,先提到你自己的错误;用建议代替命令;批评后要有个良好的结语。

2. 勿故意渲染对方的失误

在人际交往中谁都可能一不小心就出点小错误,比如写了错别字,讲了外行话,记错了对方的姓名职务,出了些礼节性的差错,等等。当发现对方出现类似情况时,只要无关宏旨、无失大雅,尽可能听之任之,视而不见,避免张扬。不应该小题大做,故意弄得人人皆知,使本来已经被忽视了的过失一下变得显眼起来,更不应该抱着讥讽的态度,拿人家的失误作为笑柄。否则,不仅会使对方难堪,伤害他的自尊心,使他产生反感或报复心理,而且也不利于自己的社交形象,容易使他人觉得你为人尖酸刻薄,在今后的交往中对你产生戒心,从而敬而远之。

3. 尽可能为对方挽回面子

我们不仅要尽量避免因自己的不慎使别人处境尴尬,下不了台,而且要学会在对方可能不好下台时,巧妙及时地为其提供一个"台阶",采取某些措施,及时地为对方挽回面子,甚至为对方面子上再增添一些光彩,这样就会使对方更加感激你。当然,这也需要讲究方法,否则会由于方法不当,本来想给对方提供"台阶",结果反而弄得对方更为尴尬。在为他人提供"台阶"时,要注意不露声色,即使当事者能体面地"下台阶",又尽量不使在场的旁人觉察。

（四）时空艺术

人际交往都是在特定的时空条件下进行的，因此，必须十分注意时空环境对人际心理的影响，并运用这些心理影响来促进人际交往的顺利进行，为人际交往创造轻松、愉快的氛围。

1. 交往时间的选择与应用

在倡导时间就是金钱、时间就是效率的快节奏的现代社会条件下，对交往时间的选择和应用就显得越来越重要、越来越讲究。如果交往时间选择和应用不当，会导致他人的厌烦、怨恨和不满，从而导致人际交往的失败。人际交往时间的应用一般要注意以下几个方面：

（1）尊重别人的私有时间。私有时间是针对工作时间而言的。任何人都有私有时间，以进行休息、睡眠、就餐或干自己想干的事。在私有时间，人们都不希望他人贸然打扰，不愿接受未经预约的访问，否则会造成他的不快、不满乃至厌恶、愤怒，从而会导致双方交往关系的不和与恶化。因此，要充分尊重他人的私有时间，如果在这段时间确有必要而不得已要烦扰他人，应首先真诚地向他人表示歉意，以取得他人的谅解，缓解他心中的不快。

（2）在正常交往时间内交往。例如，谈业务一般放在工作时间；私人晤谈应放在双方的空闲时间，如茶余饭后、节假日、对方闲暇之时。由于双方心情舒畅，环境和谐，则易于加深彼此的理解和交流。

（3）在特殊时间的适时交往。同欢乐、共患难，这是朋友间交往的一个基本准则。若把这个准则应用到与他人的交往中，则能使人际交往变得十分有效。当对方在事业上取得成功，或遇婚嫁、乔迁、生日之喜时，是极好的交往时间，应适时予以祝贺、赞扬、鼓励，共享欢乐；当对方事业不如意，或生活上遇到困难、挫折、灾祸打击时，应尽快给予力所能及的帮助、鼓励,共渡难关。若能抓住时机,真诚相助,则能增加对方对你的感激和友情,甚至刻骨铭心,终生不忘。

(4)遵时守约。对于预约的时间,必须准时赴约。这一方面体现出一个人良好的信用,另一方面又反映出对他人的尊重。迟到、让他人久等、无故失约,等等,是对他人的一种不尊重行为,是漠视他人的存在,这就不是一件小事,会引起对方的失望和严重不满。一个明智的领导在召集会议时,应准时到达,决不可让其他人枯坐久候,而自己却姗姗来迟。那种想通过别人的等候,来显示自己身份和重要性的做法,只会引起人们对他的不满,从而失去对他的信任和好感。如果你希望在愉快的气氛和情绪下进行交往,切不要迟到,更不能让人久等。万一因客观原因而迟到时,应说明原委,真诚致歉。

2. 人际交往空间的应用

人际空间,也称个人空间。美国心理学家如萨默(R. Sommer)、阿盖尔(M. Arggle)、迪安(J. Dean)、豪尔(E. Hall)等对此作了众多研究。多数理论阐述是围绕适当的距离这一概念提出的。从心理学上说,人人都需要有自己的身体周围领域,它是无形的而事实上有一定的界限区域。如当一个人坐在公园的椅子上,另一个陌生人一般不会在前者所坐的椅子的身旁就座,否则,就会引起对方本能的觉醒反应和阻挡反应。萨默(1959)认为"个人空间是指围绕一个人身体的看不见的界限而又不受他人侵犯的一个区域"。

人际空间是人际交往中所选择的人际距离。其具体意旨是:首先,个人空间是稳定的,而同时根据环境又有所伸缩;其次,个人空间并非私人的,而是人际的,只有当我们与其他人交往时,个人空间才存在;第三,它强调适当的距离。不适当的空间距离会引起不快、不安甚至恼怒的情绪和感觉;第四,个人空间是一种空间机制,一种人际交流的渠道。

因此,个人空间可解释为人际关系中的一种标志。

豪尔把人际距离分成 8 个等级的距离,由 4 个主要距离的远程和近程所组成:

①亲近距离:近程(0~15cm),是指安慰、保护、相亲等和其他人体全面接触活动时的距离,主要在恋人与夫妻之间使用。远程(15~45cm),是很亲近的人之间使用的距离,其典型的行为是耳语。

②个人距离:近程(45~75cm)是那些相互熟悉、关系较好的人之间使用的,或好朋友之间使用的距离。远程(75~120cm)是一般朋友或熟人之间在交往中使用的距离。

③社会距离:近程(1.2~2m),是一般关系的人之间使用的距离。远程(2~3.5m),这一区域更多的是不相识的人之间或处理商务的人们使用的距离,反映社交、礼节上的较正式的关系。

④公共距离:近程(3.5~7m),这一区域多为演讲者与公众之间使用,而较少为个人交往所使用。远程(7m 以上),为普通民众迎接重要人物时使用。

豪尔提出的人际距离说,包含了领域、空间和交流等因素,反映了人际关系的增进、现状和疏远。但是,影响人际距离的因素是多方面的。由于各种因素的综合作用,人际距离会随之变化,具有伸缩性。因此,在使用人际距离的过程中应考察各种变量,而不能程式化地看待人际距离。总的来说,影响人际距离的主要因素有:

(1)情感亲疏。人际情感的亲疏很大程度上决定了人际距离的远近,人际距离的远近也在很大程度上反映了人际心理距离的亲疏。因此,人们常常会发现恋爱中的男女空间距离最近,几乎难分难解,合二为一。朋友之间自然比陌生人的距离要近些。在教室中,学生面对自己喜欢的老师会不自觉地往前排坐,反之则往后排坐,甚至逃之夭夭。

情感亲疏无疑是决定人际距离的最主要因素。此外,一个人的情绪状态也会影响个体空间的伸缩性。人在愉悦、舒畅时,个体空间就会有较大开放性,允许他人靠近;而在苦闷、烦躁时,个体空间就会非理性地扩张,甚至会将自己的亲友拒之门外。

(2)文化差异。文化是人际距离的一个重要调节因素,有证据表明,从阿拉伯人、拉丁美洲人的亲近到英国人、德国人的疏远都是一个连续的统一体。有研究发现,白种美国人、英国人和瑞典人之间的距离最远,巴基斯坦和阿拉伯人的距离最近,北美人互相间保持的那种距离比拉丁美洲人大。

(3)个性区别。性格开朗、外向、热情的人,其个人空间较小,喜欢接近别人,也喜欢别人靠近自己;而性格孤僻的人不愿意与别人主动交往,对他人很敏感,易把个体空间孤立、封闭起来,个体空间一旦受到侵占,就易产生不舒服感和焦虑感。

(4)性别不同。性别对人际距离的影响也是明显的,一般来说,男性之间保持的距离大些,其次是女性之间的距离,再次是异性之间(恋人关系除外)。同性和异性之间的交往距离一般有如下关系:同性男子>同性女子>异性男女。总之,女性在个人空间方面比男性更为敏感。

(5)地位差别。地位平等与否与空间距离大小成反比。平等的地位和较小的人际空间相联系,不平等的地位导致较大的个人空间。国外有研究发现,将军与士兵之间的距离要比将军之间或士兵之间的距离大得多。

此外,有研究表明,年龄也会对人际空间发生影响,个人空间随年龄而增大,中年人大于青年人,青年人大于孩子。

人际距离(空间)在人际交往中具有比较重要的作用,它对处理人

际关系大有用处,主要表现为:

首先,可把人际距离作为认知人际关系的一种途径。当我们留意人际空间,可以读到习惯、文化、人的个性、地位、交际的场合与性质、人际关系的亲密等许多关于人际关系的信息与知识。通过人际距离,可以认知人与人之间的关系,这是一个不可忽视的环节。

其次,要注意在人际交往中保持适当的距离。适当的人际距离会产生正面效应,不适当的人际距离会产生不适、紧张、失衡等一系列反面效果。在人际交往中应保持适当的距离,不可太近也不可太远。太近,会被认为是对其个人空间的侵犯;太远,则会被认为缺乏关心或冷漠无情。总之,不适当的使用空间距离会惹人厌恶。要保持适当的距离,必须注意民族文化、性别、个性、情感因素的影响,因时因地因人而异。

再次,利用空间作为人际交往的手段。人际空间是一种“无声的语言”。可以利用空间“说话”以达到微妙的目的。空间方位意义学创始人、美国学者爱德华·豪尔有一句名言是“空间也会说话”。人际距离既然疏则远、亲则近,那么在人际交往中,如果你想亲近某人,不妨主动适当缩短人际距离,如果你想疏远某人,则可尽可能拉大人际距离。应用空间距离这一无声语言进行人际交往,往往会起到意想不到的效果。丘吉尔在《第二次世界大战回忆录》一书中写道:德国入侵苏联后不久,苏联外长莫洛托夫秘密访问伦敦,与丘吉尔商谈反法西斯大计。丘吉尔一贯反共,对莫洛托夫素无好感,说他是个“灰色、冷酷的人”。在一次长谈后的深夜,丘吉尔送别莫洛托夫,在唐宁街7号握手告别后,莫洛托夫突然靠近他,紧紧握住他的右手臂,双目久久注视着他,一言不发。这一举动使丘吉尔这位老政治家大为感动,他感到莫洛托夫用“会说话的空间”无声地告诉他:世界反法西斯战争的胜败,现在取决于苏、英两国的精诚合作。莫洛托夫一反常态地突然改变习惯的人际空间距离，给丘吉尔留下十分强烈的印象，以致终生难忘。

(五)细节的魅力

人际关系十分微妙、敏感，一个微不足道的细节往往会起到关键性的作用。松下幸之助有句名言：绝不放过任何一个细节。日本人是一个十分注重细节的民族，到过日本的人们都能充分领略到这一点。他们待人接物，对待工作、生活均一丝不苟、无微不至，令人叹为观止。这也许是其所以发达的一个缘由吧。

在人际交往中，迷人的魅力来自每一个细节，衣着打扮，言行举止，一举一动，无不体现出一个人的性情和教养。人们往往因其细微而有所忽视。殊不知，单个细节表面上看起来微不足道，但是很多个细节加起来就是一个结果，美就体现在细节之中。

很多人际交往中的矛盾和冲突，往往并非他们之间根本原则和利益之间的冲突，而是由于一些无意中的微小细节所导致的，大量涉及礼仪礼节的问题（这在下章有详细阐述）。例如，据报载，中国××医疗设备厂准备引进"大输液管"生产线。该厂厂长约请美国客商到厂区参观，并准备第二天正式签订合作协定。厂长在陪同客人参观工厂过程中，感到嗓子不适，本能地咳了一声，并随口吐了一口痰，然后用鞋擦去。第二天清早，翻译送来了美国客商的一封信。信中写道：尊敬的厂长先生，你在车间内吐痰那一幕使我彻夜难眠。恕我直言，一个厂长的卫生习惯可以反映一个工厂的管理素质。况且今后将生产的是用于治病的输液管。贵国成语说的好：人命关天！请原谅我的不辞而别。

再举一个例子。陶灵在《终于明白》一文（载《南方周末》，1992年4月17日）中写道：

在众多女孩子眼里，我的身高属于"特等残废"的范畴，这是"一目了然"的事……我三年前认识的第一个女孩娅，相识不久就分手了，我一直以为是因这个"一目了然"的原因。

娅生得很漂亮，唯一的缺陷是牙齿有点黑，太引人注目了。有一次，我和她，还有另外几位朋友在一起的时候，不知我触动了哪根神经，突然给她介绍了一种新品种牙膏，说可以使牙齿更洁白，让她试试。当时，娅没有吭声，我的话题一下子又被别人接过去了，没再继续提牙膏的事。

不久，娅就提出和我分手了。我认为这是预料之中的事，因为尽管她的黑牙齿引人注目，可毕竟她生得漂亮呀，能看得上我这个"特等残废"？但娅的好友却说，这是因为我在公开的场合给她推荐牙膏而伤了她的自尊心。我当时想，只不过是她的一个借口罢了。

两年之后，当我爱上了另一女友雪的时候，娅的好友再次告诉我：娅一直没有忘记"牙膏"事件。

直到现在，我才从雪很少有的认真中，实实在在地明白：因为我出言不慎，无意中伤了一个女孩子的心，而且伤得那么深。

人际交往中此类案例不胜枚举，细节的重要性自不待言。古人云：大德不逾闲，小德出入可也。其实，人际交往大原则固然重要，小细节也不可忽视。细节问题在心头堆积多了，总有一天要像火山一样骤然爆发，终至不可收拾。千里长堤，溃于蚁穴，这是个千年古训。也许有人会认为，这样的人际交往是否太累了？有一点累是肯定的，因此须得有点耐性，要知道优雅的背后就是忍耐。一旦优雅成了习惯，也就不觉累了，它成了一个人的高贵品质的自然组成部分，成了一种美的境界。

第八章 人际礼仪

礼仪是一种人际交往中约定俗成的行为规范、程序和方式,包括礼貌、礼节、仪式、风俗等方面的内容。它的核心精神是敬人之心。孟子曰:"恭敬之心,人皆有之……恭敬之心,礼也"(《孟子·告子章句上》),"辞让之心,礼之端也"(《孟子·公孙丑章句上》)。它反映着对人的尊重,同时约束着人们之间的行为。

从人际关系心理学的角度来看,礼仪通过礼貌、尊重的礼节和仪式来满足人们的友爱、合作、尊重、名誉、注意等需要,使人们感到亲切、温暖、愉悦。它虽然表现为数不胜数的细枝末节,但是人们往往从这些细微处见精神,点点滴滴在心头,从而在相当程度上影响着人际交往的成败。

孔子说:"不知礼,无以立也"(《论语·尧曰第二十》),"不学礼,无以立"(《论语·季氏第十六》)。礼仪反映了一个人的内在素质和修养。英国哲学家约翰·洛克指出:"美德是精神上的一种宝藏,但使它们生出光彩的,则是良好的礼仪。"一个人的礼仪修养,直接影响到他的自身形象以及他所代表的组织形象。礼仪还是人际交往的润滑剂。人际交往,必然伴随着一定的礼仪。很多人际矛盾与冲突,往往并非由于原则利益的对立,而在于礼仪细节上的摩擦。因而,良好的礼仪也是适用于人际交往中的一种艺术和沟通技巧。礼仪是社会文明的重要组成部分,我国社会历来具有讲求礼仪的传统,被称为"礼仪之邦"。这也是构建和谐社会的题中应有之义。

礼仪的分类很多,包括政务礼仪、商务礼仪、社交礼仪、涉外礼仪等,尽管其内容形式不尽相同,但精神实质是相通的,即要求"自我约束和为别人着想"。人际礼仪主要包括仪表仪态、服饰打扮、待人接物、风俗习惯等方面的内容。

一、仪表仪态

仪表仪态是一个人的外表形象,也是一个人内在素养的体现与外化,它关系到一个人的风度、风采,在人际印象和人际魅力的形成中具有较大的作用和影响。

仪表主要包括修饰得体,形容整洁,精神饱满等。在人际交往中适度的化妆,可以使人焕发青春的光彩,增强自信,在工作和学习中精力充沛,增强社交的魅力。但应注意化妆与职业、场合的协调。一般工作、生活场合,应以淡妆为宜,参加舞会、宴会等,可以浓妆。职业人士一般不宜浓妆艳抹,不宜留长头发,蓄长指甲,也不宜涂有色指甲油。总之,要像《诗经》所描写的那样"巧笑倩兮,美目盼兮","宛如清扬"为好。

仪态主要体现在站、坐、走、行的姿态与姿势上。正如俗话所说的站有站相,坐有坐相。《金瓶梅》中描写孟玉楼:"行过处花香细生,坐下时淹然百媚。"自有一番风情。

(一)站姿

站姿是仪表美的起点,又是发展动态美的基础。良好的站姿能衬托出美好的气质和风度。站姿如何将直接影响人体姿态的整体形象。

站姿的基本要求是抬头平视,挺胸收腹,腰背挺直,重心上提。

男士站立时双脚平行,可略分开,但不宜超过肩宽,两手自然下垂,也可交叉放在背后,给人一种站如松的挺拔感。

女士站立时双脚并拢,也可呈丁字,双手可交叉于腹前或背后,给人以玉树临风的飘逸之感。

(二)坐姿

坐姿有深坐、正坐、浅坐之分,反映了人际心理上的各种不同关系。在人际交往中,一般宜采用正坐姿势,显示平等和不亢不卑的态度。正坐的要求是坐如钟,除此之外,还要注意坐姿的娴雅自如,给别人以美的视觉感受。具体地说,坐时腰背挺直,臀部应坐在椅子的三分之二处,两腿自然弯曲,正放或侧置,双脚平落地上,并拢或交叠。伏案书写,应以肘撑起上身重量,姿态端正,不倾斜。不要趴在桌子或斜躺在椅子和沙发上,不要把两肘抬起,双手抓住坐椅扶手。

男士坐时两腿可略分开,也可跷二郎腿,但不能过度,尤其不能把脚底对着他人,更不能摇动。

女士的坐姿则更为讲究,显出女性的高雅姿态的坐姿主要有以下几种:①基本坐式。背要伸直,头部摆正,两膝盖与两脚跟分别并拢,双脚垂直向下,视线向着对方。这种坐姿可用于面谈之类的正式场合,能给予对方诚恳的印象。②两脚交叠式。这种坐姿的重点是从正面看过去,两腿交叠成一线,还会造成纤细的效果。两腿可自然斜放或垂直放置,这得依椅子的高度而定。另外,切忌手抱膝盖以免显得驼背。③双脚斜放式。坐较低的椅子时,双脚垂直放置的话,膝盖可能会高过腰,较不雅观,这个时候最好将两脚斜放,这也是坐在沙发上的基本姿势。④脚踝交叉式。采用脚踝交叉、两脚稍微斜放的坐姿,这样感觉比较自然,但必须随时注意膝盖不可分开。⑤两脚微张式。膝盖靠拢,两脚稍微张开的坐姿,也是可变化的坐姿之一。尤其在自己并不受注目的场合,就可以做这种程度的放松,但两脚微张最多只能与肩同宽。

(三)走姿

行走的基本要求是行如风。行走时,身体重心可微向前倾,抬头平视,挺胸含腹,两臂自然摆动。男士宜迈大步,以示稳健潇洒。女士宜迈小步,展示优雅轻盈。多人同行时不要勾肩搭背,不要并成一排。着步稳而轻,讲求节奏、韵律。遇有紧迫的事情,可加快步伐,但不可慌张奔跑。

(四)行姿

行为举止优雅得体,不急不缓,落落大方。如与对方交谈时,应注视对方的眼睛或面部,以示尊重;乘坐轿车时,应先将臀部坐进去,下车时双脚先伸出来;拾东西时,应将两膝尽量并拢再蹲下,才会显得文雅美观……千万不要忽视这些细节。在对方面前或工作场合不能剪指甲、化妆、抠鼻子、剔牙齿、挖耳朵、打哈欠、脱鞋、颤腿、伸懒腰。

迷人的风度有赖培养,优雅的仪表仪态不是与生俱来的,而是靠平时点点滴滴积累起来的,需要克制自己、约束自己。英国有句名言:优雅的背后就是忍耐。无意中的一举一动,无不体现着一个人的性情和教养。

二、服饰打扮

(一)着装

在人际交往中,人们总是先看到一个人的外表、长相、身材、服饰等,从而产生一定的心理感觉。人的长相、身材是与生俱来的,难以变更,在外表中最能频繁地发生变化的就是服饰。服装能最生动地改善一个人的精神面貌,美化人生,因而被称为人类的"第二皮肤",在人际交往中发挥着重要的作用。

心理学家们研究过服装与人际交往的关系,主要有以下两个方面:一是服装与自我感觉的关系。西方学者沃尔泰有一句格言:"服装改变风度。"这从心理学来说,确有道理。人们可以发现,一套精心制作、个性鲜明的装束,的确可以在某种程度上使着装者发生变化,进而影响到着装者的行为。心理学家对此现象的解释为,衣服对大多数人有一种内驱力。我们在着装时,有一种潜意识,就是努力尝试设计一个"理想"的自我形象。莎士比亚有一句名言:"衣裳常常显示人品。"服饰是一种语言,从某种程度上可理解为人的自我广告。从一个人的着装,可以看出其个性、爱好、审美情趣、文化品位、处世态度等,它无声地宣告着一个人的文明修养和性格特征。每当人们穿上了得体而华贵的服装,就能增强自信心。这种心理上对自我着装效果的认同,往往会使自我感觉良好,从而精神饱满,充满自信。在一些特定的场合,服装会促成自我承认和自尊的感觉,甚至会产生特殊的戏剧性效果。一位警察在谈到自己身穿便装与家人团聚的感觉时说:"在妻子面前,我基本上是内向的,轻声说话的。而一旦穿上警服,我的感觉便截然不同,觉得是一个有权威的角色。"同样的感觉在一位职业足球运动员身上也得到了印证。他说："如果你穿了一套你喜欢的球衣,就能在心理上感觉良好,球也踢得顺心。"可见,从自我展现的角度看,服装与其说是为自己而穿着,不如说是向他人展示自己、获得自信而进行的有意识的选择。二是服装与他人行为的关系。尽管服装本身不会说话,但人们可以通过服装判断一个人的地位、身份、职业等社会特征,甚至还可以透过服装这一种非语言渠道来观察一个人的个性。因此,服装在人际交往中,对他人的影响是显而易见的。专门研究人类行为的阿盖尔做过一个有趣的实验。他以不同装束打扮出现在同一条街道上。当他身穿西服以绅士模样出现时,接近他的人,无论是向他问路,还是问时间,大多彬彬有礼,而且这些人看上去基本上属于有闲阶层的人士。当他打扮成无业游民模样、穿上邋遢不堪的外装时,接近他的多半是流浪汉,或者来对火,或是来借烟,甚至有向他讨钱的乞丐。服装的确是人类文化中极为灿烂的一个部分,不仅影响其个人形象,而且也影响到与他人交往过程的社会心理环境。

着装艺术除了要求对服装的款式、色彩、流行能力等有一种审美上的敏感外,还有一些共同的原则可遵循,其宗旨则是以谐合为美,突显个性。着装不仅要考虑到服饰的整体情调,还要进一步考虑服饰与自身各方面的条件,诸如自身气质、身材、体形的协调。服装不但要构成它们自己的一个整体,而且要与服装中的人构成一个具有更大包容性的整体。着装的具体原则大致有以下几个方面:

1. 服饰搭配的和谐

服饰打扮中经常出现这样一种情况,单件服饰都是很精巧的,但把它们拼合起来就会混乱不堪,很不协调。这里涉及颜色、款式等的整体搭配问题。有位港星初入演艺圈,以为白衣蓝裤很好看,没想到被人讥笑。又如一些年轻女子喜欢穿一身黑色的服装,以营造一种神秘的黑色效应。一些小说对此也极力渲染，这则是对托尔斯泰笔下安娜形象的简单模仿。殊不知美丽的安娜是白俄美人，俄罗斯女郎那种白皙的皮肤和棕色的秀发，与黄皮肤黑头发的亚裔人完全是两回事。因此，这些年轻女子的这种装饰非但达不到安娜在舞场中出现艳惊四座、技压群芳的黑色效应，反而从背后看上去就像一只"黑乌鸦"，令人难以认同。其实，从头到脚一身纯黑并非是完美的打扮，如果能在其中作一些亮色的点缀，比如穿一件黑连衣裙，用棕黄、橙红或粉红颜色的首饰搭配，或在腰间束一根金属扣的腰带，或干脆将一条花纱巾拆成三角形斜披在肩上，就能给人一种轻松欢快之感，起到画龙点睛的作用。为了让黑色烘托出高雅的气质，上下衣的搭配应从"和谐"二字入手。如果下面穿一条黑色的长裙，那上面最好配一件黑底小白花的短 T 恤。别的颜色与黑色搭配都可以是一种风情，但总觉得不如白色来得爽气，这些是颜色搭配问题。此外还要注意款式的搭配，西装与运动鞋相配，运动服与高跟鞋组合，总是显得别扭刺眼。对于常人来说，要把长短不同、颜色各异的衣服穿到一起，让人感到整体和谐不扎眼，也并非易事。一些时装设计师常用的手段有：下装的色彩与上装相同或相近，浑身的色彩不要超过四种，短上衣与高腰裤、长筒靴、迷你裙的组合，等等，这些搭配方法可作为个人日常着装的借鉴。

2. 服饰与自身的谐和

要避免一个误区，就是盲目地赶时尚。生活在现实中，当然不免会受时尚的影响，但时尚的不一定适合你，流行的不一定总是美的，比如流感即是。流行的时尚如果破坏了着装艺术的宗旨和总原则，就会陷入一种美丽的误区，这是必须要注意的问题。如气质温淑的女子身着流行的猎装、牛仔服，性格外向的女士穿上旗袍，总让人觉得别扭。关于着装，还要考虑身材、体形等因素，扬长避短，掩饰缺点，长脖就不要穿低领,采用高领、大型颈饰、围巾总是合适的;胖人也不要太"休闲洒脱",还是身着严谨的深色套装更好。

3. 服饰与环境的融合

服饰不仅要求达到自身搭配的内在和谐,要与穿着者的气质特点融为和谐的一体,而且还要与着装者所处的外部环境相融合,相互映衬,构成和谐的整体。维也纳新年音乐会上,台上是典雅悦耳的天籁之音,台下是一式高贵庄严的服饰,台上台下相互辉映,构成了一种难以言喻的庄重氛围。在现实生活中,常常可以发现,一些人在旅游休闲的场合,穿着正规西装,在正式的晚会等社交场合,却穿着过于随便散乱的牛仔便服,这便是常见的未意识到服饰与环境融合的例子。更有甚者,一些摩登女士为追求惊艳效果,冬天尚着"迷你",在办公室也会露脐,自我感觉相当不错,只是周围的人要大跌眼镜了。

4. 服饰与职业的协调

服饰代表了一种语言、一种文明,更代表着一种形象。对职业人员而言,服饰不仅影响个体的形象,而且影响着其所代表的组织形象。如果着装不当,便容易有失规范,影响工作效果。比如,职业女性去办公楼工作时,穿着过于性感或过于随便的服装,不仅有损其自身稳重的形象,也会损害组织的庄重、可信的形象。因此,很多组织均统一着装,或对着装有严格要求,诸如整洁得体,衣扣整齐,不许敞胸露怀,不得挽袖挽裤,这些也是组织形象建设的内容之一。

一般对职业男性来说,穿一身正式西装是合乎时宜的。西装布料要选用质地较好的毛纺织品或毛涤混纺织物,做工要精细,裁剪式样要相对趋于保守,穿着要舒适合体。西服不妨多备一两套,可选择色彩较暗或中性色且无明显花纹图案的单色,以分别用于不同场合。多备几样衬衣和领带,可使你穿着花样翻新。正规场合穿西服须系领带,领带质地要讲究,注意与西服色彩协调。选用领带要考虑场合,在正式、庄严、隆重场合,以深色为宜,在非正式场合,以浅色、艳丽为好。西服上的扣子,如果是双排扣,不管在什么场合应把纽扣全部扣上;如果是单排扣,两个眼只扣一个,全部扣上很拘谨,在非正式场合,甚至可以不扣,敞开胸襟,潇洒自由。

职业女性的正规着装是西服套裙。套服的面料应该挺而垂,质地良好。太女性化的色彩,如色彩鲜艳的黄、绿、红、紫及对比鲜明的图案都不是理想的职业服色。理想的女式套服可选用灰、蓝、青、棕、朱等中性色彩,既庄重又耐看,最适宜于办公场合。西服套裙可为女性塑造一定的权威形象,又不失女性的妩媚。此外,旗袍、连衣裙也是夏季及春末秋初可选用的服装。在职业生活中穿着,应避免两个问题:一是太流行和趋于怪异,俗不可耐或荒诞不经;二是服装过透、过露、过紧,必须遵从美观、大方、简洁的原则。另外,一双漂亮的丝袜可以衬托出女性腿部的曲线美和神秘感,色泽一般以肉色为佳,丝袜的袜口不应低于裙子的下缘,穿着有明显破损或脱丝的丝袜是相当不雅的。

(二)发型

俗话说,"漂亮从头开始"。要选择与自己的年龄、性别、职业、脸型等相一致的发型,不可盲目模仿。首先,要与职业与身份相配。如果是学生,应以青春自然为主,可选择短发、直长发、马尾辫等发型,充满青春朝气,梳理也方便。如果是自由职业者或艺术工作者,则可以尽情尝试染发以及前卫、新潮的发型,体现不拘一格、自由创造的个性。如果是组织人士,男员工不蓄长须长发,女员工不宜有怪异发型,一般以直发为主,突出稳重、文静、大方的气质。如果烫发的话,不宜太卷,以波浪型的卷发为宜,绝对不宜染发或尝试很前卫、新潮的发型。其次,要与身材和肤色相配。如果身体较矮,最好不要留长发,不要把头发弄得很蓬松,因为头部比例越大,身体会显得越矮。如果皮肤较黑的人,不要尝试复杂的发型,应以简洁为主。此外,发型还要与脸型相配。鹅蛋脸是公认的标准脸型,各种发型均适宜。长脸型适宜加厚脸部两旁的头发,将前发剪成刘海儿,使脸部显得丰满。方脸型宜在颈部结成发髻,有优雅感,或让头发披在两颊,以减少脸的宽度,发线宜侧分。

此外,人的修饰中还要注意,不要佩戴过多过于耀眼的饰物,每只手戴的戒指不宜超过一个;在工作场合,一般不宜戴有色眼镜从事交往活动,等等。

三、待人接物

作为单独个体,每个人都有各自的行事风格,但在社交场合,待人接物必须讲求规范。没有规矩,无以成方圆,主要的礼节有:

(一)介绍

介绍分为自我介绍和他人介绍两种方式。

自我介绍是进行社会交往的一把钥匙。日常交往中自我介绍往往失之呆板,比如:"我叫×××,是×××公司的经理,×××地区人。"这样的介绍,犹如在接受审讯,难免有呆板之嫌,难以给他人留下深刻的印象。自我介绍是架起人际交往的第一道桥梁,应引起他人的兴趣,给他人留下深刻的印象,因此不能等闲视之。基本要求有:首先,简洁明了。针对不同的对象,简明介绍自己的姓名、出生地、工作单位、身份等。其次,增加色彩。可在自己的姓名、出生地、职业、特长等方面作适当的发挥,突显个性,令人印象深刻。其三,把握分寸。自我介绍既要推销自己,又不要给他人留下自吹自擂的印象。其四,礼貌结语。如"请多指教"、"请多关照"之类。

他人介绍时,介绍者应先向双方打招呼,使双方有思想准备,不至于感到唐突。他人介绍首先要注意的是介绍顺序。总要求是:把地位低的介绍给地位高的,把年轻者介绍给年长者,把男士介绍给女士。介绍时应礼貌地用手示意,不可用手指指点点。把手指或尖状物对着别人,是极不礼貌的举止。介绍词要得体,实事求是,避免过分地赞扬某人和不合时宜地吹捧。被介绍双方一般都要起立,也有不便起坐的场合,如宴会桌边,点头示意即可。接受介绍的人对他人的介绍要作礼貌的反应。

(二)握手

握手是一种通行的见面礼,握手具有和解、友好等象征意义。"握手,无论历史上还是现在,主要是男人之间的体触行为,它表明双方已放弃武力,希望以一臂之距和谈休战"[①]。这就是我们经常说的"握手言和"之意。在有些情况下,若不了解握手的规矩便很可能闹出笑话,或使自己处于尴尬境地。

握手的基本要领有:

(1)在上下级之间,上级伸手后,下级才能伸手相握。

(2)在长辈与晚辈之间,长辈伸手后,晚辈才能伸手相握。

(3)在男士与女士之间,女士伸手后,男士才能伸手相握。男士往往只握一下女士的手指部分,时间以三五秒为宜,不可长时间拉着手。

---

① [美]莱杰·布罗斯纳安.教养[M].蒋立珠,陈瑛,译.北京:中国书籍出版社,2006:7.

如女士未伸手,男士就只要点头或鞠躬致意即可。

(4)握手前应脱下手套,否则极为失礼,但女士可不脱手套。

(5)握手时用力要适度,要避免松而无力,显得缺乏热情,但也不能握得太紧。

(6)握手时眼睛要注视对方,微笑致意。最忌讳握手时随意张望,这是很不礼貌的行为。

(7)多人同时握手,注意不要交叉,可待别人握完再握。

(三)递接名片

名片持有者在递交名片时,当事先将名片放在身上易于掏出的位置,取出名片时先郑重地递交对方,同时讲些"请多联系"、"有事可以找我"、"请多关照"之类的话。

相互交换名片,可双手递,双手接,也可左手递,右手接。

递交名片的时间,应当根据具体情况而定。如果名片持有者与人事先有约,一般可在告辞时才递上名片。如果双方只是偶然相遇,则可在相互问候,得知对方有与你结交的意向时再递名片,切忌散发传单似的随意乱发名片。

接受名片者一定要仔细看看名片上的内容,如有不清楚的地方,可当即发问敬请指教,然后把名片细心地放进名片夹或日记本、工作证中夹好。有时还可视具体情况在名片背后记上首次见面的时间和地点,以备日后再见面时旧话重提,从而增进感情,建立友谊,切不可把他人名片随意塞进衣袋或轻慢地弃置一旁。

(四)称呼

称呼是沟通人与人之间的一座桥梁。心理学研究表明,人们对别人如何称呼自己十分敏感。称谓得当,就能使双方产生心理相容,交融彼此情感,称谓不当则不仅不能达到交往的目的,而且会引起对方的反感。通常方式有:

(1)直呼姓名。这种称呼适用于一般同事、同学之间。

(2)只呼名不道姓。这种称呼适用于平辈间或同事间,关系亲密或为了表示亲切。从心理学意义上说,称谓字数越少,关系越亲近。

(3)称呼同志。以前较为流行,现在则较少。但在一些正式场合使用也很得体,诸如党内互称同志,又如对军人称"解放军同志"等。

(4)称呼身份。对从事脑力劳动者及其他知识分子,如教师、医生、律师、经理,则以职称、职务名称直接称呼;对于从事体力劳动者,一般以"师傅"相称。

(5)仿欧称呼。在商业、服务业等行业较盛行"先生"、"女士"、"小姐"等称呼。在西方国家,一般对男士均称先生,称已婚妇女为"夫人",未婚女子为"小姐",一般称婚姻状况不明的女性为"女士"。如称未婚女子为夫人,是失礼的表现。反过来错称已婚妇女为"小姐",可被谅解,这是一个令人愉快的错误。

(6)在姓前加"老"或"小"。这是相对年龄的称呼,在职业人士间较为普遍。

(7)在姓后加"老"或"总"。这一般用于对年纪大的知名人士、学问高深的老者或企业界的总经理等的称呼。

(8)杜绝不礼貌的称呼。如以"喂"等代替称呼,或用"端盘子的"、"开车的"、"当兵的"等来称呼。

从心理学观点看,随着二人心理距离的逐渐缩小,称呼也由"头衔→姓→名→小名"而变化,这个过程已是个社会事实。首次见面,绝无人直唤其名的,一定附上某种头衔或称谓,如"教授"、"经理"之类。对方以名相称,表示一种亲密关系,互用昵称,则是更为亲近的关系表达。人们在交往中,可以利用改变称呼,增进亲密关系。

(五)交谈

交谈时的礼节对人际沟通有着极为重要的作用,为了促进愉快的交谈,顺利达到有效的沟通,须十分注重交谈中的以下细节:

(1)在交谈时,声音的大小,以能使谈话对方听清楚为合适。不要放开嗓门大声喧哗,旁若无人地谈笑,也不要过于小声,让人听不清。

(2)说话时手势不要太多太大。不要用手指或刀叉筷子指着对方说话。

(3)与人谈话时精神要集中。交谈时眼睛应正视对方,目光最好落在眼睛以下、颈部以上的区域。目光宜虚一些,不宜凝视对方脸上某个部位。一般来说,俯视表示爱护、宽容;正视表示理性、平等;仰视表示尊敬、期待;目光低垂表示哀伤、愧疚。别人说话时不可左顾右盼,也不要频频抬手看表,更不能做出伸懒腰、打哈欠等漫不经心的动作。

(4)交谈时若非至亲挚友,不要问及别人的私事,发现对方有不愿提及的问题勿穷追不舍。谈话中若有见解分歧,只要不属大是大非,别与人发生争辩。

(5)谈话现场超过两人时,不要只顾与其中一人说话而冷落了他人。

(6)异性间谈话时更应注意谨慎、稳重大方。若属初交,男性一般不轻易问及女性的年龄、婚姻、履历之类的敏感话题。

(7)谈话中间需要暂时离开时,应向对方表示一下歉意后再走。别人在个别谈话时不可趋前旁听。确有急事必须打断人家,应先说一声"对不起,打搅一下",插话完毕后应迅速离去。

（六）餐饮

餐桌上的礼仪，是文明礼貌的重要内容。从人们就餐时的姿态、举止，可以反映一个人的涵养。

赴宴前，要注意服饰和化妆，盛大的宴会或较为正式、隆重的宴会，主人在请柬上有时会注明应该穿着什么样的服装或礼服，作为被宴请的宾客必须注意这一点。一般的宴会，宾客也要注意服饰和化妆、卫生和整洁。如果宾客衣衫不整，既是对主人的不敬重，也有损于自身的形象。

赴宴须守时，一般可在约定时间五分钟前到达或准时到达。若因故晚到三至五分钟也是允许的，但到达后应向主人说明原委。如果到达太早，会使主人措手不及，陷于被动，如果到达太迟，则会显得对主人有所怠慢，不够尊重。

举行宴会，一般都很注意座位的安排。在较大的宴会上，主人对座位席次事先都有安排，一般有接待人员引导来宾到预先安排好的位置就座。在一般的中式宴会上，以面对入口或餐厅内视野良好、可观赏节目处为上座；入口处或上菜处，则为下座。

进食时要讲究斯文、优雅。需细嚼慢咽，切忌狼吞虎咽，以免给人留下粗野、失礼的印象。电影《滚滚红尘》中的女主角和一个追求她的商人一起在一间很豪华的酒家吃饭，吃了一半拂袖而去，原因是那位商人吃东西的时候发出很大的声音，女主角就说他像猪一样。一般地说，咀嚼时，嘴巴轻闭，边咀嚼边说话也是很不礼貌的。喝汤时，不可发出声音。女士还要注意不要把口红沾到杯口及刀叉上，化妆时尽量用防水口红，并用纸巾吸去油腻，使唇色持久而不易脱落。

吃西餐有很多规矩，为了不出洋相，可大致了解一些吃西餐的知识：

(1)餐巾用法。把餐巾铺在腿上,最好叠作两层,折口向外,而塞在胸前或掖在腰带上都不雅观。席间有事需离开,餐巾应放在椅子上而不是桌子上,表示还未吃完。用餐时餐巾内侧可以擦嘴,用一只手拿餐巾擦嘴是不文雅的,应该用两只手捏住中间轻拭嘴角,用餐巾擦脸、擦汗、擦桌子都不妥。

(2)刀叉用法。右手持刀,左手握叉。刀叉并用时,刀口向内,叉面向下,先用刀把食物切成小块,再用叉送入嘴里,切不可用叉将整块食物叉起,送到嘴边去咬。使用刀叉时,要注意不要发出叮当的碰撞声或切割声。中途和别人交谈时,切不可拿着刀叉指指点点。

(3)汤匙的用法。汤匙只用于喝汤,不要用它来取盘子里的食物。喝汤时,不要端着汤盆,而应用汤匙一勺一勺舀着喝,尽量不要发出声响。

(4)面包的吃法。有人喜欢拿着整个面包大口咬或者用叉子叉着吃,也有人用刀切下来吃。正确的吃法应该是,左手拿取,右手撕开,再把奶油涂上去,一小块一小块撕着吃。

(5)注意自己的坐姿。吃西餐时,不宜紧靠椅背或紧贴桌子,也不要把整个胳膊肘撑在桌子上,跷二郎腿也不文雅。

(七)接待

接待一般分为去机场、车站迎接客人和在办公室接待两种。

去机场、车站迎客,要注意以下礼节：

(1)应提前到达去等候客人,而决不能让客人等你。

(2)若客人与你未见过面,最好事先了解一下客人的外貌特征,同时最好举个小牌子,上写"××先生(女士),欢迎您! ××单位"。

（3）接到客人后应说声"您辛苦了"，然后立即介绍自己的姓名职务。

（4）介绍过后，应随手接过客人的行李，如客人坚持自己提贵重物品则不必勉强。

（5）迎接客人的交通工具应事先安排妥当，住宿应事先根据客人要求合理安排。

（6）途中应引起共同兴趣的话题，热情地与客人交谈，考虑到客人旅途疲劳，陪送到住宿地后不宜久留。

（7）分手时一定要说好下次见面的时间和地点，并告诉客人联系的办法。

在办公室接待客人应注意的礼节有：

（1）接待场所须文明、讲究，注意整洁、卫生。

（2）起立迎客，热情让进、让座、沏茶。

（3）接谈时，如有他人在场使客人感到不便，可请无关人员暂时回避一下；如果来访客人较多，应按顺序接待，除非有紧急事情不能按顺序而先接待他人，应致歉意，千万不能厚此薄彼；来访者较多时，要掌握好谈话时间，以免其他客人久等。

（4）对来访者的意图和来访内容，要一一记录，可作备忘，以便进一步向有关人员汇报、交代和落实。

（5）结束访谈时，应礼貌道别，起身送行，目送客人，不要急于关门。

（八）接打电话

由于电话沟通不是直接面对面的谈话，因此，说话、语调、用语及一切细节皆应有礼，让电话能确实成为你活跃人际关系的有用工具。接电话时要注意以下细节：

（1）电话铃声一响,就应该拿起话筒接听电话,响铃不宜超过三声。

（2）备有记事本,随手记下有关事项。应对打来电话的人礼貌相待,尽力满足对方要求。

（3）接话人应等打电话人先挂掉电话,然后再轻轻挂机。

（4）对拨错号的人,不要责怪、质问、辱骂,而应和气地说:"您打错了,这里的号码是××××。"

打电话要注意的问题有:

（1）选择好打电话的时间。如果是工作问题,一般在工作时间通话;除非事情紧急,否则不应在就餐和休息时间打扰他人。

（2）电话接通后,先行问候,再通报自己的身份,以此表示对对方的尊重。

（3）应事先把通话内容及先后顺序考虑好,表达条理清楚,简洁明了。

（4）打完电话后道别或道谢,并轻挂电话。

接打电话时,双方应共同注意的问题:

（1）注意礼貌用语。

（2）精力要集中,不可一心二用,对他人讲话要仔细聆听,及时作出反应。

（3）控制语速语调。吐字清晰,不急不缓。说话语速太快,则对方会听不清楚;太慢,则对方会不耐烦。语调太高,则对方听得刺耳;语调太低,则对方会听得不清楚。语调口气要有表情,声音略低,声调适中,使人听起来感到可信赖、更舒服。

（九）送礼

礼物是人际交流的载体,送礼是人之常情,主要表达对人的尊重亲近,表达一种友情。但如果把送礼作为手段,企图达到某种目的,就会使之变质。因此,要掌握好分寸,掌握送礼的艺术,是现代人士必备的基本功。

(1)送礼的关键在于礼品的选择。挑选礼品要重"情感意义"。常言道"礼轻情意重"。选择礼品时,应挑选价廉物美、具有一定社会意义,或具有某些艺术价值,为受礼人所喜爱的小艺术品,如纪念册、花束、书籍、画册等。选择礼品应根据受礼人的不同喜好、具体情况而定。英文里有个名词"白象"(white elephant),意义为相当名贵而无实用性并且难于处置的东西。据说古时候英王为了惩罚某大臣,就赐给他一头"白象"。所以,送礼别选择累赘、无用、令人手足无措的东西。

(2)送礼应注意禁忌。各国、各地区均有禁忌物品,"入国须问禁"。如我国,大概最忌的是送钟,因为"钟"与"终"二字同音。

(3)赠送的礼品应用礼品纸包装,并用彩带系成漂亮的蝴蝶结、梅花结等进行装饰。商品所贴的价格表须揭去。

(4)赠送礼品时情态要大方。大大方方地赠送,不必太客套,不必拘谨,也无需贬低自己的礼物。

(十)礼仪语言

礼仪语言具有微妙的交际作用。大方、从容得体的礼仪语言,具有很强的交际魅力。使用合宜的礼仪语言,不仅是对他人的尊重,也是自身修养的一种体现。常见的礼仪语言有:

初次见面说"久仰";好久不见说"久违";

请人批评说"指教";请人原谅说"包涵";

央人帮忙说"劳驾";求给方便说"借光";

麻烦别人说"打扰"；向人祝贺说"恭喜"；

请人审稿说"斧正"；求人解答用"请问"；

请人指点用"赐教"；托人办事用"拜托"；

赞人见解用"高见"；看望别人用"拜访"；

宾客来临用"光临"；陪伴客人用"奉陪"；

中途先走用"失陪"；等候客人用"恭候"；

请人勿送用"留步"；对方来信称"惠书"；

老者年龄称"高寿"。

四、风俗习惯

不同的国家、地区、民族均有不同的习俗和礼节，必须注意当地的习惯，入乡随俗，入国问禁。

（一）与西方人打交道的基础礼仪

在对外交往中，尤其是与西方人打交道时，应注意以下一些基本准则：

1. 拜访预约

除非特殊情况，一般来说，拜访应事先约好时间。

主动要求拜访，最好把确定时间的主动权让给对方。如果自己随时可以前往，不妨请对方提出方便时间，然后预先确定；如果自己时间有限，可提出某段时间或某几个时间让对方挑选。如果对方最近也很忙，你提供的时间对他均不合适，则可待日后再找拜访机会。

在西方，除非特殊情况，一般不要约在星期六或星期天。

通过电话与对方约定好时间后，最好复述一遍，因西方人很重视对约定的确认。

2. 遵约守时

遵约守时已成了国际商务活动中非常重要的规矩和礼节,失时、失约的失礼行为,往往是走向失败的开端。

一般地说,拜会、会见、会谈等活动应正点准时到达;参加招待会、宴会,可正点到达或略迟两三分钟;参加会议或出席文艺晚会等,应提前到达,以便按号入座。

因种种原因非正常迟到,可在见面时向对方作解释并表示歉意。

若有特殊情况不能赴约,应及时通知对方,表示歉意。

3. 尊重隐私

与西方人打交道,以下几个问题是不可以随便问的:

(1)年龄。西方人大都希望自己在对方眼中显得年轻,对自己的年龄讳莫如深,妇女更是如此。她们过了二十四岁之后就再也不会告诉他人自己的年龄了。

(2)婚姻。西方人认为婚姻纯属个人隐私,向他人询问是不礼貌的。若是向异性打听婚否,则有对对方关心过甚之嫌。

(3)收入。西方人将此视为个人脸面,因为它与个人的能力和地位有关。不仅收入不宜谈论,住宅、财产、服饰等体现个人收入状况的问题也应回避。

(4)住址。西方人认为,留给他人自己的地址,就应该邀请其上门做客,而他们通常是不喜欢随便请人去家里做客的。

(5)经历。西方人视个人经历为自己的底牌,是不会轻易让别人摸去的。

(6)工作。在西方人看来,问“您忙什么呢?”这类问题不是无聊,就是有窥探他人隐私之癖。

(7)信仰。宗教信仰和政治见解在西方人看来非常严肃,所以不能信口开河。

4. 不妨碍他人

受文化传统的影响,西方人既讲究私人的权利,也尊重他人的权益,因此讲求公德。在这方面要注意的细节很多,诸如讲究清洁卫生,在社交场合,乱扔果皮纸屑、随地吐痰、打喷嚏,或用手抠鼻孔、掏耳朵、剔牙,都是极不礼貌的;公共场合,高声喊叫,放声大笑,会被视为缺乏教养;抽烟时,应征得旁人同意;有病的人,特别是患感冒的人,要避免与别人交往,西欧、北美人特别讨厌感冒;在影剧院,尽可能不说话或少说话,说话时,应小声说。

5. 安排位次

一般来说,在西方位次的顺序是右大左小,前尊后次。如两人同行,右为尊;会见来宾,主人让贵宾坐右边,自己坐在贵宾的左边;宴请排位,主人的右边是第一贵宾,左边次之。多人前后行,前者为尊。

一些场合左右规则有所破坏,需略加变更:三人并行,则中间者为尊;坐轿车时,驾驶员身后的座位为尊,前排最次。

6. 女士优先

据说,在社交场合对女性尊重,是欧洲中世纪骑士的遗风,也有的说是出于对圣母玛利亚的尊敬。不管是哪种说法,女士优先,是每一位有教养的男子应注意的礼节。因此,男子在与女士的日常交往中应懂得以下礼节规范:

步行时,男士要走在女士左边,在街道上行走,男子应走在靠车辆行驶的一侧。

上下电梯时,男士应该请女士先进。在电梯里,男士负责按电钮,礼貌地询问女士们所上的楼层。

上楼时,男士在女士后面,相隔一两级台阶为宜;下楼梯时,男士应该走在女士前面。

进屋时,男士应上前几步,打开房门,让女士先进去。

乘轿车时,男士应首先行至小轿车,把右侧后车门打开,让女士从右边进座,男士绕到车身左边进座。

无论在室内还是室外,男士只有在极个别的情况下才应走在女士前面。譬如,在途中出现了某种障碍,男人应抢先排除这个障碍,然后返身帮助女士通过。

女士携带东西坠地,男子不论相识与否都应帮她拾起。

7. 不必过谦

对西方人,过于自谦并非益事,甚至会引起他人的疑惑或不满。

对赞美应表示高兴和谢意,不应否认或自我贬低。

上述种种对西方人的基础礼仪,具有广泛的普适性。"他山之石,可以攻玉。"在我国,这些基础礼仪也日益盛行,有重要借鉴作用。

(二)涉外商业习惯和礼节

不同国家的商人具有不同的商业习惯和礼节。到各国洽谈生意,必须注意当地的习惯,掌握恰当的办事方法,排除障碍,促进成交。

1. 亚洲商人社会礼仪习俗

东南亚国家特别注重礼节,和他们谈生意时,千万别跷起二郎腿,也不得习惯性地用另一只脚在地上颤动,落座后鞋底不要朝向对方,这样将引起他们反感而破坏成交。

在印度尼西亚,具有良好素养的商人,在彼此相识时,要马上把自己的名片递给对方。如果不递名片,那将遭受对方的长期冷遇。

在中东国家和地区,和当地商人谈生意常常在办公室或咖啡馆进行。在办公室或社交期间以喝茶或喝咖啡为宜,喝咖啡必须有所节制。假如主人还在饮用,客人不妨也呷上几口。如果你觉得喝足了,可将空杯迅速转一下,然后交给主人,意在"够了,谢谢!"在阿拉伯国家,人际距离较近,第三者可满不在乎介入洽谈活动,称为"共同听政",对此不必大惊小怪。在信奉伊斯兰教的国家,最好戒酒。伊拉克在斋月里不能见到酒。在沙特阿拉伯,既禁止喝酒,又禁止吸烟,因此,应邀做客,不要把这些物品作为礼品。在这些国家,言行中涉及女性问题都要相当谨慎,否则会不受欢迎,甚至招致横祸。在阿拉伯国家谈论中不要涉及政治问题,不要谈国际石油政策。

日本人是一个很讲究礼仪的民族。在日本人的日常生活中,最常见的一种礼节就是鞠躬礼。鞠躬礼可分为 15 度、45 度和 90 度三种。鞠躬时要脱帽,戴帽子鞠躬,是对人极其不敬的行为。与日本人相见,鞠躬致意不握手,日本人的握手只限于相互熟悉的人。参加商业宴会的宾客可能会提前不辞而别,这是很流行的,如果慎重地向主人告别,必然会打搅宴会的正常秩序,这将被视为一种不礼貌的行为。日本人通常相互赠送小纪念品以示友好。他们喜欢品牌,但不要送饰有狐狸和獾图案的物品,他们对这两种东西极为反感。日本人的馈赠礼品,包装都很考究,接受礼物时,不可当面拆开包装,这是一种礼节。赠送日本人礼品,不要用"四"、"六"、"九"、"四十二"等数字,日本人认为这些数字不吉利。

2. 欧美商人社交礼仪习俗

美国商人喜欢边吃边谈。一般洽谈活动最好安排在吃早饭时开始。和美国人谈生意不必过多客套,可直截了当进行,不必拐弯抹角,他们喜欢把一些复杂问题简单化。

英国商人讲究礼仪，友好，善于交往，并使人感到愉快。但同英国人谈生意一定要注意：一不要佩戴条纹领带；二不要以英国皇室家事作为话题；三是不要直呼"英国人"，而应称呼"不列颠人"。

法国人忌讳别人问他家庭私事和探听生意秘密。法国商人具有横向谈判风格，即喜欢先就主要交易条件达成协议，然后才洽谈合同条文。他们更喜欢客人在生意成交后举行一次特别活动。

德国商人很注意体面，注重形式，在谈判过程中不会轻易作出重大让步。

瑞士商人很看重老牌公司，如果你的公司资格老，一定要在名片上写清楚。

加拿大商人最忌讳价格经常变动，也不喜欢做薄利多销的生意，做生意擅长稳扎稳打。

澳大利亚人谈生意，常在小酒馆进行，饭钱支付要分明，如果由对方付钱时，你抢着付，会弄巧成拙；但如果该你付钱时你却忘记，也会带来一些麻烦。

上述习惯礼节只是沧海一粟。在进行国际商业活动中，要设法通过各种渠道尽可能多了解和尊重对方国家、地区的风俗习惯，礼节禁忌，否则必然遭遇种种障碍，甚至会带来巨大的麻烦和不必要的纠纷，需慎之又慎。

第九章　职场关系

　　严格意义上,本章讲的是公众关系,属组织公共关系范畴,但公共关系最终要落实到人际关系中去。加上各位成年人走上工作岗位或领导人组织管理,都需处理相关的各类公众关系中的人际关系,因此,在本书中特意加了本章内容。

　　就组织管理而言,其重要职能之一就在于协调组织内部和外部各种公众关系,"内求团结,外求发展",为组织的生存和发展创造良好的公众环境。但如何协调和处理组织的公众关系,却并非一件易事。本章在阐述组织内部和外部各种主要的公众关系,诸如员工关系、股东关系、顾客关系、政府关系、媒介关系、社区关系、竞争者关系、名流关系等的内涵、特性、作用的基础上,着重分析了上述诸关系的处理方法,以期起到举一反三、触类旁通的功效。

一、内部关系

(一)员工关系的协调

　　员工关系,即社会组织同内部全体成员所构成的公众群体之间的一种关系,它是组织内部管理过程中所形成的人事关系,其具体对象包括管理者和基层劳动者,是组织内部沟通和传播的对象。由于员工的地位差异和利益不同,员工关系体系呈现出纵横交错、十分复杂的局面。因此,处理和协调员工关系的方法也就有一般方法和特殊方法之分。

1. 员工关系协调的一般途径

建立良好员工关系的目的,是培养全体员工对组织的认同感和归属感,形成员工的精诚团结和敬业精神,增强组织的凝聚力、向心力和向外发展的张力。员工是组织内部公关的首要对象,协调好员工关系,对组织的发展具有决定意义。协调员工关系,一般可从以下方面入手:

(1)沟通。

组织要健全内部的各种传播渠道,包括正式渠道(上行沟通、下行沟通、平行沟通、混合沟通)和非正式渠道,完善组织内部的沟通机制,使全体成员在住处共享和感情沟通的基础上与组织融为一体。组织用以内部交流和沟通的方法大体有:创办内部刊物;设置通告牌;建立录像与闭路电视系统;自办广播电台;建立"消息电话"与"建议电话"、"微信留言"等,"消息电话"就是将组织的每日新闻逐日用磁带录下,放音接通于某一部电话分机,员工拨此电话号码即可听到组织的当日新闻,"建议电话"即是通过电话将员工的建议录下;设意见箱;"门户开放",即领导的办公室大门为员工敞开,欢迎他们上门提意见、谈想法;对员工发表广播、电视讲话;相互交谈;成立员工参事会;制作电影或幻灯片;编写书面材料;开好员工代表大会;领导出访;员工参观;举办酒会、聚餐会、舞会等联谊活动;举办展览;成立员工俱乐部;成立员工的业务技术革新团体、文体团体、学术团体。优秀组织内部的住处交流总是特别频繁,而且花样百出。尤其是领导人要特别善于听取广大员工的建议,任何情况下也不要贬低、当众否定每位员工提出的各种意见和建议,即使在领导看来是低级的建议。

卡特利普等人提出:"有效的雇员沟通,包括在对雇员雇佣过程四个环节之中:①开始阶段:利用招聘广告、交谈、组织简介以及会面等方式,吸引、选择、教育新员工;②工作阶段:通过多次直接和间接的沟通,提供指导、消息及与职业有关的信息;③报酬与鉴定:包括对有关报偿、提升、福利、特殊事项以及优胜奖励的通知;④解雇或工作中断:包括解雇、罢工、设备损坏、自然灾害、职务的裁减或单位的撤销。在这四个阶段中,沟通能使组织与雇员公众间建立起联系,并传播组织文化,从而达到雇员沟通的目标。"

总之,沟通是组织内部公共关系所追求的目标之一,也是内部关系工作的重要内容。

(2)激励。

对员工要善于奖励,也要善于批评,并且以奖励、激励为主。所谓激励是指通过满足员工的需求来调动他们积极性的过程。行为科学核心部分是激励理论,它认为组织管理的首要问题是如何调动员工的积极性,即激励动机。由于动机支配人的行为,动机的激励程度不同,行为结果也不一样。其公式是:工作成绩＝能力×动机激励。激励力分为压力、吸力和自激力三种。压力是外界压迫的力量,如惩罚手段;吸力是指外界吸引的力量,如资金等手段;自激力是内在的需要力量。无数事例证明,一个人在压力下工作,积极性较小;在吸力下工作,积极性较大;在自激力下工作,最主动、持久,并有创造性。激励的手段主要是需要的满足,包括物质激励、目标激励、口号激励、情感激励、民主激励、权力激励等。从管理哲学的角度看,公共关系工作要处理好团体价值与个体价值的关系,将个体价值与团体价值辩证地、有机地结合在一起。

(3)温情。

法国企业界有句名言:"爱你的员工吧,他会百倍地爱你的企业。"所谓"温情",即要激发员工对组织的亲密感。当组织与员工的关系健全时,亲密感就会产生和存在,并带来信任、献身和忠诚精神。组织内部公关工作要注意在日常工作和生活中关心、体贴与理解员工。照顾好每个员工的工作、生活是组织应尽的责任。要营造组织内部的"家庭式氛围"与和谐融洽的人事环境。日本企业家很重视企业的"家庭氛围",在寻求和建立员工与企业之间的"情感维系的纽带"方面取得了丰富的经验。他们努力把企业办成一个"大家庭",因而注意为员工搞福利,为员工过生日。当员工结婚、晋升、生子、乔迁、获奖之际,都会受到企业领导人的特别祝贺。这的确使不少员工感到:企业是自己的家。事实说明,它是成功的。如1929年日本发生了严重的经济危机,松下公司的电器产品也和其他商品一样销路锐减。管理层有人提出裁减一半员工。总经理松下幸之助断然加以否决:"不!立刻把生产量减半,但不能解雇任何一名员工。做法是:上半天班使产量减半,而员工薪水全数照发,唯业务员要取消假日,尽全力推销存品。……半天工资的损耗,如果以长远的眼光来看,只是一时性的,不会是长久的问题。如果在计划缩减松下电器之际,贸然发遣已经雇佣的人员,即便只是一时性的,也会动摇大家的信念。"这个方针宣布后,员工们十分感动,高呼赞成,而且所有的人都齐心发誓要倾注全力帮助销售。不到半年,松下电器产品一销面空,生产也很快恢复了正常。松下公司绝处逢生,得益于公司与员工之间牢固的"感情维系纽带"。

(4)参与。

参与就是让广大员工参与管理,激发起他们的热情,积极为组织进行创造性工作。参与是达到沟通的最佳途径，也是激励的一种有效手段。卡特利普等人指出："雇员与参管理的主要作用有：①促进双向沟通，为信息反馈、了解问题、澄清错误的看法、消除谣言提供机会；②为人们提供自我表现的机会，发现蕴藏在各工作班组中的开创性建议；③在计划执行之前发现分歧的意见和执行中的障碍；④鼓励强烈的责任感和对决策的负责精神。参与管理决不能仅仅停留在口头上，它必须有最高管理者的充分支持，管理行动必须是雇员参与的结果。"日本70％的企业广泛开展"职工小组活动"就基于此理。其内容主要是开展技术革新和质量管理活动、安全生产活动、目标（自我确定产品质量、劳动定额、降低成本等）完成活动等。这一活动调动了员工的积极性，给企业注入了活力，产生了明显的经济效益。

从根本上说，要搞好员工关系，应从建设良好的组织文化入手，其核心是树立组织的价值观念。建立组织文化并使员工适应这种文化，是员工关系的基本目标。

2. 员工关系协调的具体方法

对内部公众关系来讲，员工关系只是一个笼统概念。如果细分，可分为领导集体成员之间的关系、领导者与下属员工的关系、组织与组织内部非正式团体的关系等，这些关系性质不同，处理与协调的方法也就不同。

（1）领导集体成员之间关系的处理。

领导班子是对领导集团的俗称，是由领导成员组成的集体。领导集体成员之间的关系是否融洽，直接关系到社会组织的发展和领导集体整体功能的发挥，影响到组织管理工作和广大员工的思想情绪以及他们之间的关系。

协调领导集体成员之间的关系，主体责任在于组织的最高领导者

和各个班子的负责人。要处理好这种关系,具体中采用以下方法:

①合理搭配,分工负责。一个有效率和团结的领导班子,应由不同性格、年龄、性别、学识和才能的成员合理搭配而成,发挥合力作用。分工负责是为了保证每项工作任务能够落到实处,保证领导集体作出的决策能够得到有效的实施。合理分工,可以增进合力的形成;分工有误,势必削弱合力的作用。

②互相配合,优势互补。领导班子成员间应该严于律己,宽以待人,求同存异,相互尊重,相互支持,协调合作。分工不是分家,而是通过领导班子内部的互相协调、互相配合、优势互补,产生最大的合力。

③发扬民主,群策群力。一个民主化的领导集体对于社会组织是极其重要的。没有民主,就不会有领导集体关系的协调,更谈不上群策群力。实行民主,摒弃专制,是领导集体主要领导人的责任,对于领导集体关系的协调关系重大。

④遵守正副职权力动作规则。只有职位意识明晰,领导行为才能规范,职权关系才能理顺。正职意识应包括:勇于负责意识、信任意识、依靠意识、授权意识、支持意识。正职对副职要努力做到:以诚相待、尊重副职;以德服人、信任副职;总揽全局,不挤位;成绩面前,不争名;工作失误,不推卸。副职对正职也要做到:不揽权、多揽事;不拆台、多补台;不越位、多尽职;不干扰、多支持;不埋怨、多凉解。

(2)领导与下属员工关系的处理。

在社会组织内部,领导者与下属员工之间,既相互影响,又相互依赖,两者关系融洽与否,直接关系到组织各项工作的进展。一般来说,领导者居于代表组织的主体地位,但这并不意味着下属员工只是处于消极地被指挥的屈从地位,它是具有独立意志的主观能动的存在。

处理好领导与下属员工的关系,除了组织公关部门要搞好信息的双向沟通,使上情下达、下情上达、信息交流通畅无阻外,领导者处于主导地位。要搞好与下属员工的关系,一位成功的领导者必须具备若干重要的特质与领导技巧:①具备"关怀他人"的情操,这种情操必须发自内心,视手下员工如同自己的家人,不仅关怀他们的工作,还要关怀他们的家庭和前途。②有时应该"忘了我是谁"。这有两层意思,一是抛弃"领导永远是对的"的傲慢;二是不以自己的"标准"去要求和衡量手下员工。③要有耐心去扮演一名"听话者"。在组织内部,领导与手下员工之间通常的所谓"沟通",实际上只是"单向的",领导说话,部属听话。这样的单向沟通是危险的,它会让你错失许多获得有用信息的机会。④记住"面子人人都要"。有些领导惯于在任何场合给手下员工难堪,以显示自己的权威,这是极其恶劣而招怨的做法。⑤保持"公平",切忌"偏私"。身为组织领导者,往往会不自觉地对一些善于逢迎讨好者产生好感,而"礼遇"有加,相反,对一些有能力而不喜欢吹拍逢迎的所谓"性格巨星",则予以"差别待遇"。这样做的结果,必然会使组织内部产生分裂,自然无法"团结奋斗"。⑥不要放过"走出办公室,与员工面对面沟通、接触"的任何机会。⑦以身作则,领导建立组织文化。在一个竞争激烈的时代,任何组织如果不能建立具有本身特色的组织文化,将难在竞争中取胜。领导者不仅在建立本组织文化中应担负决策角色,同时更应以身作则,带领员工身体力行。⑧要有面对失败,承担责任的勇气。一般领导者在遇到挫折、失败的时候,常常只想到找"替罪羊",很少"反省自责",极不可取。

　　对员工来说,如何处理与领导者的关系也相当关键。首先,员工对领导者要有起码的尊敬、尊重,不当众与领导顶撞、争执,努力维护领导的权威,但也要保持尊严,不应有媚态,大家在人格上是平等的。其次,要懂得"钓情"之术,即如何管理领导者的问题。要努力掌握领导者的真实想法和准确信息。有时领导者往往和某些女人一样,嘴上说的和内心想的是完全不同的,要有敏锐的洞察力,不露痕迹地把领导者真实意图执行下去,努力贯彻落实好。其三,给领导人提意见和建议要特别注意方法和技巧,忌讳"仗义执言"式的建议方式,这是一门很大的学问,否则你会死得很难看,甚至不知道自己是怎么被搁置的。

(3)组织与组织内部非正式团体之间关系的处理。

在社会组织内部,与各种正式关系相共存的还有一种非正式关系——非正式团体,即在共同的工作和接触中,通过感情沟通和共同利益的追求,而自发形成的小集团。任何组织都必须正视这种非正式团体的存在及其影响,忽视它的存在或与它关系的协调,会造成对组织正常工作的冲击和干扰,如果协调得好,则会使之成为各种积极有力的合作和支持的动力。经验证明,就某些问题的解决而言,通过非正式团体比通过正式组织解决效果要好得多。

如何协调与内部非正式团体的关系呢?

①认真研究组织内部各种非正式团体的性质和作用。对好坏作用兼有的群体,如亲缘群体、地缘群体、业缘群体、趣缘群体等,应予承认、认同、关怀、引导。对明显不利于组织工作的群体,如宗派群体、寄生群体等则坚决予以消除。

②重视非正式团体的存在和作用,加以积极引导和利用,寻找彼此利益的结合点,使组织与内部非正式团体和谐相处和密切配合。当然,非正式团体中,有一定的势力范围和传播网络,往往会对某一问题形成与正式组织传播内容相违背的一些看法,会对组织工作的正常开展带来不利影响,可通过强化组织传播和人际传播渠道,防止和消除其负面作用。

③协调好与非正式团体中的"意见领袖"的关系。所谓"意见领

袖"，是指那些虽然在组织中没有领导职位，但是在非正式团体中由于他具备某些特殊的品质、学识、才能及所作贡献等个性因素而具有广泛的号召力和影响力的人物。组织要搞好与内部非正式团体的关系，就必须重视其"意见领袖"的作用，搞好与"意见领袖"的关系，或与之结交，委以重任，或晓喻利害，积极引导，这样，就可以争取"意见领袖"的合作，对搞好员工关系能取得事半功倍的效果。

（二）员工家属关系的协调

在一个社会组织中，要使广大员工心情舒畅地投入工作，还必须注意处理好与员工家属的关系。员工家属关系实际上是员工关系的延伸与拓展。组织与员工家属关系的协调，对组织发展有重要作用。忽视员工家属关系的协调，组织工作就得不到员工家属的支持，员工对组织工作就很难全力以赴和主动进取。美满与和谐的家庭环境，同样也是激励员工奋发向上的重要因素。

处理组织与员工家属的关系，主要方法有：

（1）经常性地与员工家属接触，沟通情况。组织要善于了解员工家庭情况，加强与员工家属的思想和情感交流，增强员工家属对组织的了解与信任，取得他们的理解与支持。

（2）把温暖送到员工家庭。组织领导人或公关人员可经常走访员工家庭，问寒问暖。当遇到员工结婚、生子、老人寿辰、子女嫁娶等时机要主动及时地表示祝贺、慰问；当员工家庭遇到暂时困难或意外不幸时，要及时地伸出援助之手，帮助解决。总之，组织能与员工家庭同欢乐、共患难，员工才能诚心诚意地与组织同呼吸、共命运、和舟共济。

（3）尽力帮助解决员工家庭的实际困难，解除员工的后顾之忧。组织一方面要搞好员工的福利待遇，另一方面对员工实际存在的诸多困难,如住房紧张、子女入托、入学、就业难等问题,应该尽量帮助解决,为员工家属多办一些实事、好事。对于暂时解决不了的问题,也要通过耐心的解释,求得员工家属的理解和谅解,切不可回避,以免产生误解。

(三)股东关系的协调

严格地说,股东关系已超出了内部公众关系的范围,如众多的、分散的股东从形式上看又似外部关系,但由于他们的切身利益与组织联系在一起,普遍对组织发展极为关注,而且他们中的一部分属于内部成员,因此,一般都把股东关系视作内部公众关系。股东关系已成为现代公共关系领域特殊重要的门类和热门话题。美国蒙森托公司总裁埃德加·蒙森托·奎恩认为,协调组织与股东的关系,同协调员工关系、消费者关系同等重要。他说:"公司的事务与雇员、股东及消费者之间的利益有着不可分割的联系。这三方面组成了公司赖以生存的三角支架。管理部门的工作必须使其中的每一方面都得到公平、合理、恰当的对待。"股东关系对组织说是如此重要,公关人员应注重股东关系的处理。

协调股东关系的目标在于争取股东对组织的好感与支持,鼓励股东长期保持股票并追加投资,使股东成为组织经营活动中的积极成员。具体方法是:

(1)尊重股东的利益与主人翁意识。美国公共关系学者罗伯特·罗雷强调:"股东是企业特殊的朋友,应该得到一般公众所得不到的待遇。"首先,要把股东利益置于高于一切的位置上。股东既然是投资者,就必然要求回报。社会组织在协调股东关系时应当紧紧围绕股东利益,并坚持股东利益高于一切,才会获得股东的信任、支持与合作。其次,要尊重股东的主人翁意识。股东购买了组织的股票,自然就成了组织的所有者,必然产生强烈的主人翁意识。要有效地协调好股东关系,就必须尊重股东,特别要尊重股东的主人翁意识,并保证股东应有的权力地位。

(2)与股东保持信息交流与有效沟通。一方面,组织要向股东提供及时、准确、可靠的信息,应定期向股东报告组织经营状况和有关信息,如组织政策、目标、发展计划;资金使用情况、盈利情况及财务管理情况;股东构成及股息分配情况;还有组织的内部人事安排及经营活动有关的详尽统计资料等。另一方面,组织还应尽可能地搜集来自股东的信息,如股东对组织决策与政策的意见与建议;他们对组织产品与服务的感想;他们所了解的外部公众对组织及其产品和服务的反应等。与股东进行信息交流的具体方式有年终报告、季度报告、内部刊物、股东刊物、宣传手册、信函、定期发放的调查表,必要时还可对重要股东进行个人拜访,召集股东座谈会或信息通报会等,与股东进行直接对话。信息沟通要实事求是,如果只报喜不报忧,夸大成就,也会失去股东的信任。

(3)努力争取股东参与组织的经营活动。采取切实有效的措施保证股东对组织重大决策的参与;充分利用广大股东广泛的社会关系拓展组织产品的销售网络;争取股东对组织的关心和支持,使他们成为组织形象、产品和服务的推销者、宣传者。总之,股东不仅是组织的投资者,也是组织决策参与者、已知顾客群和推销伙伴,这是一种潜力可观的社会资源,一旦得到开发利用,可以转化为巨大的生产力。

(4)开好股东大会。股东大会是股份制组织的最高权力机构,由全体股东参加,一般分两种:一是定期股东大会,又称股东年会;二是临时股东大会,又称特别股东大会。组织通过召集股东大会,征询股东意见,商讨决策,行使股东权利。

(四)部门关系的协调

任何一个社会组织都面临着部门关系协调的重要课题。社会组织的整体效能,主要取决于组织各部门功能的充分发挥和各部门之间关系的协调效果。由于部门之间的关系是组织内部的横向平级关系,不存在谁领导谁的问题,协调它们之间关系有一定的难度。为此,要首先对员工加强全局观念的教育,同时可采取以下办法:

(1)合理设置组织内部机构,明确各部门职权范围,制定合理的政策、制度和措施。这是部门关系协调的基础。如果组织部门机构、事权重叠,职责界限不清,就难免出现磨擦、冲突和扯皮、推诿现象。要明确各部门的职权范围,制定合理的制度,提高各部门工作的标准化程度。各部门不但要出色完成本部门职责范围内的事情,还承担着与其他部门相互协调、通力配合的义务,后者也应列入各部门业绩考核范围。

(2)公正平等地理顺、平衡、调节好各个部门的关系,以及协调各部门领导人之间的关系。各部门领导人同样肩负着部门关系协调的重要使命,他们之间人际关系的好坏,直接影响到各部门之间协作配合的好坏,此外,他们还要做好本部门工作,协调自己属下与别的部门员工和谐相处。

(3)公共关系机构在协调部门关系过程中要发挥积极的作用。这主要体现在公关机构通过各种沟通方式,发挥组织信息发布中心、沟通协调中心的作用,在各部门中奔走协调,使各部门之间互通信息情报、思想观点和态度情感,加强相互理解、信任和情谊,取得步调一致,通力合作。

二、外部关系

(一)顾客关系的协调

所谓顾客关系,又称消费者关系,即组织与本组织产品或服务的购买者、使用者的关系。在现代市场经济条件下,良好的顾客关系乃是一切企业组织生存和发展的重要条件。它对于占领市场,促进销售,稳定消费者队伍具有非常重要的意义。处理好顾客关系对任何企业都是至关重要的。

建立良好的顾客关系是一个长期的、复杂的、细致的、全方位的工作,主要方法如下:

1. 树立"顾客至上"的理念

组织应在各个环节去培养和树立这种正确的经营思想,做好对全体员工的宣传、教育和训练,真正使"顾客就是上帝"、"顾客永远是对的"、"顾客第一"等理念深入人心,转化为全体员工的实际行动,并有必要的政策和措施作保证。其实,"顾客永远是对的"、"顾客是上帝"等等只是一种理念和假设,并经不起推敲,正如人性是善的还是恶的争论,永远不会有结论,但是,根据这一理念和假设而设计的体制、举措是行之有效的,因此,我们可以视之为真理。

在不少社会组织中,人们一直强调"顾客永远是对的",这不仅给社会组织带来了良好的声誉,而且使其生意兴隆。据报道,郑州亚细亚商场一位营业员因一位顾客往地上扔了一个饮料杯而语出过激,双方发生口角。按商场规定,得罪顾客必须向顾客送上 300 元赔礼金。为这 300 元钱,经理带这位营业员九次登门去送,又九次被顾客谢绝。最后,营业员和那位顾客抱头痛哭,争说错在自己。亚细亚商场总经理说:"零售企业是社会的一个窗口,出售的首先不应该是商品,而应该是一种服务、一种文化,应该引导消费新潮和文明的社会新风尚。"

2. 满足顾客各种需求,维护顾客各种权益

既然顾客就是上帝,那么就必须千方百计地去伺候它,满足它的各种需求。尊重和满足,需要真诚、关心和热心,需要付出努力和必要时作出某些牺牲。如英国航空公司以 10 万美元换声誉的一次不寻常航行,富有启迪价值。1988 年 10 月 25 日,在日本东京等候乘英国航空公司波音 747 客机 008 号班机赴伦敦的 191 位乘客得到通知:008 号班机因故将推迟 20 小时才能起飞。随后,其中 190 位乘客经劝说乘别的飞机走了,唯有大竹秀子对 008 号班机情有独钟,非它不乘,任何劝说都无济于事。在此情况下,008 号班机只好忍痛放弃另有商业飞行,载着大竹秀子一个人进行了这段航程为 13000 公里、飞行时间为 13 小时、耗资 10 万美元的不寻常航行,英国航空公司也因此而一夜之间蜚声世界。只要真正以维护顾客利益为经营行为准则,顾客终究会给予丰厚的回报。

3. 搞好售前、售中和售后服务

为顾客提供尽善尽美的服务,让顾客满意,是协调顾客关系的关键。服务的目的不仅是促销,更重要的是树立和维护组织形象和声誉。被誉为"企业经营之神"的松下幸之助指出:"我认为,不论是多么好的商品,如果服务不完善,客人便无法得到真正的满足。甚至于在服务方面有缺憾时,会引起顾客的不满,甚至丧失商品自身的信誉。因此,从某种角度看来,服务比生产或销售更为重要。"可谓是至理名言。服务包括售前、售中和售后服务。尤其是售后服务是产品形象和组织形象

在产品售出后的延伸。它会使顾客不断增强对产品、组织的好感，形成"回头客"和"忠实顾客队伍"。美国 IBM 公司就是主要以服务取胜的，它的经营口号是"IBM 意味着最佳服务"。

4. 重视顾客投诉

认真对待顾客投诉，是搞好顾客关系的重要方法。在这方面的工作需要注意以下几个方面：①组织的公关机构需设专人负责，热情接待，认真听取意见，并对投诉者要表示感谢；②对顾客所提出的意见少作辩护，多作解释，并限时作出答复；③对顾客所反映的问题，如果确应归组织负责，应表示道歉，更应有解决问题的实际措施和行动；④对信函、电话投诉要记录对方的联系地址，同样要作尽快答复并解决问题；⑤对各种投诉问题，应作记录存档。如有普遍意义，应及时向决策层汇报，并通过大众传媒广而告知，统筹处理。不少社会组织往往由于对顾客投诉忽视或处理不当，酿成危机事件，导致组织形象和声誉严重受损，这种教训值得汲取。

(二)政府关系的协调

搞好政府关系的目的，是为了争取政府各职能部门对本组织的了解、信任和支持，从而为组织的生存和发展争取良好的政策环境、法律保障、行政支持和社会政治条件。协调政府关系，除了要把国家利益摆在首位，服从政府的指挥和管理外，主要还有以下几种方法：

(1)全面、及时、准确地了解和收集与组织有关的各项政府的政策、措施、法规和法令，提高对政府的熟悉程度。国家、政府和主管部门的重要法令、法规、重大决策、举措等，直接关系到组织的宏观生存环境，甚至决定着组织的命运。只有知道了哪些是政府许可的，哪些是明令禁止的，使组织的一切活动都保持在政府政策、法令许可的范围内，并随时按照政策法令的变动来修正本组织的政策和活动,才能与政府统一步调,在根本上与政府处于协调一致的状态。对国家、政府和主管部门的重要法令、法规、重大决策、举措等,组织公关机构和公关人员必须悉心搜集,认真地学习、领会、消化,从中洞悉宏观环境的变化和市场的发展趋势,据此来调整自己的生产结构和销售策略。在了解的基础上,组织的公关机构和人员要协助组织领导根据本单位的实际情况,机动灵活地加以执行和落实。一是通过实践,使政策具体化,并根据实际要求加以高速和扩充,制订出切实可行的方案、措施;二是在坚持原则的基础上系统地把握和灵活运用。这也是协调的重要内容。

(2)积极主动地与政府部门联络、沟通,扩大组织在政府机构中的影响与声誉。现在流行一句话叫"跑步前进",是贬义的,但从公关角度来说,它有一定道理。国家那么大,事情那么多,你不去"跑",人家的确不了解你的情况,更谈不上对你的认可和支持。国外一般有对政府部门的"游说"。在一般情况下,通过正当的方法和途径,沟通上下联系,建立与政府部门的融洽关系,争取上级部门的支持,应在情理之中,也是公关应有之义。此外,组织应该把握一切有利时机,积极主动地与政府部门联络、沟通,如可以利用新厂房落成,新生产线投产,周年志庆,新技术、新产品问世等机会,邀请、安排政府主管部门领导及党政要人出席,主持奠基仪式或剪彩,参观新设备、新产品,等等,通过种种现场活动,使政府公众了解组织对社会、对国家所作的贡献和成就,提高政府部门对组织的信心和重视程度。

(3)配合政府部门的重大政策、活动和举措,积极开展政府关系专题活动。政府作为社会组织的公众,有其各种各样的需求,尤其需要取得社会组织对国家政策、法规和重大举措、活动的积极支持、响应和忠实执行。社会组织要善于审时度势,响应政府号召,想政府之所想,急政府之所急,配合政府来推进政府事务的解决,如组织支持我国政府倡导的"希望工程"之举,会博得政府及社会的好感。

一些社会组织尚未看到这种政府公关活动的巨大商用价值,但有些社会组织却绝妙地加以利用,干出了轰动国内外的大事,一夜之间便可改变市场,使组织及其声威大振。如1990年春,中国第11届亚运会组委会有关人士,在跑了半个中国之后来到广东,寻找能生产点燃"亚运圣火"传递火炬的厂家。也许是"万家乐"只盯着年产多少万台热水器的指标,对此"小打小闹"不屑一顾,把一踏上广东大地便首先找上门来的北京客人礼送出去。北京来的客人在不抱太大希望的心情下,敲响了"神州"的门。正在逆境中奋斗的"神州人"毫不犹豫地抓住了这个历尽千山万水才到来的机会,当即拍板接下了这宗"蚀本"的生意。"神州人"不到一百天就研制成功传递火炬,填补了中国的一项空白。这本身就是一个很有吸引力的新闻,"神州"一跃成为举国新闻界注目的焦点。五个月后,当中国所有宣传媒介都报道中共中央总书记江泽民手握"神州牌"火炬,点燃"亚运之光"的消息时,"万家乐"人才明白,他们犯了一个无法估量的错误,也为痛失良机懊悔不已。而"神州"从此名声大噪,如日中天。

(4)熟悉政府组织机构的设置,与各主管部门的官员、工作人员建立保持良好的人际关系。处理好政府关系,还需要熟悉政府机构的内部层次、工作范围和办事程序,特别要注意与政府部门的官员、工作人员建立良好的关系,增进友谊,以免因办事未循正规的程序或越出固定的工作范围而走弯路,减少人为的"公文旅行"或"踢皮球"现象,以提高行政沟通和办事效率。

(5)明确职权,维护权益。组织既要遵循国家法令和规章制度,又要运用法律和制度保护组织合法权利;既要努力同政府公众协调关系,又要不丧失原则,抵制官僚主义、瞎指挥和不正之风。这似乎与公关之义相去甚远,但如果公关不讲原则,一味屈从,公关也就失去了意义。如《企业法》明文规定政府及其有关行政部门的 8 项职责,赋予企业 14 项经营自主权,但把它真正落到实处,实非易事。从根本上解决这个问题需要完善我国市场经济和法律法规的建设,加快政治体制改革的进程,但组织也要在坚持原则的前提下,讲究技巧,尽量避免或减少与政府有关人员产生敌意,同时也使组织的各种权益得以维护。

(三)媒介关系的协调

与新闻界建立良好关系的目的就是争取新闻界公众对本组织的了解、理解和支持,以便形成对本组织有利的舆论氛围,通过新闻界实现与广大公众的沟通,密切组织与社会公众之间的联系。处理媒介关系可采用以下几种方法:

(1)熟悉新闻媒介的运行特点,掌握与新闻界沟通的规律。组织公关人员除了要了解不同类型传播媒介的功能和特点之外,还应把握各种媒介的编辑方针、发行周期、栏目内容、发行范围、收视对象及其社会影响等,根据组织实际和传播内容,有针对性地选择适宜组织进行宣传的传播媒介。新闻传播是一个专业性很强的领域,只有熟悉这个领域的业务特点,才能掌握与新闻界沟通的规律。

(2)专人负责结识与联络新闻界有关人士。新闻界的联络对象包括报纸、杂志、广播、电视四大媒体的总编、台长;各编辑室或节目部主任、版面负责人;具体负责采访、撰稿和设计版面的记者、编辑;电台、电视台的节目主持人;时事新闻评论家、专栏作家和特约通信员以及新闻机构的一般工作人员等,其中最主要和大量的是记者和编辑。公关人员除了要了解他们各自的责任,还应了解他们的性格、爱好、经历、家庭等个人资料,以便有机会与他们建立更亲密的人际关系,增加双方的信赖感和友谊。与新闻界对象的长期联络,组织需要指定专人负责,既便于相互了解和熟识,使新闻界人士积累起对组织机构的良好印象,建立新闻界关系档案,又可避免因多头接触可能增加的信息失真和误会。

(3)遵循与新闻界联络的5F原则。卡特利普等著的《有效公共关系》中提出的"5F"原则,即 fast(迅速)、factual(真实)、frank(坦率)、fair(公正)、friendly(友好),具有相当普遍的意义,应作为与新闻界打交道的基本原则。坚持5F原则,着重以下几个方面:

第一,坦诚相见。与新闻媒介打交道时,应坚持诚实的原则,"诚实是最好的策略"。新闻媒介要站在客观、公正的立场上进行报道,因此有权了解各种事实真相,掌握细节和数据。组织要取得他们的信任、好感,必须以提供正确、诚实的新闻报道为基础。组织情况只要不属保密情况均可向记者通报,记者需要多掌握一点情况,也是为了从全面、整体上了解组织,有利于报道。哪些情况不宜宣传或少宣传,或延时宣传,公关人员可根据需要向记者说明。对于有些提问,公关人员可能一时答不上来或答不准确,这时要主动予以解释并帮助记者搞清楚,切不可推诿、敷衍,绝不有意无意地造假或隐瞒,或施加任何形式的压力。

第二,提供及时服务。与新闻媒介人员合作的最简捷、最保险的办法是:在他们需要时,提供有趣的、及时的新闻报道和图片,并且要求提供的内容有新闻价值。在记者完成宣传报道的过程中,公关人员应予以热情的帮助,诸如介绍采访对象、提供采访方便、查询参阅资料、配送摄影图片,特别是根据新闻工作规律和记者繁忙的特点,保证记者采访的时间要求。在提供服务过程中,还要讲求效率,因为新闻的时效性极强,公关人员要有在半夜三更为新闻界人士提供新闻资料和图片的服务精神。

第三,平等对待。公关人员和新闻界人士在人格上都是平等的,不要摇尾乞怜,也不要运用包括不打广告等手段对新闻媒介施加压力。不卑不亢,应是公关人员与新闻界人士相处的基本尺度。平等相处除了这一层意思外,还包括对所有新闻机构,不论其大小、级别高低,均应一视同仁,热情接待,而不能以级别论亲疏。

第四,理解尊重。要建立良好的新闻界关系,还必须了解新闻界人士的职业特点和职业心理,尊重他们的职业习惯、职业尊严。任何组织和个人都无权干涉记者的采访动机、报道角度、时机,切不可采取"无可奉告"或拒之门外的错误举措。对于确实不便公开的组织机密或事宜,应明确而婉转地向记者说明原因,请示谅解。

第五,注意利用与新闻界联络的具体方式。组织与新闻界联络的方式多种多样,包括刊登广告、向新闻界提供新闻资料、新闻稿件、召开记者招待会和新闻发布会、"制造新闻",等等。这些方式都应熟悉,力求搞好。

第六,正确对待不利报道。对新闻界的批评、揭短报道,如果确系组织的失误所致,应当诚恳接受批评、监督,发表声明,或刊登歉意广告,阐明事实真相,并表明组织有错必改、有错必纠的态度和今后的努力目标,以平息事态,取得公众的谅解和同情。如果新闻机构发布不准确或错误报道,组织理所当然地应该要求更正,指出失实之处,附上权威资料,也可派专人发布声明,阐明真相,要求公正处理,但切忌与新闻界产生敌意。一般来说,越来越多的新闻媒介,为给自己建立良好的公共关系,都力求新闻报道正确无误,乐意更正错误的报道。

(四)社区关系的协调

社区关系直接影响到组织的生存环境,搞好社区关系是组织生存

和发展的需要,也是树立良好组织形象的需要。处理社区关系的方法主要有:

(1)树立一个"合格公民"的形象。建立良好的社区关系,体现着组织的社会责任感,能有效地争取人心,获得社区公众的好感和支持,并为组织谋求稳定、顺利的发展打下牢固的基础。组织如欲得到社区公众的良好口碑和支持,必须为自己树立一个"合格公民"的形象,特别是要善于应用自己的人力、财力、物力,参与社区事务,主动承担必要的社会责任与义务,以实际行动去争取社区公众的好感,如赞助地方教育事业,为邻近幼儿园、中小学和大中专院校提供资金、设备和教学实习基地;赞助各种社会福利事业,包括养老院、残疾人基金会、疗养院等;赞助社区文化、艺术和体育团体;赞助地方医院和卫生部门,积极参与社区的公益事业;等等。如在旧中国,老北京城每年都要挖城沟。那时晚上没有路灯,行人和车辆多有不便,稍不小心就要发生事故。北京"同仁堂"药店老板乐印川看到这种情况,出于善心,在四城开沟的地方悬挂起灯笼,为来往行人车辆照明。每当夜晚,行人看到贴有"同仁堂"三个大红字的灯笼悬于沟边,便有口皆碑。除此之外,"同仁堂"药店还做了许多慈善事业,如冬设粥厂,夏赠暑药,赈济穷人并投资办学。对社区居民的普遍关心,使同仁堂药店名声远扬,生意更加兴隆。

(2)尽可能向社区开放,以增进了解,联络感情。开展积极的社区关系,还依赖于组织与社区的双向沟通。组织要有计划地制定社区关系的目标,调查社区公众对组织的意见和反应,积极向社区公众宣传本组织的宗旨、经营项目以及本组织希望为社区经济文化建设作贡献的良好意愿。尽可能将组织内部的非生产性、大量专业性的文化福利设施向社区开放,使社区居民分享或受益。邀请相邻单位的领导和社区居民来本组织参观、座谈,乃至举办共同娱乐等活动。如美国通用汽车公司为开放工厂专门编印了一本指导手册,列举了开放工厂的意义、注意事项和具体做法,共 11 款。其中第 11 款"计划与准备"就包括 6 项 21 条,其细致程度无可挑剔。美国通用电器公司则是推行一项"社区企业环境改善计划",规定 8 项目标,为地方解决不少棘手问题,例如改善市容、公路、房舍、公园及游乐设施、交通情况、环境卫生乃至地方教师的待遇等,从而赢得了社区的高度赞誉。

(3)尽可能避免或减少组织自身活动给社区正常生活环境和生活秩序的影响。可做好"三废"的治理和控制,减少噪音、安全生产等,绝不损害社区利益,否则会成为社区的害群之马,使社区公众群起而攻之,而难以在社区立足、扎根。如国内某著名日化厂生产的产品畅销海外市场,但由于长期忽略废气、废料的妥善处理,其生产污染在当地社区居民中造成了一种奇特的慢性病,终于引起公众舆论的关注,引起法律官司。事件被广为报道后,其产品在各地市场开始被抵制,公众印象越来越恶劣。对这个教训,组织应引以为鉴。

(五)竞争者关系的协调

现代竞争一般有两种结果,一种是"优胜劣汰"、"适者生存";另一种是共存共荣,共同发展。因此,竞争者关系也表现为既对立又统一的复杂关系。协调好竞争者关系,可有效地化解彼此的矛盾、对立,增进相互理解和支持,为组织的生存和发展创造一种良好的竞争环境,使竞争者虽然互为对手,但可达到共同发展的目标。

处理竞争者关系,一般可采取如下方法:

1. 坚持公平、正当的竞争手段

正当的竞争手段包括产品质量竞争、价格竞争、服务竞争、信息竞争、宣传竞争、组织形象竞争等。如近年来"神州"和"万家乐"在中国大地上曾先后展开了产品大战、价格大战、广告大战、公关大战、组织形象大战,竞争之激烈已为家喻户晓。据说双方广告战中火药味最浓的是出现了这样的广告词:一方是"神州牌热水器,安全又省气",另一方是"万家乐热水器,何止安全又省气这样简单";一方是"万家乐崛起神州,挑战海外",另一方是"款款神州,万家追求"。但竞争的结果,并未使一方胜利另一方失败,而是双双取得了令人瞩目的发展业绩。坚持公平、正当的竞争原则,是协调竞争者关系的根本基础。而那种互相抵毁,彼此暗算,千方百计挖对方墙脚的不正当竞争手法,只能以损人开始,以害己告终。

2. 相互学习交流,共同提高

在坚持公平、正当竞争的基础上,竞争对手要相互学习、取长补短、相互协作、共同发展。实际生活中不乏其成功的例子。如 1989 年,美国柯达公司发往日本的贺年卡上,义务地为其强大的竞争对手日本"富士"公司做了广告,引起一片赞誉声。又如 1995 年,"万家乐"产品订货会召开在即,"神州"集团在《南方日报》推出整版广告:"热烈祝贺'万家乐'95 产品订货会成功召开",开创了国内企业为竞争对手做广告的先例,为国人引为美谈。社会组织若能以这样的姿态和行为对待竞争者,必然会得到竞争对手的友善合作和良好回报。

3. 帮助竞争对手解决困难

一般来说,同行业之间协作是最有条件的。当对方在产品质量、技术方面出现困难时,应尽自己所能提供帮助,这样,当组织遇到同样困难时,必然会得到对方同样的回报,从而达到化敌为友、化干戈为玉帛的目的。

（六）名流关系的协调

建立良好的名流关系，主要目的是借助名流的"知名效应"、"热点效应"、"形象效应"来扩大组织对公众的影响，强化公众对组织的认知、认同和印象，拓展组织的公共关系网络，提高组织的社会形象。处理名流关系可从以下几个方面入手：

（1）积极主动地结交社会名流，把握与名流交往沟通的特殊规律。社会名流一般与社会组织并无直接的利益关系，双方有一定距离。社会名流是社会组织的追求对象，社会组织要主动接近、亲近名流，要尊重和善待名流，并注意满足名流的特殊要求。如 1990 年夏，著名电影演员李默然来到广州，南方制约厂的年轻人孙冕找到了他，希望他出来为"999 胃泰"做个广告。李一口拒绝。孙冕并没有轻易放弃，他知道李是一个极富正义感的人，要打动他，只有让他感动才行。于是，孙冕不断地向李讲述南方制药厂创业者赵新先艰苦创业的历史，讲述这位教授成为实业家的动人故事，讲述南方制药厂产品被人假冒，患者身心受到危害的现状。李终于被打动了，他同意为南方制药厂做广告。于是，"干我们这行的常患胃病……，三九胃泰是治胃病的良药"，这则首开中国先河的名人广告震动了全国。

（2）利用名人效应"制造新闻"事件。名人常常是社会活动的焦点，公众注意的中心，新闻媒介热衷报道的对象。利用名人效应来"制造新闻"是公关传播中常用的一种策略，但必须运用得当，善于利用。如广东今日集团何伯权总经理亲自酝酿策划的用 1000 万元的巨金收购马俊仁"生命核能"配方就富有创意，震惊中外，被香港报刊称之为"94 中国第一号经济新闻"。在谈起这一中国最大一宗知识产权交易出台时，何总介绍说，当时知识产权热正在升温，马俊仁是举世瞩目的新闻人物,有极大的新闻轰动效应,对产品促销极有益处。这个营销策划以后为市场所肯定,企业知名度也随之大大跃升了。但有些社会组织,由于不了解"制造新闻"的基本规则,在利用"名人效应"传播组织形象时弄巧成拙。如南京一家公司向刘晓庆赠别墅,宁波一家珠宝行向刘晓庆赠首饰等,不但没有实现预期的传播效应,反而引来了媒介的一致批评,成为公关策划中的败笔,其中教训值得好好总结吸取。

第 2 版后记

"风起于青萍之末"。本书写作的动因起源于 20 世纪 80 年代末。当时我们在西安交通大学开设了一门"人际关系心理学"的全校性选修课,孰料选课学生出奇得多,每学期达一千多人,不得不分成四五个大班授课,为当时全校选修课人数最多的课程。学生们听课热情之高涨,场面之火爆,着实大出意外。这说明大学生在这方面的确遇到了诸多问题。事实上,社会上的人们也都面临着同样的困惑。粗略统计下来,这么多年来我们在各高校及社会许多单位作的有关这方面的讲座也有上百场之多。杜威说过:"大概思想学说的由来,都在遇着困难的时候。"与此需求相适应,目前社会上关于人际关系、人际交往的书籍可谓汗牛充栋,但多是泛泛的社交技巧之类,欠缺学理根基,显得浮泛。有的则大肆宣扬庸俗关系、"厚黑之术",是非不分,误入歧途。关于《人际关系心理学》的书籍也有零星几本,但其体例与《社会心理学》的教材无多大区别,可读性与应用性也不很强,难以满足现实中人们的迫切需求。有鉴于此,我们就有一种不吐不快之感,遂萌生了写作本书的念头。但由于工作繁忙,写作时断时续,直至现在才把原来讲稿整理出来,并吸收了学术界的一些新成果,增添了不少资料,作了些文字润色,始成此书。

本书的资料,一部分来自社会心理学、社会学、管理学、传播学等相关学科的研究结果,还有相当一部分来自中国史书、人物传记、小说、诗词、散文以及其他文化元典,这些作品状尽人生百态、曲尽人间恩怨,是研究人际关系心理学的宝贵资料,可惜并未引起学界应有的重视。

在本书写作过程中,得到了研究生薛琳、刘敏、程谨、潘薇薇、张绍伟、李新安、王广粉等人的大力协助,其中第五章李新安也参与了写作。此外,本书也不可避免地吸收了学界同仁的一些优秀成果,在此我们一并表示诚挚的谢意。

本书自 2006 年 6 月出版以来,已连续加印 8 次,几乎每年加印 1 次,发行量较大,反映了社会各界人士对本领域问题的关注与浓厚兴趣,不少高校也直接以此书作为教材使用。为适应新的需要,我们重新对本书加以修订,补充了一些新的内容资料,对标题与文字作了一些修改,并加了第九章"职场关系",以增强时代感与现实感,再次感谢广大读者对本书的厚爱。

本书力求作到融学理性、应用性、文化性、文学性、可读性于一炉。诚然,这是一个相当庞大而艰巨的工程。"因为思想是一只属于天空的鸟,在语言的牢笼中它或许能展翅,却不能飞翔。"(纪伯伦语)由于笔力不逮,书中缺憾在所难免,敬请广大同仁不吝赐教。

作　者
2013 年 5 月 8 日
于采芹斋